全国高等院校"十三五"贯穿式+立体化创新规划教材

大学生创新创业基础

张香兰　程培岩　史成安　高　萍　编著

清华大学出版社
北　京

内 容 简 介

随着"大众创业、万众创新"的持续推进,我国高校创新创业教育迎来新的发展空间。2015 年《关于深化高等学校创新创业教育改革的实施意见》,从国家层面对其做出系统设计、全面部署,标志着我国创新创业教育已经上升为国家战略。新时期的创新创业教育对深化高校教育改革、完善人才发展机制、支撑"大众创业、万众创新"以及创新驱动发展战略都有重要意义。

本书从创业者的思考角度和认知习惯出发,以创新创业素质和能力培养为核心,紧紧围绕着创新创业思维训练、创业者素质提升、创业团队组建、创业企业法律形态选择、创业资源整合、创业风险应对和商业模式选择等内容,采用知识小链接、创业案例启示、操作训练等多种方式,为创业者进行创新创业能力的培养提供教学参考。

本书具有理论性、实践性和可操作性等特点,既可以作为高等院校及高职高专"双创"课程的教材,也可以作为有志创业人员的参考资料。

图书在版编目(CIP)数据

大学生创新创业基础/ 张香兰等编著. —北京:清华大学出版社,2018(2021.8重印)
(全国高等院校"十三五"贯穿式+立体化创新规划教材)
ISBN 978-7-302-50527-3

Ⅰ. ①大…　Ⅱ. ①张…　Ⅲ. ①大学生—创业—高等学校—教材　Ⅳ. ①G647.38

中国版本图书馆 CIP 数据核字(2018)第 137279 号

责任编辑:陈冬梅
装帧设计:杨玉兰
责任校对:周剑云
责任印制:杨　艳

出版发行:清华大学出版社
　　　　网　　址:http://www.tup.com.cn, http://www.wqbook.com
　　　　地　　址:北京清华大学学研大厦 A 座　　　　邮　　编:100084
　　　　社 总 机:010-62770175　　　　邮　　购:010-62786544
　　　　投稿与读者服务:010-62776969, c-service@tup.tsinghua.edu.cn
　　　　质量反馈:010-62772015, zhiliang@tup.tsinghua.edu.cn
　　　　课件下载:http://www.tup.com.cn, 010-62791865

印 装 者:三河市少明印务有限公司
经　　销:全国新华书店
开　　本:185mm×260mm　　　　印　张:16　　　　字　数:389 千字
版　　次:2018 年 8 月第 1 版　　　　印　次:2021 年 8 月第 11 次印刷
定　　价:39.80 元

产品编号:077618-01

前　　言

当前，我国经济发展进入新常态，"大众创业、万众创新"已成为经济社会发展新引擎。在"双创"的国家战略中，大学生作为一个特殊的群体，更是实施创新驱动发展战略和推进"大众创业、万众创新"的生力军。"双创"对缓解高校毕业生的就业压力，实现个人价值，推动经济提质增效、转型升级能够发挥重要作用。人力资源和社会保障部预测"十三五"期间，每年需要在城镇安排的就业人数大约 2500 万，其中，2016 年全国高校毕业生是 765 万，2017 年全国高校毕业生数量为 795 万，比上年增加 30 万，2018 年全国普通高校毕业生预计达 820 万，大学生就业问题，涉及千家万户，关乎社会稳定，就业创业形势严峻。

大学生创新创业是个永恒的命题，创新创业既是大学生的内在愿望，也是国家和民族所需。当今，世界创新无处不在，创业机会也无处不是，确实为大学生进行创新创业提供了持续不断的有利环境。国家也从多方面为高校毕业生以及在校学生创新创业提供扶持，如降低创业门槛、鼓励打造创业孵化器、建设众创空间、设立大学生创新创业基金等。同时，互联网与传统产业的深度融合，数字技术对传统制造的渗透改造，以及一些新兴产业、新业态、新技术的持续兴起，也为高校毕业生和在校学生的创新创业提供了极好机遇。麦可思研究院联合中国社会科学院发布的《中国大学生就业报告》数据显示，近 5 年来，大学生毕业即创业比例连续从 2011 届的 1.6%上升到 2017 届的 3.0%，接近翻了一番。以 2017 年 795 万名应届毕业生的总量计算，创业大学生数量超过 20 万名，5 年来国内大学生创业人数近乎翻了一番，这是教育部门大力度推动的结果。目前全国高校开设了相关创新创业课程 23 000 多门，爱课程网、学堂在线等 65 门在线课程，是创业率提升的重要条件。

但创新创业充满了艰辛和复杂，还可能面临失败。我国大学生创业的成功率并不高，有数据指出，即使在浙江等创业环境较好的省份，大学生创业成功率也只有 5%左右。这里面既有创业环境尚待完善、创业政策支持缺乏的原因，也与创业者缺乏足够的胆略和胆识、缺乏相应的创业能力和素质密切相关。

创业教育被联合国教育、科学及文化组织称为教育的"第三本护照"。国际上一些发达国家对创业教育非常重视，美国的创业教育已被纳入国民教育体系之中，内容涵盖从小学、初中、高中、大学本科直到研究生的正规教育。而我国的创业教育尚处于起步阶段，目前仅有 5%的大学生接受过体系不完整的创业教育。创业教育的教学目标是要使学生掌握创业的基础知识和基本理论，熟悉创业的基本流程和基本方法，了解创业的法律法规和相关政策，激发学生的创业意识，提高学生的社会责任感、创新精神和创业能力，促进学生创业就业和全面发展。

本书根据教育部最新创业教育与创业人才培养理念，结合大学生创业特点，以培养大学生的创新精神、创业意识和创新创业能力为目标编写而成。本书在总结作者多年教学与研究的基础上，借鉴国内外相关的研究成果，试图从体系结构、内容创新上进行初步的尝试和探索，选编了大学生创新创业的最新案例，贴近大学生的创业实践活动，便于加深对创新创业基础理论的理解，增强了对大学生创业的指导意义和实践价值。

本书由张香兰、程培岩、史成安、高萍编著并统稿，具体内容包括创新与创业(刘淑芳)、创业者与创业能力素质(高萍)、创业想法的发掘与筛选(张亚春)、创业机会的识别与评估(任智萍)、创业团队(李春艳)、商业模式设计(张香兰)、创业风险防范(霍海丽)、创业资源与创业融资(王丽娟)、编制商业计划(李进方)、创办新企业(陈霞)、社会企业创业(程培岩)共 11 章。本书以创业过程为主线，以创业机会为导向，精炼架构，精选案例，注重系统培养学生的创业意识和创业实践能力。参与本书编写的作者都是山西财经大学创业学院的骨干教师，并在所写章节方面有专长研究。本书的完成与各位教师及协助者的辛勤工作是分不开的，是大家通力合作的成果。

本书的教学视频及教学 PPT 见各章末的二维码，习题及答案请扫下面的二维码。

习题及答案.DOC

本书在大纲设计、章节安排、具体写作，尤其是视频录制及后期制作方面得到了山西财经大学创业学院史成安院长、高萍副院长和实验教学中心张志军博士、续慧泓博士的大力支持。

在此，谨向参与本书编写的所有作者及协助者致谢！

编　者

目　　录

全国高等院校「十三五」贯穿式＋立体化创新规划教材

第一章 创新与创业

学习要点及目标

- 了解和掌握创新与创业的内涵及相互关系。
- 掌握创业思维和创新方法。
- 重点掌握创业要素与创业过程。
- 了解社会发展史，领会大学生创业是社会发展到一定时期的必然趋势。

核心概念

创新　创新思维　创新思维模式　创业　创业要素　创业类型　创业思维

引导案例

"90后CEO"周玉琢的创业故事

在与青春有关的日子里，她迈出的每一步都是巅峰。一个聪慧的女子，书写了大学生的创业传奇，奏响了激荡的创业舞曲。走在创业的路上，她所有的幸运都是因你未曾见过的努力。

18岁，用创业为自己正名。在高中毕业后，周玉琢顶住压力，创建动漫社团，在报纸上刊登文章让她免费营销了自己的团队，力排众议让"阳光的脑瘫男孩"加入团队并量身定制角色让周玉琢的团队成为媒体的宠儿。在整个过程中，有困难、有挫折，但她都一一化解，最终给了自己一个华丽的成人礼。

20岁，初出茅庐挑战行业大亨，用自己的努力和精彩的演讲，打败实力雄厚的中国电信，从众多4A广告公司手中赢得了项目。同年，她辞去原社团的所有职务，创建自己的社团，并带领自己的团队在各大比赛中斩获名次，创造了神话，也因此遇到伯乐，获得了50万元的天使投资，创办了思莱尼文化办公室，即后来的北京星创无限文化传播有限公司，成为一名年轻的CEO。

22岁，创办"爱吃货DIY美食工坊"，店铺火爆，并受到广泛关注。而成功的背后远不如表面那样容易，周玉琢原计划在校内办一个创业咖啡厅，但由于没有到期的店铺，又已经采购了成本不小的设备和材料，情况一度陷入死局，但周玉琢用自己敏锐的市场感觉和那份勇气硬生生杀出一条生路，找到了生机。

24岁，由创业者变身为创业导师。由于公司业务特点的限制，公司有了很大的现金流压力，所以周玉琢经常兼职在外帮人讲创业课，后来，经过一段时间的积累和思考后，周玉琢决定把教育培训也纳入公司的营业范围，重新完善公司的商业模式，成功降低了资金流断裂的风险。

周玉琢走上创业道路，与学校的创新创业教育、父母的"散养式"教育、好奇心、对自由人生的向往是分不开的。创业不是想象的那样一帆风顺，光鲜亮丽的时间极短，大部分都是苦难，难得的是周玉琢的不放弃精神，支撑她挺了过来。

周玉琢常说："如果有一天，我们湮没在人潮中庸碌一生，那是因为我们自己没有努力去活得丰盛。"

(资料来源：根据"周前进. 创业人生壹：草根成长与成功之道[M].
北京：清华大学出版社，2016."查阅整理)

案例导学

周玉琢是一个具有创新精神的女孩。她的创新是一种个体发展的需求，"创建动漫社团""创办思莱尼文化办公室"……在不同的年龄阶段不断尝试新的行业，创新成为她事业上永葆生机与活力的源泉。她的创新同时也是开辟新市场的需求，她通过变革和改变组织和员工行为，将教育培训纳入公司营业范围，不仅解决了公司的危机，也开辟了新的市场，增强组织适应环境的能力，从而提高组织的竞争力，使组织持续成长，使企业在市场竞争中处于有利地位。

周玉琢的创新精神成为她创业的本质和源泉，给她的创业道路指明方向，同时创业也在不断推动并深化她的创新。创新与创业相辅相成，才能使周玉琢得以成功。

第一节　创新与创新思维

一、创新的特征及类型

(一)创新的概念

什么是创新？创新一词起源于拉丁语，它有三层含义：一是更新，二是创造新东西，三是改变。在中国，创新一词出现得也很早，如《广雅》："创，始也"；《魏书》："革弊创新"；《周书》："创新改旧"。经济学家熊彼特(Schumpeter)在 1912 年出版的《经济发展概论》中首次提及"创新概念"，指出创新是指把一种新的生产要素和生产条件的"新结合"引入生产体系。

从字面上看，创新就是创造新事物，既可以是具体的，也可以是抽象的，如新产品、新知识、新技术，新方法、新体制、新文化等。简单来说，创新就是根据一定的目的，利用已有的资源，运用新的知识或方法，创造出新颖的、有价值的、前所未有的事物，或者在前人的基础上，或者在已有的事物上，提出新的见解，做出某些改进。

(二)创新的特征

创新的特征大体体现在目的性、突破性、新颖性、普遍性、艰巨性、发展性、价值性等方面。

1. 目的性

创新的目的性指的是不断地满足人类自身生存发展的需要。任何创新总是围绕着需要解决的问题、需要完成的任务而进行的。因此,创新是一种有目的地认识世界和改造世界的实践活动。

2. 突破性

突破性是指对已掌握的知识信息进行加工处理,从中发现新的关系,进一步形成新的组合,并产生新成果。创新创业者应敢于怀疑、批判,并提出问题,通过观察,激发灵感,突破各种成见、偏见和思维定式,推动创造和创新一步一步前进。

3. 新颖性

创新创业的本质是求异、求新。创新是把新产生的或者重新组合和再次发现的知识引入到所研究对象系统的过程,是引入新概念、新东西和革新的过程。与过去相比,其成果具有新的因素和成分,必然是新颖的。

4. 普遍性

创新存在于一切领域,没有哪个学科、哪个行业、哪个领域永远是一成不变的,任何事物都在时刻发生着改变。在创新的实施过程中就要与社会发生联系,普遍存在于社会中,从而具有普遍性。

5. 艰巨性

创新的艰巨性来源于两点:其一是由于创新的超前性,因为超前,所以可能得不到他人的理解和支持,甚至受到反对,给创新者造成很大的压力,并制造了艰难的创新环境;其二是由于创新本身,创新是做前人或他人没有做过的事情,实现创新的过程和方法都需要探索,因此带有不确定性和技术上的难度。

6. 发展性

创新的发展性体现在创造新知识、应用新知识并不断发展知识的过程。知识是创新之源,对知识的创造、应用、再创造、再应用,循环往复、推陈出新、无限发展,从而推动科技创新、文化创新、管理创新以及其他各方面创新的不断发展。

7. 价值性

创新的价值性可以从创新成果的效果来看,创新成果具有明显的社会价值、经济价值和学术价值。创新是各种社会事物进步与发展的共同因素。它能够满足人们的不同需要,促使企业获得成功,国家经济活力得到增强,社会取得进步。如果创新没有价值,则失去

全国高等院校「十三五」贯穿式+立体化创新规划教材

了创新的意义。

(三)创新的类型

创新的种类繁多，有很多不同的划分方式。

1. 根据创新的表现形式分类

根据创新的表现形式进行分类，如知识创新、技术创新、管理创新、方法创新、制度创新、组织创新、服务创新等。

1) 知识创新

知识创新就是对现有知识构成要素进行新的组合或分解，是在现有知识基础上的进步或发展，是在现有知识基础上的发明或创造。通过对知识的两类划分，知识创新就进一步划分为自然科学知识创新和社会科学知识创新。

2) 技术创新

技术创新就是对现有技术构成要素进行新的组合或分解，是在现有技术基础上的进步或发展，是在现有技术基础上的发明或创造。技术一般可以分为自然科学技术和社会科学技术两大类，技术创新就进一步分为自然科学技术创新和社会科学技术创新。

知识创新与技术创新作为人类创新活动的主要方面，存在着复杂的交互作用，知识创新是技术创新的基础，技术创新同时又是知识创新的应用与发展。

3) 管理创新

管理创新就是对现有管理构成要素进行新的组合或分解，是在现有管理基础上的进步或发展，是在现有管理基础上的发明或创造。从本质上看，管理的主要构成要素是管理知识、管理制度、管理技术和管理方法。管理可进一步分为行政管理、企业管理、事业管理、团体管理和个人管理 5 类。管理创新也可以进一步分为行政管理创新、企业管理创新、事业管理创新、团体管理创新和个人管理创新。

4) 方法创新

方法是指人们在探索、利用或改造世界的实践中积累起来的观察问题、分析问题或解决问题的途径、程序或诀窍等。

方法创新就是对现有方法构成要素进行新的组合或分解，是在现有方法基础上的进步或发展，是在现有方法基础上的发明或创造。方法创新就是人们观察问题、分析问题或解决问题的途径、程序或诀窍的创新的总称，是永无止境的。

5) 制度创新

制度创新不仅发生在企业，也发生在经济系统。制度创新可以降低交易成本，提高劳动生产率。20 世纪 60 年代以来主要的制度创新包括：国家创新系统、风险投资、职工持股计划、职工参与制、股票期权、电子商务、战略联盟、经济共同体、国际贸易组织等。

6) 组织创新

组织创新日益流行，新的组织形式不断出现，如企业重组、网络组织、虚拟组织、扁平组织、并行组织、不规则组织等。

7) 服务创新

服务创新使得顾客感受到不同于从前的崭新内容，是指新的设想、新的技术手段转变成新的或者改进的服务方式。如商家的体验式服务营销，上门洗车等新服务模式。

2. 根据创新的层次分类

根据创新的层次分为原始创新和改进型创新。原始创新是指重大科学发现、技术发明、原理性主导技术等原始性创新活动。在研究开发特别是在基础研究和高技术研究领域取得独有的发现或发明，并最终获得成功就是一般的原始创新。它是最根本、最能体现智慧的创新，能对人类文明进步做出领先贡献，原始创新通常具备以下三个特点：首创性、突破性和带动性。

改进型创新是对原有的科学技术进行改进所做的创新。沿着已经明确的技术道路进行创新，如在原有技术之上将技术更加完善，开发出新的功能等。通常可以在材质、原理结构或是生产技术上进行改进创新，理论上讲，技术所有的独特用途都是可以复制的。现在随着技术复制周期越来越短，对新技术的早期投资能真正得到回报的可能性越来越低，所谓的领先创新，并不一定会为自己带来优势。因此，改进型创新也有着很重要的应用。

3. 根据创新成果的自主性分类

根据创新成果的自主性分为自主创新和模仿创新。

自主创新是指通过拥有自主知识产权的独特的核心技术及在此基础上实现新产品的价值的过程。自主创新一般会获得新的科学发现或拥有自主知识产权的技术、产品、品牌等。现在我国实施自主创新战略，将自主创新分为原始创新、消化吸收再创新、集成创新，并出台了一系列政策和法律、法规，以激励自主创新。

模仿创新即通过模仿而进行的创新活动，一般包括完全模仿创新、模仿后再创新两种模式。因为已经是前人的技术，模仿创新难免会受制于人，随着人们知识产权保护意识的不断增强和专利制度的不断完善，这种创新要获得效益显著的技术十分困难。大多数情况下，模仿创新是在率先创新者已有创新成果基础上进行"模仿"甚至改进。这也是一种学习过程，是创新能力不断积累和提高的过程，有助于提高创新的起点和水平，加快创新的速度。

二、创新思维的内涵及类型

(一)创新思维的概念

创新思维是人类在创新活动中所具有的思维方式，是一种高度灵活、新颖独特的思维方式。创新思维是相对于常规思维而言的。常规思维是根据现成的规律，遵循一定的方法，来发现问题、分析问题、解决问题。而创造性思维不是照搬书本知识和过去的经验去解决问题，而是根据实际情况，突破常规思维的束缚，打破定势思维的拘束，以新颖的、多角度的、非常规的、独创的方式去思考问题，从而以一种与众不同的方法解决问题，产生出前所未有的、有社会价值的思维成果。只要是能想出新点子、创造出新事物的思维都属于创新思维。

(二)创新思维的类型

由于具体方法、内容和路径等因素的不同，思维可分为发散思维和收敛思维、逻辑思

全国高等院校「十三五」贯穿式＋立体化创新规划教材

维和非逻辑思维等相应形式。根据创造性的研究和实践表明，创造性思维是发散思维和收敛思维，既是逻辑组件和非逻辑组件的组成，又是各种思维形式的有机结合，各种思维形式的辩证统一的过程。

1. 发散思维与收敛思维

1967 年，著名的心理学家吉尔福德第一次提出了发散性加工和收敛性加工的概念，经过后人的发展，形成了发散思维和收敛思维的概念。

1) 发散思维

发散思维又称辐射思维，是指大脑在思维时呈现的一种扩散状态的思维模式，它表现为思维视野广阔，思维呈现出多维发散状。通常指面对问题沿着多方向思考，产生出多种设想或答案的思维方式。发散思维的特点有流畅性、变通性和独特性。

2) 收敛思维

收敛思维也称集中思维，是以某个思考对象为中心，尽可能运用已有的经验和知识，将各种信息重新进行组织，从不同的方面和角度，将思维集中指向这个中心点，从而达到解决问题的目的。收敛思维的特点有向心性、逻辑性和求实性。

根据上述分析，发散思维和收敛思维在以下三点有很大的不同。

其一是指发散思维可以有不止一个正确答案，而收敛思维只有一个正确答案。其二是指发散思维不局限于思维的方向但收敛思维的方向是有限的，必须指向同一中心。其三是指发散思维主要依赖于想象，收敛思维主要依赖于分析和一般的理论思维、逻辑推理、逻辑思维能力。

2. 逻辑思维与非逻辑思维

逻辑思维又称理论思维，是人们在认识过程中借助于概念，通过判断和推理，反映客观现实的理性认识过程。逻辑思维也称抽象思维，是思维的高级形式。以抽象的概念、判断和推理作为思维的基本形式，以分析、综合、比较、抽象、概括和具体化作为思维的基本过程，从而揭露事物的本质特征和规律性联系，是符合某种人为制定的思维规则和思维形式的思维方式。

非逻辑思维是指用通常的逻辑程序无法说明和解释的那部分思维活动。在基本逻辑范围内所不包含的，但在创造各种思维形式的过程中起着有效的作用。联想、想象、精神感觉、直觉、灵感等是其主要表现形式，这些表现形式有时甚至难以用语言来表达，但也有基本的功能，我们可以称之为"非语言思维"。在非逻辑维度的情况下，非逻辑思维也可以作为散度的形式，表现为发散思维、逆向思维、组合思维、侧向思维等形式。非逻辑思维在创造活动中起着重要的作用，这是创造性思维的本质或核心。

3. 形象思维

形象思维也称"直感思维"，是指以具体的形象或图像为思维内容的思维形态，是人的一种本能思维，是人们在认识世界的过程中对事物表象进行取舍时形成的，是用直观形象的表象来解决问题的思维方法。形象思维是在对形象信息传递的客观形象体系进行感受和储存的基础上，结合主观的认识及情感进行识别，并用一定的形式、手段和工具来创造地描述形象的一种基本的思维方式。形象思维具有形象性、非逻辑性、粗略性和想象性的特点，主要包括想象思维、联想思维、直觉思维和灵感思维，它们各自有独特的特点。

三、创新思维模式及方法

(一)创新思维模式

在进行创新活动时，创新思维发挥着重要作用，而这就要经历一个相对较长时间的思维过程。为了有利于人们了解创造性思维活动的产生过程、影响因素，有利于根据创造性思维模式的研究成果开发创新思维能力，许多心理学家对创造性思维模式进行了研究，其中四个阶段理论较为科学地描绘了思维创新模式，即准备阶段、酝酿阶段、明朗阶段和验证阶段。

1. 准备阶段

准备阶段的主要目的是发现问题，提出问题，并为解决问题进行周密的调查研究，主要包括必要的事实和资料的收集、必需的知识和经验的储备、技术和设备的筹集以及其他条件的提供等。同时，要了解前人在同一问题上积累的经验，对前人尚未解决的问题进一步分析。

2. 酝酿阶段

酝酿阶段主要是对准备阶段进行深加工。针对发现的问题，运用已有经验知识、各种思维方法，从多方面多角度对搜集到的资料信息进行细分、归纳、推理，提出解决问题的各种假设与方案，并对其做出合理客观的评估。

3. 明朗阶段

明朗阶段也称顿悟阶段，这一阶段主要是对酝酿阶段的各种假设方案创造性地提出新思想、新概念、新方法。在多种思维的共同作用下，对各种可能的方案进行深入分析、比较、评价，思路往往这时豁然开朗，从而容易在各种方案中选出最优方案。

4. 验证阶段

验证阶段主要是对明朗阶段提出的各种方案进行检验证明。这一阶段，多运用逻辑思维对创造性假设成果进行科学的验证，利用观察、实验、分析来证明该成果的合理性、严谨性、可行性及其存在的价值性，经过验证阶段，可以使创造的成果得到进一步的完善。但在验证假设时要持客观、实事求是的态度，不要仅凭主观感觉，一旦验证失败，又回到了酝酿阶段。

(二)创新思维方法

目前的创新方法约有几百种，不同的专家学者都是建立在自己实践经验和研究总结的基础上，划分方式也不一样，为了方便大学生学习，我们从中选取具有代表性的常用方法加以介绍。

全国高等院校「十三五」贯穿式＋立体化创新规划教材

1. 模仿创新法

模仿就是把眼前和过去的东西通过自己的头脑再造出来，是一种再造想象。通过模仿，人们能够认识事物的外部和内部特点。

模仿创新法就是一种人们通过模仿旧事物而创造出与其相类似的事物的创造方法，主要特点是通过模拟、仿制已知事物来构造未知事物。通常可分为机械式模仿、启发式模仿和突破式模仿三种方法。

2. 创意列举法

人们要进行创新，就需要善于寻找创新的契机，同时还要不断地进行观察学习，吸收他人的新观点，将其转化为自己的创新意识。新的创意往往是通过对一系列相关问题或建议的列举而被开发出来的。人们可以通过列举一系列问题或建议来指导新创意的开发方向，最终获得全新创意。创意列举主要分为属性列举法、希望点列举法、优点列举法和缺点列举法四种方法。

3. 类比创新法

类比创新法是根据两个或两类对象之间在某些面的相同或相似，而推出它们在其他方面也可能相同的一种思维形式和逻辑方法。这种极富创造性的方法有利于人的自我突破，其核心是从同中见异或异中求同，从而产生新知识，得到创造性成果。它在人们认识世界和改造世界的活动中起着重要的作用。这种方法的关键是通过已知事物与未知事物之间的比较，从已知事物的属性推测未知事物也具有某种类似属性。类比创新法可以分为直接类比、拟人类比、幻想类比、对称类比、因果类比、仿生类比和综合类比七种方法。

4. 组合创新法

组合创新法是将两个及两个以上的技术因素或按不同技术制成的不同物质，通过巧妙的组合或重组，形成具有统一整体的新产品、新材料、新工艺等的一种创造方法。根据参与组合的组合因子的性质和主次以及组合的方式，大体可以分为主体附加法、异类组合法、同类组合法、分解组合法、辐射组合法和坐标组合法六种方法。

5. 头脑风暴法

头脑风暴法(Brain-storming)，是以小组的形式，无限制地自由联想和讨论，产生新观念或激发创新设想。它是由美国创造学家亚历克斯·奥斯本(Alex Faickney Osborn)于1939年首次提出的一种激发性思维方法。头脑风暴法必须遵守的原则有推迟判断，禁止批评；提倡自由发言，任意想象，畅所欲言；综合改善。通常分为直接头脑风暴法和质疑头脑风暴法两种方法。

6. 奥斯本检核表法

奥斯本检核表法因其几乎适应任何类型和场合的创新活动，享有"创新方法之母"的美称。这种方法以提问的方式，根据创造或解决问题的需要，列出一系列提纲式的问题，形成检核表，然后对问题进行讨论，最终确定最优方案的方法。这种方法通常引导人们对照能否他用、能否借用、能否改变、能否扩大、能否缩小、能否替代、能否调整、能否颠倒和能否组合 9 个方面的问题进行思考，以便启迪思路、开拓思维想象的空间，促进人们产生新设想、新方案。

这种方法使思考问题的角度具体化了，但它是改进型的创意产生方法，必须先选定一个有待改进的对象，然后在这些基础上设法加以改进。

第二节 创业与创业思维

一、创业要素与类型

(一)创业的概念

"创业"一词在中文中最早出现在《孟子·梁惠王下》，"君子创业垂统，为可继也"。

"创业"一词在英文中有较多表达方式，一般用 Start-up 代表狭义的创业，指创业者发现商机并通过建立企业整合资源，以持续实现机会潜在商业价值的过程，具体指创业者的生产经营活动，主要是开创个体和家庭的企业。用 Entrepreneurship 代表广义的创业，指创业者所进行的具有开拓性、创造性，可以为国家、集体以及个人增加社会价值与经济价值的实践活动。

在编写本教材的过程中，对不同专家学者关于创业的定义进行了比较，最终还是认同哈佛大学霍华德·史蒂文森教授的定义：创业是不拘泥于当前资源条件的限制而对机会的追寻，组合不同的资源以利用和开发机会并创造价值的过程。

(二)创业的要素

1. 蒂蒙斯创业要素模型

曾任美国国家创业委员会特别顾问，被誉为"创业教育之父"的蒂蒙斯是美国最早从事创业学教育的教育家，早期一直是该领域最有权威的人士，他提出的"蒂蒙斯创业要素模型"影响巨大，是理解创业要素的基本工具(见图 1-1)。

该模型认为创业是一个高度动态的过程，其中机会、资源、团队是创业过程最重要的驱动因素，这三个要素是任何创业活动都不可或缺的，它们的存在和成长决定了创业过程的发展方向。商业机会是创业过程的核心要素，识别与评估市场机会是创业过程的起点，商机的形式、大小、深度决定了资源与团队所需的形式、大小、深度。创业团队的作用是利用其创造力在模糊、不确定的环境中发现商机，并利用资本市场等外界理论组织资源，领导企业来实现商机的价值。在这个过程中，资源与商机是"适应→调差距→再适应"的动态过程。

蒂蒙斯模型的特点是：三个核心要素构成一个倒立的三角形，创业团队位于三角形的底部。在创业初始阶段，商业机会较大而资源较为缺乏，三角形将向左边倾斜；随着企业的发展，企业拥有较多的资源，但这时原有的商业机会可能变得相对有限，这就导致另一种不均衡。创业团队需要不断探求更大的商业机会,进行资源的合理运用,使企业发展保持合适的平衡。这三者的不断调整,最终实现了动态均衡,这就是新创企业发展的实际过程。蒂蒙斯模型始终坚持三要素间的动态性、连续性和互动性。

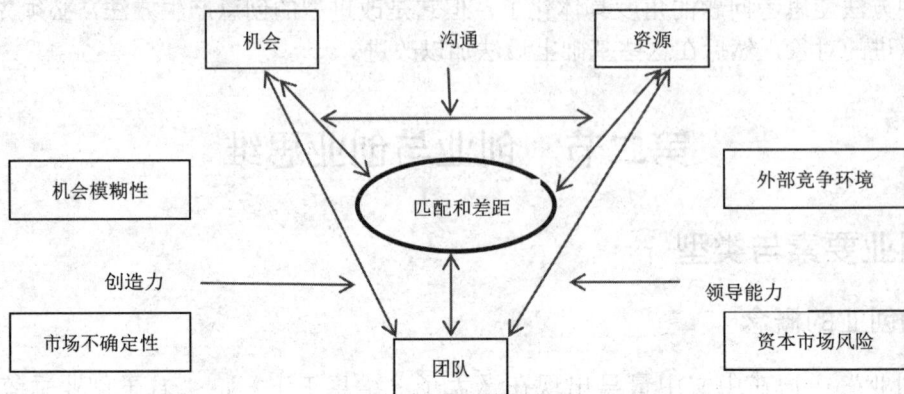

图 1-1　蒂蒙斯模型

2. 创业三要素及其关系

1) 机会

机会问题是创业过程中的核心问题。新企业得以成功创建的起始点是商机,而不是资金、战略、关系网络、工作团队或商业计划。

机会的最重要特征是设想中的产品或服务具备潜在的市场需求。有市场需求是因为产品和服务有增值特征,能够为目标客户创造显著的价值,并且其市场规模足够大,目标市场具备有吸引力的成长潜力,产品的改善空间足以在相当大一段时间内创造高额利润,以及良好的现金流等特点。

一个好思路未必是一个好机会。对创业者来说,学会快速地估计产品是否存在真正商业潜力,以及决定该在上面花多少时间和精力是一项重要的技能。成长率越快,毛利润、净利润和自由现金流越大,创业者的商机就越大。

2) 资源

创业资源是企业创立以及成长过程中需要的各种生产要素和支撑条件,主要表现在创业人才、创业资本、创业技术和创业精神。

许多创业者早期所能获取与利用的资源是相当匮乏的,因此,在创业的过程中,应当积极拓展创业资源获取渠道,且不只是局限于量的积累,要创造性地整合和运用资源,尤其是那种能够创造优势,并带来持续竞争优势的战略资源。

创业之初,创业所需的各项资源往往只能依靠创业者通过自身努力获取,伴随着企业的高速成长和扩张,组织规模很快就发展到一定的规模之上,只有借助外部资源才能使企业继续发展。

3) 团队

创业团队是指在创业初期(包括企业成立前和成立早期),由两个以上有一定利益关系、才能互补、责任共担、愿为共同创业目标而奋斗的人组成的工作团队。创业团队由创业带头人和创业成员组成。

创业带头人通常具备的素质有领袖魅力、感召力、智力刺激、个性化关怀、德行垂范，他是团队的核心，他既是队员，也是教练员，是团队的领跑者和企业文化的创造者。

创业团队的构成必须遵循以下几个原则：第一要有明确目标。团队成员要形成一致的凝聚力和奋发向上的动力，创业项目与目标必须是合理的、可行的、且得到高度认可的。第二，建立规范的组织制度。新创企业开始都规模小、人员少，但不能忽略规章制度的建立。第三，团队成员能力要优势互补。组建团队时，不仅要注重成员在知识结构、技术、管理、市场和销售等方面的优化组合，同时注重包括专业才能、管理风格、生活经验、性格特性和未来价值分配模式等特点的互补，以此达到团队的平衡，实现 1+1>2 的协同效应。第四，精简高效、动态调整。创业初期，资源有限，在保证企业高效运作的前提下尽量精简运作成本，并在维护团队队伍的稳定性的同时，保持团队的动态协同性和发展性，吸纳真正匹配的人员，通过"新陈代谢"提升整体竞争力。

4) 机会、资源、团队的关系

在蒂蒙斯模型的描述里，采用机会、资源、团队三要素的动态平衡来总结创业过程的动态性和复杂性。他认为，由于时空变迁、外界环境的不确定性、机会模糊性、创业活动的动态性、风险性等因素对创业活动的冲击，使原有的机会、资源和创业团队三者相对地位的平衡被破坏，产生失衡现象。有可能会产生两个极端的情况：一是机会很好，但资金很有限；二是资金很充足，但没有很好的机会。此时，创业者就是通过创业团队来调整机会和资源，努力实现这三个方面的再次平衡。

(三)创业的类型

随着创业活动的不断活跃，创业活动的类型也呈现多样化的趋势。按照不同的标准，可以将创业分成不同的类型。

1. 基于创业动机的分类

根据创业者的创业动机，2001 年，全球创业观察(GEM)报告的撰写者雷诺兹将创业分为生存型创业和机会型创业。

1) 生存型创业(Necessity Entrepreneurship)

生存型创业是被动创业，指创业者为了生存，没有其他选择，或对其他就业选择不满意而不得不参与创业活动来解决其所面临的困境。生存型创业的特点有：第一，从现有市场中捕捉机会，表现出创业市场的现实性；第二，从事技术壁垒低、不需要很高技能的行业；第三，物质资源贫乏，从事低成本、低风险、低利润的创业。

2) 机会型创业(Opportunity Entrepreneurship)

机会型创业是主动创业，指创业者为了追求商业机会并实现价值的创业活动。机会型创业的特点有：第一，技术壁垒和资金壁垒较高；第二，成长速度快；第三，能够创造更多的就业机会、出口和更大的市场。

生存型创业和机会型创业不是创业者主观选择的结果，而是由创业者面临的环境和能力决定的。

2. 基于创业主体的分类

根据创业活动主体的不同，创业可分为个体创业、公司创业及衍生创业。

全国高等院校「十三五」贯穿式＋立体化创新规划教材

1) 个体创业

个体创业是指创业者个人或者创业团队不依托于某一特定组织，白手起家完全独立地创建企业的活动。随着科学技术的快速发展和技术周期的缩短，个人完全可以经历从理论研究到应用研究再到研究开发和创建企业这种技术创新成果商业化的全过程，因此，个体创业也就成为当前一种普遍存在的社会现象。具有创业特长的创业家往往还通过购买专利的方式直接创业。

2) 公司创业

公司创业主要指已有组织发起的组织的创造、更新与创新活动，创业活动是由在组织中工作的个体或团队推动的。公司创业的动机源于市场经济体制下企业谋求生存和发展的需求。公司创业是企业提升创新能力与核心竞争力的重要途径。它往往由一个企业内具有创业愿望和理想的员工发起，在组织的支持下，由员工与企业共担风险、共享创业成果。华为集团将非核心业务和服务业以内部创业方式社会化，鼓励内部优秀人才去创办企业。

3) 衍生创业

衍生创业是指在现有组织中工作的个体或团队，脱离所服务的组织，凭借在过去工作中积累的经验和资源，独立开展创业活动的创业行为。衍生企业由于与母体企业之间所具有的联系，在创业的初始条件、市场定位、经营策略、成长方式等多方面都会表现出与个体创业不同的一些特点，值得关注和研究。牛根生离开伊利公司创建蒙牛公司，李一男离开华为公司创建港湾网络等都属于衍生创业经典案例。

3. 基于创业效果的分类

依据创业效果对创业进行分类，有助于创业者关注创业活动的效果，提升创业活动质量，提高创业活动成功的概率。基于克里斯汀(Christian)等人依照创业对市场和个人的影响程度得出的结论，将创业分为以下五种基本类型。

1) 复制型创业

复制型创业是在现有经营模式基础上的简单复制。由于先前生产经营经验的积累使得新组建公司成功的可能性比较高。新创企业中属于复制型创业的比率很高。但这种类型创业的创新贡献较低，缺乏创业精神的内涵，不是创业管理研究的主要对象。

2) 模仿型创业

这种模式虽然很少给客户带来新创造的价值，但可以在一定程度上改变创业者自身的命运。与复制型创业相比，具有很大的冒险成分，经营失败的可能性很大。不过，那些具有创业精神的创业者，只要经过系统的专业培训，找准进入市场的契机，创业成功的概率也较高。

3) 安家型创业

这种形式的创业对创业者个人命运的改变并不大，他们所从事的仍然是原先熟悉的工作，却不断地为市场创造新的价值。安家型创业不是对原有组织结构进行重新设计和调整，强调的是最大限度地实现个人创业精神。

4) 冒险型创业

冒险型创业是指从事一项全新的产品经营。虽然创造新价值的活动的风险较大，但预期报酬较高，对那些充满创业精神的人来说仍富有诱惑力。因此，只要创业者具备卓越的能力、适当的创业时机、合理的创业方案、科学的创业管理，就可能取得成功。

5)　公益型创业

狭义的公益创业是指一群人通过创立一个非营利组织，使用商业化的机制开展公益事业活动。广义的公益创业是指用创新的方法来解决社会问题，它的核心是采用商业化的手段来创造社会价值，而不是个人价值或商业价值。它的成功衡量指标是受助群体的规模和获益程度。公益创业既可以实现创业者个人价值，又可以创造社会价值。

二、创业思维的内涵及类型

(一)创业思维的内涵

思维决定行为，行为决定成就的大小。创业思维是指如何利用不确定的环境创造商机的思考方式。从实用主义的角度看，效果逻辑和精益创业衍生出来的创业思维是一种行动导向的方法，对创业者具有重要的指导作用。

(二)创业思维的类型

1. 兵贵神速，利用现有资源快速行动

创业的一种重要思维是速度与效率。机会稍纵即逝，创业者必须了解自己目前可用资源(手段)有哪些，并进行快速行动。创业行动应该是手段驱动，而不是目标驱动；创业者应该运用各种已有手段或手头资源来创造新企业，而不是在既定目标下寻找新资源。

2. 依据可承受损失而非预期收益采取行动

创业者投入的资源，要根据自己可承受的损失以及愿意承担的损失有多大，而不是根据创业项目的预期回报。任何的预期收益都是不确定的，但失败后可能造成的最大损失是确定的。在考虑投入时，应该综合权衡包括金钱、时间、职业和个人声誉、心理成本和机会成本在内的各种成本。

3. 小步快走，多次尝试

大步行动可能获得很大的好处，但是第一次就迈对步子的概率微乎其微，失败的代价也往往很惨重。因此如果能够小步行动，就可以有机会多次采取行动。通常，只要尝试某种新方法后成功了，很快就会被称为这种新方法的专家。所以，成功的关键驱动因素是不断尝试。

4. 积极行动，吸引人才

在行动中不断吸引更多的人加入进来，寻找愿意为创业项目实际投入资源的利益相关者，通过谈判、磋商来缔结创业联盟，建立一个自我选定的利益相关者网络，而不是把精力花在机会成本分析上，更不要做大量竞争分析。联盟的构成决定创业目标，随着联盟网络的扩大，创业目标也会不断发生变化。

5. 把行动中的意外事件看成新的机会

在创业途中无法避免各种意外事件和偶发事件，不应消极规避或应付，应该以积极的

心态主动接纳和巧妙利用。很多时候，意外同时意味着新的机会。当然，意外也可能意味着问题。如果可能解决这个问题，解决方案就会变成资产。即使无法解决或者排除，它也将成为采取下一步行动的已知事实基础。

6. 把激情当成行动的动力

创业路上难免遭遇挫折，长期下来，我们的心态就会发生变化。所以，我们需要一个强大的动力来渡过这些磨难，即激情。"激情是驱动创造力的关键要素"，如果驱动的动力是诸如激情等内在动力而非外部因素，那么产生创造性成功的概率就会比较高。激情也是驱散不确定性的另一个关键要素。

三、创业过程

创业过程包括创业者从产生创业想法到创建新企业或开创新事业并获取回报的全过程。对于大多数创业者来说，从发现机会到创建企业的时间很短，也许只有几个月甚至不足一个月的时间，但在短时间内，他们却需要开展不少工作。国外学者在调查的基础上归纳了创业者的创业活动所涉及的近 30 项行为，包括感知机会、组建团队、购买设备、寻求融资等。由于创业过程中包含的活动和行为较多，从阶段性活动来看，可以进一步细分为 7 个阶段，如图 1-2 所示。

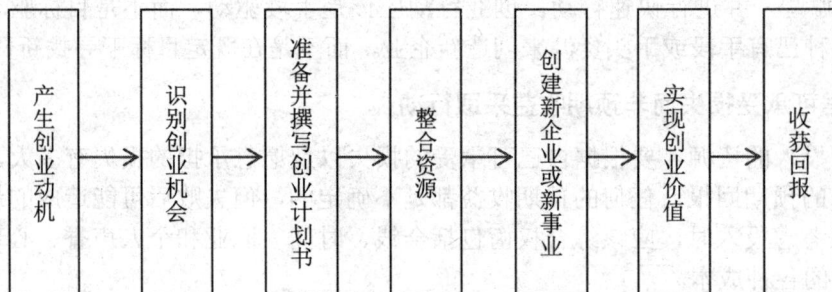

产生创业动机 → 识别创业机会 → 准备并撰写创业计划书 → 整合资源 → 创建新企业或新事业 → 实现创业价值 → 收获回报

图 1-2　创业过程

(一)产生创业动机

个人创业动机，或者说一个人能否成为创业者，直接受三方面因素的影响。

(1) 个人特质。创业者个人特质主要指创业者个体的心理特征、背景经验和技能水平。

(2) 创业机会。即市场中存在的某些情境，在这些情境下产生可创造经济价值的新产品、服务、原材料和组织方式，能够建立新的目的——手段关系。

(3) 创业的机会成本。创业者一方面可以自由地谈话、读书、思考、旅行、做事；另一方面可能付出的代价主要有：收入不稳定、压力大、风险高等。

(二)识别创业机会

识别创业机会是创业过程的核心，包括发现机会和评价机会价值两大方面的活动。不甘于落寞和平庸、想要有一番作为是创业者最大的创业动机,对于市场灵敏的嗅觉和对机会的把握则是创业的先决条件。许多企业创业失败,并不是因为创业者没有努力,而是因为没有真正地去识别创业机会。识别创业机会要注重市场需求的挖掘、创业背景经验的积累、信息收集和概念创造以及创业机会的评估与决策。

(三)准备并撰写创业计划书

创业计划是创业者在初创企业成立之前就已经准备好的一份书面计划,用来描述创办一个新的企业时所有的内部和外部要素。当创业者选定了创业目标与确定了创业动机之后,同时在资金、人脉、市场等各方面的条件都已经准备妥当或已经累积了相当实力,这时,就必须提出一份完整的创业计划书。创业计划书是整个创业过程的重要内容,应详细描述一切和创业相关的内容,包括创业种类、资金规划、阶段目标、财务预算、营销策略、风险防范、管理规划等。

创业计划书也是企业融资成功的重要文书之一,创业计划还可以使创业者有计划地开展创业活动,提高创业成功的概率。

(四)整合资源

资源整合是创业者开发机会的重要手段。创业活动强调在资源不足的情况下把握机会,这并不等同于不重视资源。相反,这样的定义恰恰是在提醒创业者必须创造性地整合资源。对于创业者来说,自身所具备的知识、社会关系网络、专长、组织领导才能、沟通能力、对市场和顾客需求的洞察能力等都可能成为有助于其创业成功的重要资源,合理地运用这些资源,创业者有可能成功地整合到资金、人力和物力,进而为创业活动奠定基础。

(五)创建新企业或新事业

新企业的创建或新事业的诞生是衡量创业者创业行为的直接标志。

(1) 新企业在创建之前,需要对自己的目标市场进行一番考察和评估,这其中重点需要关注产业的吸引力、目标市场的吸引力和产品入市时机这三个问题。

(2) 新创企业在选择注册与经营地点时,通常要兼顾所在国家和地区的经济、技术、文化、政治等总体发展状况以及具体所在地的交通、资源、消费群体、社区环境、商业环境等。

(3) 创业者应根据自身偏好、中长期需求、税收环境等因素,权衡每种法律组织形式的利弊,挑选适合自己的法律组织形式。

(4) 资金来源是新创企业最大的问题。创业者应学会建立个人信用、积累人脉资源、测算资金需求量、权衡融资成本和资金的可靠性及稳定性。

(六)实现机会价值

创业者整合资源,创建新企业的目的是实现机会价值,并通过实现机会价值来达成自己的创业目标。重视顾客的需求,提升顾客的忠诚度,是企业注重品牌价值的表现,然而新创企业需要为获得同样的收益付出更大的成本和代价。新创企业不能仅仅考虑生存问题，还需要考虑企业的成长，创业者需要了解企业生命周期规律，预见到企业不同成长阶段可能面临的管理问题，及时采取有效的措施予以防范和解决，使机会价值得到充分的实现，同时不断地开发新的机会，把企业做大、做强、做活、做长。

(七)收获回报

对创业者来说，创业是获取回报的手段和途径，不是目的，而是一种载体。对回报的追求有助于强化创业者对事业的坚持，适当的回报也是企业健康发展的基础。回报的形式可能是多种多样的，对回报的满意程度在很大程度上取决于创业者的创业动机。对于创业动机是当老板大于获取财富的创业者来说，当老板的感受就是回报；对于以追求财富为目的的创业者来说，把自己创建的企业在短期内培养成为一家快速成长并成功上市的企业，可能是理想的获取回报的途径。

第三节　从创新到创业

一、创新来源于需求

(一)国际形势的需求

创新是世界进步的动力，也是一个国家参与世界竞争的资本。在激烈的国际竞争中，唯创新者进，唯创新者强，唯创新者胜，要实现一个民族的伟大复兴，就要坚持走自主创新之路，努力建设创新型国家，把资源禀赋决定的比较优势转化为创新驱动的竞争优势，进而取得持久的发展动力。

近代以来，科学技术与社会的互动不断增强，科学技术本身逐渐发展成为一种独特的社会体制。几次重大的工业革命，引起了社会生产的深层次变革，振兴了相关产业，也造就了大批兼具科学家、技术发明家和产业巨头于一身的科技实业家。我国虽在改革开放以来创新能力有了很大提高，少数科学研究和技术创新在世界上也占有一席之地。但无可置疑的是，我国创新能力和国际先进水平的差距较大。根据 2001 年有关科技创新能力评价结果数据显示，中国在 49 个主要国家中，科技创新综合能力处于第 28 位，是中等偏下的水平。要想加快科学技术的进步，需要维护稳定的科技发展环境，建立确实有效的科技创新体系，鼓励培养大学生创新创业，努力培养创新型人才。

(二)企业发展的需求

1. 企业转型的需求

当前，全球产业竞争格局正在发生重大调整。国民经济面临着变革与创新的战略选择。一方面，企业在产业生命周期的转型阶段，增长乏力。另一方面，从宏观层面来看，我国物质基础雄厚、人力资本丰富、市场空间广阔、发展潜力巨大，经济发展方式加快转变，新的增长动力正在孕育形成，经济长期向好基本没有改变。"十三五"规划建议提出，坚持创新发展，着力提高发展质量和效益。这是我国企业转型升级、创新发展的重大机遇。从本质来看，企业转型是组织层面的战略变革和创新，其目的在于通过变革和创新改变组织和员工行为，增强组织适应环境的能力以提高组织的竞争力和持续成长。变革和创新是打破原有组织惯例的行为。变革能否成功取决于组织是否具备创新资源和实施创新行为的能力。

2. 开辟新市场的需求

企业的竞争即市场的竞争，一个企业要想在竞争中处于有利地位，就需要通过创新来打造一流的品牌效应，进而不断开辟新的市场。创新理论鼻祖熊彼特认为，凡是引入新产品、引用新的生产方法和工艺、开辟新市场、获得原材料或半成品的新供给来源等都是创新。依此界定，企业的成本、质量、产品差异、品牌形象、组织形式的先进性都是以创新为前提的。尤其在开辟新市场的过程中，必须通过创新提高新供给来源的利用率，才能使产品具有品牌竞争优势。

(三)个体发展的需求

马斯洛需求层次理论把人的需求从低到高按层次分为五种：生理需求、安全需求、社交需求、尊重需求和自我实现需求。人总是不断追求着更高的需求，而创新在人对需求不断满足的各个阶段中起着重要作用。创新是人的才能的最高表现形式，是推动人类社会前进的车轮。

1. 人的物质需求呼唤创新

人的基本需求是人作为自然人的需求和作为社会人的需求的统一。人口的不断增长，需要解决的除增加物质总量外，还应考虑怎样满足人类物质文化生活不断变化的需求。

2. 创新在个人职业发展中的重要性

随着人们对需求的更高要求，开发自己的创新能力、创业能力和生存竞争能力是每个人发展的必经之路。大量实践证明，具有较高创造创新能力的人，工作适应面广，工作质量高，创造的效益远远大于创新能力低的人。创新能力是实现人生价值的重要体现。

3. 创新能力对个体成长的意义

创新思维能力的有无将决定一个人的应变思维能力、勇气，胆识的大小、谋略的高低等。把握自己的创新思维能力，将有助于自己的发展定位和目标设计。

二、创新助力创业

全球经济一体化进程的加快与知识时代的到来，使得创新与创业成为当今时代的主旋律，成为一个国家经济发展的重要途径，并日益得到全世界的关注。创新与创业虽是两个不同的概念，但两者之间又内在相关、密不可分，如果说创业的本质是创新，那么创新则是创业的灵魂。

全国高等院校「十三五」贯穿式＋立体化创新规划教材

(一)创新与创业本质的一致性

创新与创业两个范畴之间有着本质上的契合，内涵上相互包容，实践过程中互动发展。创新概念的提出者熊彼特认为：创新是生产要素和生产条件的一种从未有过的新组合，这种新组合能够不断更新原来的成本曲线，由此会产生超额利润或潜在的超额利润。创新活动的本质内涵，体现着其与创业活动性质上的一致性和关联性。创新与创业两者都具有"开创"的性质。创新多指理论、思维方面的创造活动，是整个创造活动的初始阶段；创业是实际活动中的创造，是创新思维、理论和技法的应用与现实体现，属于创造活动的后期阶段，也是创新的根本目的。

总体上说，科学技术及思想观念的创新，形成了新的生产和生活方式，创造了新的消费需求，这是创业活动源源不断的根本动因；另一方面，创业在本质上是一种创新性实践活动，是主体的一种高度的自主行为。在创业实践的过程中，主体的主观能动性得以充分地发扬，最终体现了创业的创新特征。

(二)创新与创业的关联性

首先，创新是指理论、方法或技术等某一方面的发现、发明、改进或新组合。创业是一种思考、推理和行动的方法，在于把握机会，创造性地整合资源，从而创办新的企业或开辟新的事业。将创新的思想或成果用于产业或事业中，开创新的领域或新的局面，就是创业。

其次，创新重视的是所得到的结果，而创业不仅重视结果，还重视其结果实现的条件。

再次，创业比创新更加关心结果的可实现性，以及未来可实现的经济效益。

创业是具有创新精神的个体与有价值的商业机会的结合，是开创新事业的活动，其本质在于把握机会，创造性地整合资源、创新和超前行动。

(三)创新与创业的相互作用

1. 创新是创业的本质与源泉

创业者只有保持持续不断的创新思维和创新意识，才可能在创业的过程中产生新的富有创意的想法和方案，寻求新的模式、新的思路，最终获得创业的成功。

2. 创新的价值在于创业

创新的价值在于将潜在的知识、技术和市场机会转变为现实生产力，实现社会财富增长，造福人类社会，而实现这种转化的根本途径就是创业。创业者不一定是创新者，但必须具有能发现潜在商机的能力和敢于冒险的精神；创新者也不一定是创业者，但是创新的成果一定是经由创业者推向市场的，使其价值市场化，创新成果才能转化为现实生产力。

3. 创业推动并深化创新

创业可以推动新发明、新产品或新服务的不断涌现，创造出新的市场需求，从而进一步推动和深化各方面的创新，因而也就提高了企业或是整个社会的创新能力，推动了经济的增长。

三、创业是一种职业选择

(一)客观因素——中国人口负担要求创业

根据国家统计局 2011 年调查显示，2000 年以来，我国城镇失业率为 4%左右，每年新增劳动力 1300 万人。虽然每年能新增 560 万～800 万个工作岗位，但与人数众多的劳动力大军比起来，只是杯水车薪。

就当前大学生就业问题而言，2017 年《就业蓝皮书——中国大学生就业报告》中显示，2017 年的高校就业人数多达 810 万，习近平同志在天津考察时，他曾勉励当代大学生要志存高远，脚踏实地，转变择业观，同时要求加大对高校毕业生自主创业的支持力度。

创业作为一种就业形式，能为广大的劳动者拓宽就业渠道，能让每个人的才能得到充分发挥。创业能使现有的就业市场容纳巨大的劳动力，解决失业所带来的巨大的社会负担，解决高校毕业生的就业问题。只有创业的人多了，经济发展了，就业问题才能得到根本改善。

(二)主观因素——职业价值观的改变与创业意识的增强

通过梳理相关文献，我们发现，虽然不同性别、学历、学科、家庭、独生子女与否、有无工作经历以及其家人是否有创业的大学生在职业价值观和创业意识的各个维度上存在不同程度的显著差异。但随着时代变迁和社会与经济的快速发展，我国大学生选择职业的标准发生了变化，创业意识也在不断增强。职业价值观是在个体需要基础上形成的，有什么样的主导需要就有什么样的职业价值观，因为人们选择职业的目的归根到底是为了满足自身的需要。

职业选择属于认知范畴，包含着个体对于知识、信念和经验的认知过程，而创业是一种职业选择。大学创业教育的课堂教学、创业模拟训练和创业实践课程，会让学生习得显性创业知识和隐性创业知识，形成对创业的认知，影响着他们是否会把创业作为职业选择的行为意向。

对于职业价值观偏向于自我实现的大学生来说，通过频繁参加创业教育相关课程的学习，对创业了解越全面，感悟越深刻，越会知晓创业活动充满挑战性，必须独自面对各种复杂棘手的问题，在这个过程中，个人能力得到提升，并且在完成创业的过程中完成了自我实现的需求，所以，他们的感知创业价值和其追求自我实现需要的职业价值观相吻合，从事创业活动的意向就会增强。

本章小结

(1) 进行创新活动时，创新思维要突破思维定式，创新方法要经过创新思维模式四阶段的验证，创新成果才能在创业活动中发挥作用。

全国高等院校「十三五」贯穿式+立体化创新规划教材

(2) 创业有多种类型，成功的创业需要有正确的创业思维带动，实现机会、资源、团队三大因素的动态平衡。

(3) 创新与创业本质上是一致的，创新助力创业，创业促进创新。

实训案例

陈伟和他的红土洼小米

基本案情：

陈伟，山西财经大学工商管理学院市场营销专业 2016 届毕业生，红土洼小米有限公司经理。大学毕业后，他带领他的创业团队把红土洼小米做得风生水起。

在大学期间，陈伟就联系了一批志同道合的同学组成创业团队，成为某品牌罐头山西省渠道销售校方代表。最初，他们通过发传单、上门推销等较为简单的渠道进行营销，而后又借助微信等新媒体平台销售产品，逐步取得良好的效果。经过磨合，团队成员比较稳定且协作能力不断增强。2015 年冬天，在就业与创业的十字路口，团队成员对创业的一系列因素进行系统分析，选择了适合自身的项目：红土洼小米。

为找到满意的小米，陈伟和他的团队成员走访了家乡种小米的乡亲们，还多次向农大教授请教，深层次了解种植小米的气候、水质、海拔、土质等各方面参数，从而综合评估适合种植小米的区域。寻找一块适合种植小米的土地异常艰难，经历了多次失败，团队部分成员开始动摇。但在"山重水尽疑无路"之际，平定山区的一首童谣使他们发现了太行山深处一座几乎与世隔绝的自然村，这里有着生长山区旱地小米所需的一切条件。

小米的存储条件要求高——高温易变质，潮湿易霉变。所以，烹饪和存储都要考究。小米要选定阴凉、干燥、通风好的地方存储。亮晶晶的平定砂器，世代相传的九道工序，造就了最纯正古朴的平定砂锅，小米与砂锅的完美融合，能吃出红土洼小米最正宗的味道。同样，平定砂罐具有耐酸、耐碱、透气性好、实用美观等特点，用砂罐储米并将砂罐放在阴凉、干燥的地方，可以充分保障小米的营养及品质。由陶瓷师傅一笔一画亲手雕刻的"红土洼"容器便成为熬煮和存储小米的最佳选择。

2016 年 11 月，经过一年的筹备，红土洼小米正式推向市场。出于对纯天然食品的认同，前期宣传在山西产生很好的效果，取得开门红。同时，团队成员通过微信平台结识了想助力家乡发展的山西游子，这些在他乡的客户成为他们的铁杆粉丝，尤其是在大连，截至 2017 年 6 月，累计销售 400 多套产品，尤其是防潮的砂罐和养生砂锅，特别受青睐。

目前，陈伟及其团队又推出"全年都吃新小米"的计划，本着"为健康代言，为农村生态产品发声"的理念，对其客户提供新米现碾现寄的服务，成功解决了陈小米营养成分流失的问题，为顾客送去好的产品。

案例点评：

陈伟通过对市场的敏锐触觉，识别并抓住了"绿色食品"这一创业机会，整合人力、资金、市场资源，根据个人及企业发展的需求，不断创新，为企业盈利，最终实现创业价值，获得回报。

思考讨论题：

1. 什么是创业，它的要素有哪些？
2. 创业过程有几个阶段，讨论本案例在各个阶段的具体做法有哪些？

实训课堂

"苹果皮之父"潘泳的创业故事

基本案情：

潘泳出生于普通家庭，从小喜欢钻研创新，家里买回计算机后，他对计算机尽心研究、爱不释手，还因高中期间自己的 QQ 账号被盗当过"黑客"，在升入黄淮学院后，他选择了自己喜欢的计算机专业，也从原来的"坏学生"变成了好学生，并在学校多次获奖。

潘泳是一个典型的"果粉"，由于购买二手机出现问题、联系国外卖家被骗后，他萌生了将 iPad Touch 加上短信和通话功能改装成 iPhone 的想法，并开始了他的疯狂研究和实验。没有专业设备和场地、缺少资金，种种困难他都一一克服，最终在 2010 年研制出"苹果皮 520"。尽管这款产品成了国内外热点，但由于他前期拒绝与投资商合作、后期内部资料被盗，一时间，市场上盗版猖狂，网上骂声一片，潘泳只得放弃苹果皮，另寻出路。

潘泳的二次创业归功于他的母校——黄淮学院，母校无私地提供了平台、人员、资金等支持。2014 年潘泳带领学生发明了一款类似蓝牙耳机的"励志神器"，并在首届产教融合发展战略国际论坛产品发布会上得到丰厚的回报。

潘泳自称是很懒的人，他通过冬天窝在被窝里看计算机的想法想到用人脸来控制鼠标，后来经过团队的不懈努力，终于研发出了"脸说"产品，并在"第一届影视设计创意大赛"一举夺魁，这个比赛也使潘泳得到了天使投资，并成立了广东佳士乐文化创意有限公司。公司成立两个多月后，便推出新产品"佳士乐漫聊神器"APP，潘泳又成为街头巷尾的名人。2016 年，潘泳研发出"会务宝"APP，采用世界先进的人脸识别技术，不用携带任何凭证，刷脸就能进入，会务宝的问世改变了人们的生活。

潘泳的成功，就是以创新为原料，辅以坚持、行动、梦想等佐料。对于潘泳来说，创业无所谓苦难，再多的苦难也是经历风雨后的彩虹。

(资料来源：根据"周前进.创业人生壹：草根成长与成功之道[M].北京：清华大学出版社，2016."查阅整理)

思考讨论题：

1. 结合材料，思考机会、资源和团队这三个要素是什么关系？
2. 本材料涉及哪种或哪几种创新思维类型？

复习思考题

一、基本概念

创新思维模式　创新思维方法　创业过程　创业团队　创业资源

二、判断题(正确打"√"，错误打"×")

1. 创新是一种有目的的认识世界和改造世界的实践活动。 　　（　　）
2. 任何一个团队都必须有团队核心人物，核心人物越多越好。 （　　）
3. 从理论上讲，创业是在资源完备的情况下进行的一种价值整合。（　　）

三、单项选择题

1. 人们常说"由此及彼，由表及里"，这是（　　）的典型应用。
   A. 想象思维　　　B. 联想思维　　　　C. 直觉思维　　　D. 灵感思维
2. 创业的本质是（　　）。
   A. 成功　　　　　B. 赚钱　　　　　　C. 生活方式　　　D. 职业
3. 下列选项中对创业机会的描述不正确的是（　　）。
   A. 符合趋势　　　B. 发现问题　　　　C. 持久性　　　　D. 真实需求

四、简答题

1. 创新思维方法主要有哪几种？
2. 思维模式的四个阶段是什么？
3. 有关创业要素的蒂蒙斯模型的特点是什么？
4. 概述创业过程。

五、论述题

你认为大学生创业需要哪些技能？

阅读推荐与网络链接

[1] 陈永奎. 创新创业基础教程[M]. 北京：经济管理出版社，2015.
[2] 石东喜，宋晓玲，吴高潮. 创新创业指导[M]. 西安：西安交通大学出版社，2016.
[3] 张玉利，薛红志，陈寒松，等. 创业管理[M]. 北京：机械工业出版社，2016.
[4] 马广水. 创新创业基础[M]. 北京：高等教育出版社，2016.
[5] 贾虹. 创新思维与创业[M]. 北京：北京大学出版社，2011.
[6] 冯林. 大学生创新基础[M]. 北京：高等教育出版社，2017.
[7] 李伟，张世辉，李长智. 创新创业教程[M]. 北京：清华大学出版社，2015.
[8] 陈叶梅，贾志永，王彦. 大学生创新创业基础[M]. 成都：西南交通大学出版社，2016.

[9]　季跃东. 创新创业思维拓展和技能训练[M]. 北京：科学出版社，2012.

[10]　张玉华，王周伟. 创业基础[M]. 北京：清华大学出版社，2014.

[11]　李静薇. 创业教育对大学生创业意向的作用机制研究[D]. 天津：南开大学，2013.

[12]　马永斌，柏喆. 大学创新创业教育的实践模式研究与探索[J]. 清华大学教育研究，2015(6).

随身课堂

创新与创业.PPT　　　创新方法.MP4　　　创业过程.MP4　　　蒂蒙斯创业要素模型.MP4.

全国高等院校「十三五」贯穿式＋立体化创新规划教材

第二章 创业者与创业能力素质

学习要点及目标

- 掌握创业者概述及其素质能力。
- 了解创业者素质测评。
- 了解企业家精神。

核心概念

能力素质 伦理道德

引导案例

马云的三次创业

1984 年，不顾家人反对，马云经历第三次高考，终于跌跌撞撞地考入大学——他的成绩离本科线还差 5 分，但由于英语专业招生指标未满，部分英语优异者获得升本机会，于是马云被杭州师范学院破格升入外语本科专业。进入大学后，马云勤奋刻苦，凭借出色的英语成绩稳坐外语系前五名。之后马云当选学生会主席，后来还担任了两届杭州市学联主席。

大学毕业后，马云被分配到杭州电子工业学院(现杭州电子科技大学)，任英文及国际贸易讲师，后被评选为杭州市优秀青年教师，他发起西湖边上第一个英语角，开始在杭州翻译界小有名气。

1992 年，考虑到自己的英语水平，以及翻译行业的人才短缺，28 岁的马云第一次产生了创业的想法，联系了几个合作伙伴后，很快便创办了一家翻译机构——海博翻译。但创业路途并非一帆风顺，期初几个月的收入还不及房租的三分之一，很多朋友也都劝他及时收手，但马云想想自己的初衷，并结合翻译行业的发展前景，还是把机构坚持办了下去。为了凑钱维持经营，他开始贩卖内衣、礼品、医药等小商品，整整三年，翻译社就靠着马云推销这些杂货来维持生存。1995 年，翻译社开始实现赢利。现在，海博翻译社已经成为杭州最大的专业翻译机构。

1995 年初，马云参观了西雅图一个朋友的网络公司，亲眼见识了互联网的神奇，他马上意识到互联网在未来的巨大发展前景，决定立即回国做互联网。创业开始，马云仍然没有什么钱，所有的家当也只有 6000 元。于是他跟亲友借钱，并变卖了海博翻译社的办公家具，再加上两个朋友的投资，勉强成立了一家网络公司，创立了中国第一家网站——中国黄页。对于中国黄页来说，创办初期，资金也的确是最大的问题。由于开支大，业务又少，最凄惨的时候，公司银行账户上只有 200 元现金。但是马云以他不屈不挠的精神，克服了种种困难，把营业额从 0 做到了几百万。

1999 年 3 月，马云正式辞去职务，集结了自己的"十八罗汉"，凑够 50 万元人民币，开始了新一轮创业，开发阿里巴巴网站。开始的日子是相当艰难的，每个人工资只有 500 元，公司开支的每一分钱都恨不得掰成两半来用。但是大家在马云的带领下，毫无怨言，奋然前行，挺过了最艰难的岁月。后马云获得两次天使投资，开发淘宝网，创立支付宝，2005 年，马云出任中国雅虎董事局主席。2007 年 11 月，马云创立的阿里巴巴网络有限公司在香港联交所主板挂牌上市。2014 年 9 月 19 日，阿里巴巴集团于纽约证券交易所正式挂牌上市。

(资料来源：根据"百度百科. 马云(阿里巴巴集团创始人)[EB/OL]. https://baike. baidu.com/item/%E9%A9%AC%E4%BA%91/6252? fr=aladdin 以及"百度百科. 马云有过三次创业经历[EB/OL]. https://wenku.baidu.com/view/15f6fcfe7c1cfad6195fa723.html." 资料整理)

案例导学

一个人优秀不一定是全面的，马云三次高考失败，最后去了一个很普通的高校，但他志向高远，头脑灵活，能人所不能，敢做敢拼命。他三次的创业经历，诠释了很多创业者优秀的品质与能力，这也是使他最终成为人生赢家的关键。

第一节　创业者概述

有这样一类人，他们坚毅果敢，他们有勇有谋，他们渴望成功但同时也不畏惧失败。人们常说，幸运之神眷顾他们，却常常忘了失败之神也是他们的常客，他们，便是创业者。

创业一词，在《新华字典》中的解释为开创建立基业、事业。在社会生活中，有各式各样的不同类型的工作形式，自然也就有种类繁多的创业活动和形形色色的创业者。创业者并非天生，也并非注定只能发生在谁的身上，而是指一个人在认清自己的前提下，理性地看待创业问题，认真考虑自身利益与社会利益后，开创和建立适合自己特性、特征的产品与服务，合理有效地分配资源，以此来满足人们的需要。

一、创业者的含义与类别

创业者一词最早起源于法国，因而对"创业者"这一概念的引用最早也是由法国经济学家理查德·坎蒂隆(Richard Cantillon)在 1755 年提出的，他认为，创业者是指这样一类人，对于一项新鲜事业，他们勇于冒险并且敢于承担责任。随后，法国经济学家萨伊(Say)在 1800 年对创业者的定义有了更明确的说明。在他看来，创业者在一项经济活动过程中同时协调着资源的分配、资金的使用和劳动力的雇佣，他们的身份更像是一个代理人。著名经济学家熊彼特认为创业者应为创新者，即具有发现和引入新的更好的能赚钱的产品、

全国高等院校「十三五」贯穿式＋立体化创新规划教材

服务和过程的能力。在今天，我们将创业者更多地理解为创办建立一个新的企业，并维系这个企业的运营与管理，行使决策、承担风险、完善发展，从而获取收益。总之，创业者的内涵随着经济的发展不断丰富。

小贴士

创业者、发明家与职业经理人的区别

发明家是指研究发明前所未有的新事物的人。一个发明家往往在某个方面造诣颇深，并且具备很高的创造性。发明家有与创业者相似的地方，就是两者都要有勇于挑战的精神，对自己充满信心，敢于突破思维上的束缚，热爱冒险。但两者也有不同的地方，首先，就创业动机来说，发明家更热衷于发明创造东西，他们仅仅是爱发明创造本身，而对创业者来说，是要建立自己的事业、企业并进行良好的运作与维系，很多时候是创业者对利益的需求导致创业行为；其次，对发明家来说，更注重技术能力，而创业者不仅注重技术，也同样关注企业的管理、产品的推广和人际关系的处理；再次，两者的衡量标准略有不同，我们通常运用发明数量和专利数量来衡量一个发明家的成就，而运用业绩、利益来衡量一个创业者的水平。

职业经理人是指在企业经营过程中受任经营管理企业的人，通常具备丰富的经验和强烈的责任心与领导力，责任为将企业资源进行适当合理分配以实现增值，收入来自于管理成果。而创业者拥有企业的所有权，掌握着企业的最终命运和人员分配调动最终权。所以说，创业者和职业经理人是雇佣与被雇佣的关系。创业者的收入取决于企业的所有盈利与亏损，而职业经理人只拿走自己应得的那部分。另外，创业者与职业经理人最显著的区别在于创业者是 0 到 1 的突破，而职业经理人是实现 1 到 10 的过程。

创业者作为一种相对独特的社会群体，群体内部按不同的分类标准也划分为不同的类型。

(一)生存型创业者 VS 机会型创业者

2001 年，全球创业观察报告的作者雷诺兹等人最先提出了生存型创业和机会型创业的概念，在此之后，大家也对这两类概念进行了丰富。

生存型创业者是指创业者进行创业活动的动力完全是因为生活所需，为了钱财和物质，不得已而为之。这类人的典型特征是被动。而且学识不是很高，往往从事一些低门槛、低成本、低消费的创业活动，主要集中在餐饮、百货行业，所赚利润用于贴补家用。但同时，由于利润极低，且考虑到生计，这类创业者往往有更强的吃苦耐劳的精神。创业初期，雇用少量甚至不雇佣员工，多依靠亲朋好友的协助完成创业活动。这类创业者在我国的创业者中比例最高。

机会型创业者是指那些为了追求某个商机而进行创业活动，是从个人角度出发，为了满足精神需求而非生理需求的一类人。这类人的典型特征是主动。他们根据自己的兴趣爱好，根据自己的独特视野发现在行业中存在的商机，赚取利润。并且，机会型创业者背后往往有好的团队的支持，他们会筛选合适的员工来辅佐企业的顺利运行。

如表 2-1 所示为生存型创业者与机会型创业者的区别。

表 2-1　生存型创业者与机会型创业者的区别

创业者类型	生存型创业者	机会型创业者
创业动机	满足生存所需	满足精神所需
受教育程度	大多学识水平偏低，较少受过高等教育	多数受过高等教育
思想高度	维持生计，小富即安	瞄准时机，不甘现状，敢于拼搏，做大做强
行业偏好	餐饮、百货、零售、家政	金融、教育、投资
风险承担	以安全性为主，以盈利性为辅	以盈利性为主，以安全性为辅

(二)独立创业者 VS 企业内创业者

独立创业者多是在工作、生活中萌生出独立创业的想法与观念，自己出资成立公司，并自己管理。创业的原因多是因为在工作中的不顺，或对所从事的行业感到失望，而产生急切的想要改变的想法。这类创业者需具备一定的投资能力和极强的自立精神。一旦决定成立某个项目，便要投入全部的金钱、时间和精力，不屈不挠地奋斗下去。

企业内创业者是指在已有的公司或单位中，根据现有的资源、项目创新出不同于以往的商业模式或产品服务。一般是由企业内有创业意愿的员工来主持发起。目的多是为了增加企业竞争力，阻止人才流失，发挥员工潜力。但由于有原有公司的扶持，相比独立创业者，风险相对较小，资金也更容易到位。

(三)初始创业者 VS 二次创业者

初始创业是指创业者第一次根据自己的分析与思考，确定自己的创业类型并开始筹备后，一直到招聘员工、建立公司制度、设计研发产品、进行营销并获利的过程。初始创业者特指第一次进行创业活动的人群。他们有着缜密的计划和满满的信心，但由于结果的未知性，他们往往也需要更强大的内心。

二次创业是指创业者在经历过初次创业之后，根据自己的学习经验和心得体会而产生更有助于企业进步与发展的思想。二次创业者往往对公司的运营把控得更加完善，决策也更加现实。毕竟创业是一个学习、再学习、不断学习的过程。

二、创业者的特征

在我们身边有着数不胜数的成功创业的典例，包括阿里集团的马云，万达集团的王健林，腾讯集团的马化腾等，我们常常会剖析他们的创业环境和背景，分析他们身上的性格特质，深入挖掘他们成功的因素，试图找到成功的秘诀。但这也使得很多人陷入一个思想误区，认为创业者是天生的，或许是某些基因的作祟，使得特定的人群能够创业，能够成功，而自己并不在这些人中，因而还未尝试就已经打了退堂鼓。著名管理学家、创业教育创始人之一彼得·德鲁克说过："创业不是魔法，也不神秘，它与基因没有任何关系。创业是一种训练，就像任何一种训练一样，人们可以通过学习掌握它。"成功的人有相似点，但并不是说将这些相似点简单地堆加成一个公式，只要符合这些条条框框的人就一定会成功，而稍有偏差你便与创业无缘。著名创业教育家，美国西北大学教授劳埃德·谢夫

全国高等院校「十三五」贯穿式＋立体化创新规划教材

斯基说过："婴儿的每一天都是新的一天，他们总是会爬到不该爬的地方，他们总能带给你惊喜，你会知道他们是多么的无所畏惧，这就说明，我们每个人都是天生的创业者。"既然如此，我们又为什么要探究创业者具备的种种特性呢？那是因为很多人面对未知的创业，充满了好奇与恐惧，我们将创业者通常具备的心理、行为、知识、能力等四个维度的特征做出归纳总结后，方便人们参照，通俗点说，是让人心里有个"谱"，能够更好地认识自己。那么，就大部分创业者而言，他们具备哪些特征呢？

(一)创业者的心理特征

1. 创业激情

对于一个创业者来说，最先要具备的是对创业这件事情怀揣的热情。类似于现在很多家长对于孩子的教育。一些家长总是困惑为什么上同样的特长班，自己的小孩总是不如其他的孩子优秀，是自己的小孩笨么？好像也不是。但那是什么原因呢？其实问题很好解决，关键取决于是你要求他去学，还是他自己感兴趣。人们都有望子成龙、望女成凤的心情，但却经常忽略，兴趣才是最好的老师。只有保持兴趣，你才会主动地去探索，去求知，去渴望体验一次次的实践。创业也是如此，你对创业饱含兴趣，才会萌生观念与想法，才有继续探索下去的热情，才会展开无限的可能。创业的激情不是一时的，它伴随你整个创业过程，在漫长且艰辛的创业之路上，不是所有人都会一帆风顺，当你困惑迷茫时，回想当初是什么动力促使你创业，你会拨开云雾，重见光明。

2. 敏感好奇

创业者在选择创业项目时，要有新奇点和侧重点。而这两点便取决于创业者的好奇心与洞察力，以能适时地寻找机会，抓住机会，对商业机会做出快速反应。机会是留给有准备的人的，但对创业者来说，机会是留给敏感好奇的创业者的。很多时候，商机就摆在眼前，而我们却往往视而不见，将别人眼中的平淡无奇变为自己的无限商机，是一个合格的创业者应具备的特质。

3. 情绪稳定

创业过程相当于一次冒险过程，没人能预料未来会发生什么，也没人能预料未来你的公司会走多远，即使是创立于 1850 年，身为美国第四大投资银行的雷曼兄弟公司，在 2000 年还被《商业周刊》评为全球最佳投资公司，而在 2008 年金融危机中却不得不宣告破产。面对创业路上充满的种种未知，保证良好的心态和稳定的情绪显得尤为重要。古人云，不以物喜，不以己悲，说的便是这个道理。创业需要极大的心理承受能力，如果你天生心理承受能力不足，是不适合创业的。罗永浩认为，创业过程中需要承受的压力和恐惧是超出想象的，它会让大部分抗压能力正常的人崩溃，所以说创业者在心理承受能力方面是要优于常人的。

4. 敢于承担

每个现实生活中的人都扮演着不同的角色，而每个角色又承担着相应的责任。抚养孩童是父母的责任，赡养老人是孩子的责任，遵纪守法是每个公民的责任。同样，对于一个创业者而言，合理合法地创办企业，保障企业和员工的生存，做出合理正确的决策等，这些都是创业者的责任。作为一个勇于冒险、敢于担当的创业者，责任和义务是要时刻铭记于心的，而不能一味地只想索取、获利，权利与义务永远是对等的。同时敢于承担也不仅仅是承担应尽的责任和义务，还包括对于决策后果的承担，无论公司发展如何千变万化，要敢于面对现实，敢于接受现实，不自暴自弃，有勇有谋有担当，才是一位合格的创业者。

(二)创业者的行为特征

1. 诚实守信

古人云："人而无信，不知其可也。"说的是一个人若失去了信用，那么便无立足之地。《吕氏春秋》中写道"君臣不信，则百姓诽谤，社稷不宁；处官不信，则少不畏长，贵贱相轻；赏罚不信，则民易犯法，不可使令；交友不信，则离散郁怨，不能相亲；百工不信，则器械苦伪，丹漆染色不贞"。自古以来，诚信作为最重要的美德之一，一直被后人传承，可以说小到个人、家庭，大至整个社会、国家，诚信都起着至关重要的作用。作为商人，丢失诚信可谓寸步难行。不仅导致顾客利益受损，同时也会丧失客流量，在诚信的同行面前更是毫无竞争力，结局注定是死路一条。因而诚实守信是每一个创业者的第一要义。

2. 勤奋好学

关于踏实勤奋走向成功的典例不胜枚举，关于勤奋的名言警句也多到可以出书。小时候，父母总告诉我们，一分耕耘，一分收获。这是为什么呢？因为并不是每个人生来就注定会成为天才，生来就一定会成功。就连伟大的发明家爱迪生也是在三千八百次的失败实验后才发明出了钨丝灯泡。成功的人总是不断学习、不断进步的，他们知道，只有用勤奋的钥匙才能打开进阶的大门，只有不断地与时俱进，才能把握机会、实现价值。

3. 吃苦耐劳

如果一个创业者只将创业挂在嘴边，那么他总会是个失败的创业者。如果他付诸行动，那么他会感受到创业路上的艰辛。万千世界，我们相信唯有适者才能生存。创业也是如此，敢打敢拼敢吃苦，不轻言放弃的人便是竞争中的适者。坚韧不拔的毅力会是助他穿梭于河流中的小舟；反之，丢掉这些，他会很容易迷失沼泽，半途而废。

4. 随机应变

创业是任重道远的，同样创业路上也布满了荆棘。没有人敢说自己的创业不会出现一点点意外，一切都是在预计的轨道上运行的。一个好的创业者，一定要具备灵活应变的能力以应对企业面临的各种变数，要脚踏实地，从实际出发，保持清醒的头脑来面对不同的挑战，切勿一条巷子走到黑。

全国高等院校"十三五"贯穿式＋立体化创新规划教材

(三)创业者的知识特征

1. 夯实的基础知识

学习知识是为了让我们更好地认识世界，认识自然，认识美丑，明辨是非。学习基础知识不仅可以加深我们的认知，也会让我们看清精神价值的方向。对于一个创业者来说，学习管理，他会对经营公司略知一二；学习法律，他会对注册公司略知一二；学习道德，他会对为人处世有着更深的理解；学习理财，他的财富可能会有更完善的管理……总之，夯实的基础知识在人的学习、生活中起着不可替代的重要作用，有了它不一定会成为优秀的创业者，但优秀的创业者一定精通它。

2. 精湛的专业知识

仅具备基础知识对一个创业者来说是远远不够的。如果你想把企业做大做强，那么学习广博精湛的专业知识是必不可少的。如工商管理、人力资源管理、财务管理、公司金融、会计学、审计学、法学、决策论等，这些都是必要的，除此之外，还应学习与创业理论息息相关的经营知识以及所涉及企业行业的相关专业知识。就像代码与 IT 行业是永远分不开的，只有掌握核心的代码、核心的技术，才能掌握核心竞争力，才能有市场，从而获取利润。

3. 多彩的实战经历

对创业者而言，除了要具备丰厚的理论知识外，同时也要具备实践精神。老话说，是骡子是马，得拉出来溜溜。一个企业在注册、创办、经营、发展的各个不同阶段，都有核心的问题要处理，如果你对这些过程的方方面面不了解也不去学习，那必定是个失败的创业经历。实践才能出真知。了解到经营企业的艰辛，才会对今日的成果倍加珍惜。

4. 丰富的社会阅历

如果说以上三点侧重考察的是智商，那么社会阅历一定是情商的代言人。我们生活在社会中，即使现在不是，以后也终会成为一个社会人。尤其对创业者来说，打交道的无非是人和物。物件只要用心，真材实料都是可以搞定的，而人就不同了。社会上的人形形色色，有善有歹，尤其对于创业者，其供货商、顾客，涉及资金来源、去向的方方面面的人都是打交道的对象，稍有不慎，都有可能毁掉辛苦创办的企业。这时候，创业者所积累的社会阅历便会给自己提供帮助，帮助创业者在初次接触一个人后能快速做出正确判断。但并不是说第一印象就一锤定音了，毕竟日久见人心，但我们在与人交往的过程中，总要在开始有个最初的判断，如果这个做不到，难免会吃亏上当。另外，丰富的社会阅历会给创业者带来人脉，想象你点子新奇又踏实肯干，待人真诚，那么朋友自然会帮你引荐靠谱的上游链和下游链，助你一臂之力。还有，社会阅历有助于创业者用更高的眼光来分析、判断事物，也会对创业者处理事务的方式方法产生影响，实现一步步的自我提升。

(四)创业者的能力特征

1. 创新力

创新意识和创新能力是一个创业者综合能力的一种体现,包括发现一个新的问题、产生一个新的思路、建立一套新的机制、发明一项新的技术等。它是以深厚的文化底蕴、夯实的知识为基础,综合心理、智力、人格多方面相互协调配合的一种能力。当今社会,与其说是人才的竞争,不如说是人的创新力的竞争。于创业者而言,好的创新项目不仅是盈利的工具,更是创业者的心血。只有不断地进步,认识创新的重要性与必要性,才能促进个人的发展,才能推动社会的进步。

2. 领导力

一个好的创业项目,靠单打独斗是成不了大气候的,团队的力量永远不容小觑。而在一个团队中,卓越的领导人是团队的风向标,委任各部门的员工,各司其职,才能使企业蒸蒸日上。我们从小熟知的《西游记》中的"唐僧团队"便是再恰当不过的例子了。唐僧这位领导,在我们看来有时无所作为,但我们却忽略了他坚定的信念,无论何时、何地,这位长老从未背弃过自己的初衷。孙悟空本领强大却总是狂傲不羁,猪八戒好吃懒做却又饱含情趣,沙和尚虽战绩平平却任劳任怨。或许唐僧最大的功劳就是感化这三位徒弟,将他们结合在一起,使取经路漫漫,却又不失乐趣与感动,最终取得真经。这便是团队精神与领导力的精髓了。一位好的领导,不仅要管理好自己,更多的是管理员工、激励员工,展现好的人格魅力,设立完善的管理机制,强化团队沟通、提升凝聚力,发挥"1+3"远大于 4 的效果。

3. 洞察力

在惜时如金的今天,对时间的把控很大程度上就是对公司发展的博弈,可能会让你赚得盆满钵满,也可能让你输得一塌糊涂。这就要求一个创业者必须具备敏锐的洞察力,走在认知与时间的前沿,与时俱进,善于发现别人忽略的发光点,将一个点不断放大,不断向下延伸,发现另一片不为人知的天地。

4. 沟通力

创业是一个交流沟通的过程,无论是你的员工、客户、上游供应链还是投资人,有效的沟通可以达到事半功倍的效果。有效的沟通力往往表现在以下两方面。

1) 有效的口头表达能力

随着社会的进步与发展,路上行人的脚步也是越来越快,工作中的人更是忙忙碌碌,如何在短时间内运用逻辑、抓住重点、直奔主题、言语巧妙不晦涩地拴住你的潜在客户,让他们产生兴趣,成为很多创业者面临的大问题。感兴趣的创业者可以试着模拟"电梯演讲"。

2) 有效的书面表达能力

在向投资者、顾客推荐创意想法或者某种产品时,光利用口头的语言是不够的,必要的时候,我们要做出详尽的计划书和产品推荐书,或以高效简洁的 PPT 向别人展现自己的项目,这都会为创业计划增光添彩。

第二节　创业者的能力素质

一、创业者的能力素质概述

创业者的能力素质是指结合创业者的心理素养与文化教育，在特殊环境影响下形成的一种综合素质，包括创业者心理素质、创业者技能素质以及创业者处事素质等。通过这些综合能力素质，使创业者在创业过程中对自己有更清楚的认识、适度地降低创业过程中的风险、对企业的稳健运营提供帮助。可以从以下几方面具体理解。

(一)成功欲望

松下幸之助创立的松下集团，以其过硬的技术设备和独到的技术产品在家用电器领域闻名世界，不得不说松下幸之助是成功的企业家，而其创业经历也值得我们品鉴学习。同很多普通百姓一样，松下出生在一个小山村，五岁之前过着不错的生活，五岁后父亲做生意失败，全家生活陷入困顿。为了维持生计，九岁的松下辍学来到大阪做学徒。看到别的孩子上学读书，松下心里很是难过，但父亲总是开导他："历史上每位成功的名人，都是从做学徒、奴仆开始的，保持一颗积极向上的心，总有一天会出人头地的。"于是他开始了白天打工，晚上读夜校的生活。到 24 岁，松下开始认真考虑自己的人生，他急切的成功欲使他有了创业的想法。期初，松下运用多年所学，以电灯插座打开创业大门，其初始创业时四处碰壁，后来通过空调插座生意才勉强维持，而此时，来自同行的排挤又为企业的前行增添路障，1929 年经济危机爆发，是松下集团面临的最大挑战，而他却又一次化险为夷，重新腾飞。成功后的松下在接受访问时回忆道："日子确实比想象的艰难，每当熬不下去的时候，我都在想，是什么支持我走到今天，父亲的话起到了很大的作用，但我觉得更重要的是我那颗从未变过的渴望成功的心。"

从松下幸之助的创业历程中不难看出，强烈的成功欲可以拓展思维、爆发活力、推动创新，燃起希望之火，是一个创业者打开创业大门的基础。成功欲是我们内心沉睡的巨人，一旦被唤醒，你会发现身上无限的潜力。

(二)情绪管理

情绪是个体对外界刺激的主观的有意识的体验和感受，具有心理和生理反应的特征。不同的心境下人会产生不同的反应，也会做出不同的决策。例如人在接受某种刺激后，可能精神萎靡，可能乐极生悲，可能怨天尤人，也可能心如止水。情绪并无好坏之分，不同的情绪表达都透露着每个人的心境和处世态度。情绪也不会被完完全全地消灭，但可以通过调节与梳理的方式管理情绪。既然无好坏之分，我们又为何要管理情绪以保持稳定呢？那是因为情绪虽无好坏之分，但因不同的情绪而产生的行为后果是有好坏之分的。我们知道，没有人的创业是一路坦荡的，没有一丝一毫曲折的，在面对这些曲折磨难时，好的情绪管理是成功的催化剂。学会稳定自己的情绪，保持清醒的头脑，有助于在大喜大悲时对自我、对公司、对员工负责，这也是每一位创业者必不可少的能力素质之一。

(三)解决问题

心理学中，对解决问题的定义是：由一定的情境引发的，依照某种目标，运用自己的知识、认知和技能，结合思维操作，使面临的问题得以解决的过程。创业过程包括发现问题、分析问题和解决问题三个阶段。从我们找到一个好的创业项目，到将这一计划变为现实，再到企业的推广和盈利，都需要不断地发现问题，寻找对策，从而解决问题。所以解决问题的能力是一个创业者所必须的，丢掉它，可能企业甚至无法起步，而做到它，企业就会一步步做大做强。

(四)为人处事

创业者终日在社会中打拼，为人处事的作风对创业活动具有重要影响。为人处事包括多个方面，尤其良好的作风往往可以减少工作中的矛盾与摩擦，增强客户的信任，有助于办公效率的提高。同时，在工作过程中的友好相处，往往可以为创业者积累大量的人脉和资源，有助于创业者在遇到危机时可以得到帮助，及时化解危机。创业一定要从用户细分开始，比如性别、年龄、收入、职业、行业等，而且要去评估规模有多大，太大无处着力，太小无法使企业做得很大，投资人也不会太感兴趣。同时，应尽量细分目标客户群，重点列出种子用户，锁定潜在的早期使用者，通过他们获取客户需求痛点、提出解决方案。

二、创业者素质测评

(一)基于创业者核心素质模型的测评

基于创业者相应的能力与素质要求，选取 15 项要素作为评价指标，测试创业者的综合素质能力，并制定创业者素质自我测评表。在填写测评表时，可以独立完成，但对于一些不太明确的评价，也可以参考他人意见。在表中，1～5 表示对某项能力水平的评价等级，分数越高说明越符合某项素质。同时表中有两次测评，建议测评者先进行第一次测评，在学习和实践后，再进行第二次测评。可观察两次测评有无变化。

如表 2-2 所示，为创业者核心素质测评表。

表 2-2　创业者核心素质测评表

能力要素	释　义	评　分					第一次评分	第二次评分
成功欲望	希望通过自己的努力实现创业目标，并且过程中积极主动	1	2	3	4	5		
竞争意识	主动接受挑战，并在竞争过程中保持公平、公正	1	2	3	4	5		
冒险意识	敢闯敢拼，勇于冒险，不畏惧失败与风险	1	2	3	4	5		
持之以恒	在明确自己的目标后，坚持不懈，砥砺前行	1	2	3	4	5		
沟通技巧	掌握人际交往过程中的沟通技巧，能够很快让别人清楚了解自己想要表达东西，说话有吸引力	1	2	3	4	5		

续表

能力要素	释　义	评　分					第一次评分	第二次评分
领导力	对自己和员工有清楚的认识和定位。既可以管理好自己，也可以管理好团队	1	2	3	4	5		
洞察力	善于发现事物的闪光点，能够获取别人往往忽略的信息	1	2	3	4	5		
创新力	能够在自己的创业项目中加入创新元素，大胆组合，迸发出别样的特点	1	2	3	4	5		
组织力	办事逻辑清晰，对企业中的团队组织活动可以做到良好、高效	1	2	3	4	5		
应变力	处理事务时能够保持清醒的头脑，随机应变	1	2	3	4	5		
诚实守信	保持应有的职业道德与职业操守，真诚待人，实事求是	1	2	3	4	5		
正直自信	品行端正，并且能够保持积极自信的态度，尤其在遇到挫折时，依旧相信自己，相信自己的团队	1	2	3	4	5		
知识储备	具备良好的知识储备，包括书本知识与实践知识。具备一定的社会阅历与社会分析能力	1	2	3	4	5		
建立企业文化	有自己完整健康的世界观、人生观、价值观。能够形成优秀的企业文化，并带领团队不断深化完善	1	2	3	4	5		
人际网络	有广泛的人际交往圈，喜欢并擅长结识新的朋友。同时又能为新朋友留下好的印象	1	2	3	4	5		
合计								

测评总结与改进方案

我已经具备的素质：

仍不具备的素质：

提高方案：

(二)基于 RISKING 素质模型的测评

1. RISKING 模型介绍

RISKING 模型如表 2-3、图 2-1 所示。

表 2-3 RISKING 模型的要素及释义

素 质	描 述
资源(Resource)	指创业者具备的与创业活动相关的项目资源、财力资源、人力资源以及其他资源等
想法(Idea)	指创业者具备的与创业活动相关的,在参考行业市场、行业价值后产生的一系列具有可行性、拓展性与创新性的想法
技能(Skill)	指创业者具备的专业技能、领导技能、沟通技能以及对信息的处理技能
知识(Knowledge)	指创业者所具备的行业领域专业知识、商业知识、法律知识及相关财务知识等
智力(Intelligence)	指创业者具备的智商、情商及财商,可以动用来为公司赚取利润的能力
关系网络(Network)	指创业者建立的人际关系网络,包括合作者、服务对象、新闻媒体甚至是竞争对手
目标(Goal)	指创业者明确的创业方向与创业目标,找准企业的市场定位并严格执行

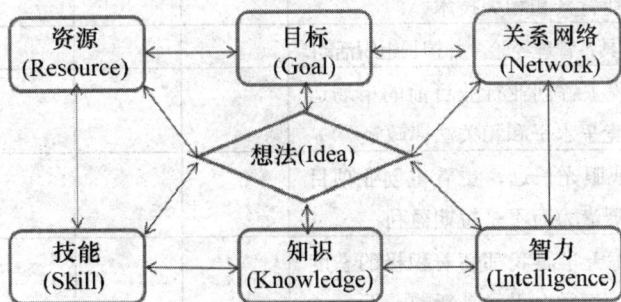

图 2-1 RISXING 素质模型框架图

2. 基于 RISKING 素质模型测评表

基于以上资源、想法、技能、知识、智力、关系网络与目标七大方向,设计出具有代表性素质特征的测评表(见表 2-4)。在此表中,要求创业者按照自己的实际情况,用第一印象,选择自己最符合的选项。并在符合自己的选项下,打"√",全部完成后,统计结果。

表 2-4 基于 RISKING 素质模型测评表

要 素	评价标准	A (非常符合)	B (比较符合)	C (不确定)	D (不太符合)	E (很不符合)
资源 (Resource)	1. 我能够挖掘理想的合伙人或经理人,雇用理想的员工					
	2. 我有雄厚的资金和稳定的财务来源,至少可以保证第一年正常运营					

要　素	评价标准	A (非常 符合)	B (比较 符合)	C (不确 定)	D (不太 符合)	E (很不 符合)
资源 (Resource)	3. 我可以通过合理途径以自己能接受的成本募集资金					
	4. 我可以获得充足的物质来源，如原材料等，能很好地控制成本					
想法 (Idea)	5. 我的想法通常比别人的更有价值，更有创造性					
	6. 我具有丰富的想象力，并能把这些想法准确生动地展现出来					
	7. 我的想法通常并不是天马行空、泛泛而谈，而是切实可行的					
技能 (Skill)	8. 对即将创业的领域，我有很好的专业背景和相关技术					
	9. 我具备管理经验，并擅长组织活动					
知识 (Knowledge)	10. 我了解创业行业目前的市场运作、竞争水平和相关法律政策					
	11. 我眼光长远，更看重创业项目的发展潜力而不是短期盈利					
智力 (Intelligence)	12. 每天早晨我都怀着积极的态度醒来，感觉今天又是新的一天					
	13. 我不是一个风险规避者					
	14. 我知道如何控制自己的生活、性情和脾气，并做到自律					
	15. 我善于观察留意周围事物，注意细节问题，能够把握身边契机，大胆尝试，善于把不利局面扭转为自己的机会					
	16. 我更倾向于主动地去把握和解决问题，而不是被迫陷入被动					
	17. 当我选择创业时，家人能够理解我、支持我					
	18. 当我心情低落沮丧时，依然能够理性看待问题，并以积极的心态投入到工作中去					

续表

要　　素	评价标准	A非常符合	B比较符合	C不确定	D不太符合	E很不符合
关系网络 (Network)	19. 我喜欢合作胜于凭一己之力完成工作					
	20. 我善于和陌生人打交道，喜欢结识新的朋友					
	21. 我能够和上下游行业保持紧密的合作关系，相互扶持，共同发展					
	22. 我善于向媒体公众推销自己的公司，能够相对容易地吸引别人注意					
	23. 我能够同利益相关团体，如政府机构、金融机构等形成良好的关系					
	24. 我能够做到同行业的公平竞争					
	25. 我具有影响他人的能力，并使人信服					
	26. 别人认为我是一个值得信赖的人，并且充满活力、积极向上					
目标 (Goal)	27. 我有很明确的创业目标，并可以为实现这一目标而努力奋斗					
	28. 我十分渴望有一份自己的事业，而非为别人打工					
	29. 我敢于承担风险，也不畏惧失败					
	30. 我有足够的信心去最终实现这个目标					

　　测评结束后，对自己的测评结果进行统计，频率最高的选项即对应创业者所处的类型。

　　A——你非常适合创业。在创业路上，必然会充满种种挑战，你需要全身心地投入进去，要相信团队的力量，不断进取，不断学习，拓宽视野，终有一天会收获自己的成功果实！

　　B——你适合创业，并且满足创业的一些基本要求。在创业路上，你需要更加完善自己，增强自己各方面的素质，提高自己守业的能力。

　　C——你具备一定的创业潜质，但信念并不坚定。你了解创业的风险，但有时又惧怕

全国高等院校『十三五』贯穿式＋立体化创新规划教材

创业的风险，或者说更多的是因为你对自己缺乏足够的自信，因而相比来说，别人和外界环境更容易影响你的选择。

D——你只是对创业过程有所了解，但更多的是自己不愿去接触。在风险和稳定中，或许后者对你来说更为重要。

E——或许你并不适合创业。在你的潜意识里，你似乎更喜欢安逸稳定的生活，而对刺激的挑战并没有展现出很多的兴趣。同时，你的社交圈范围较小，相比之下，你可能更适合做一个普通职员。

三、创业者的能力素质及培养

创业者的能力素质，有一些是与生俱来的，但更多的是通过后天的学习和培养形成的。创业的过程，不仅是奋斗拼搏的过程，同样也是学习和培养的过程。我们可以从书本中学习理论、可以从失败中反思总结、可以从别人的经历中学习经验，还可以从摸爬滚打的实践中自我总结。随着慢慢的积累，最后由量变引起质变，从一个青涩的创业者慢慢成长为一个准备充足的创业者。

(一)创业者的健康心理

创业过程可以说是一次充满新奇的大冒险，在这次冒险中，有赢有输，有起有伏，只有调整好心理状态，才有可能完成冒险，登顶夺旗。如何培养一个创业者健康的心理素质，可以尝试从以下三方面入手。

1. 树立良好品德

所谓育才先育人，育人先育德。良好的品德，包括诚实守信、勤俭节约、善良勇敢、有所担当等，都作为优质的意识形态，推动着人类的发展和社会的进步。德与才是相辅相成的，缺一不可。只有才而无德的创业者，比如为了自身利益而有损他人利益、做生意过程中偷奸耍滑等，那他一定会亲手毁了自己的企业和人生。

2. 清楚认识自己

古往今来，无数的典故告诉我们，没有人是生来的将才，也没有人是生来的士兵。同样，对创业者而言，没有天生的创业者。每一位成功的创业者都要经历种种磨难和考验，这是他们的必经之路。识时务者为俊杰，不是一定要赚多少钱就是成功，也不是赔掉多少钱就是失败。成功的创业者，能分辨形势，能看清自己，懂得把握分寸。老话说，没有金刚钻，别揽瓷器活。这无关家境、背景，只要清楚地认识自己的能力，在能力范围内尽力而为，就是一个成功的人。

3. 做情绪的主人

在生活中，适时地培养、调度、调控自己的情绪，有助于更好地掌控和把握情绪。若你在经营过程中遇事而无法自持，做出情急之下的错误判断，则既是对自己不负责，也是对员工和客户不负责，同时，也是对竞争对手不负责。

(二)创业者的领导能力

创业者的领导能力是一家企业能否有立足之地的重要考察方面，创业者对自身的管理以及对员工的领导都是领导能力的体现。具体培养领导能力应着重从以下几方面入手。

1. 加强学习

学习是不断使人进步的过程。在企业创立过程中，创业者需掌握专业技术、人才培养以及经营管理等相关知识。这并不仅仅是简单的几摞书的问题，而是创业者思考与实践的过程。马克思说，实践是检验真理的唯一标准。通过学习理论，可以在面临选择与困难时为你提供思路，但若不加以实践运用，终是纸上谈兵。

2. 塑造良好的个人形象

创业者的个人形象和品质是创业行为的精神核心。其包括两个大的方面，即对自己的管理和对员工的管理。

于自身而言，创业者的意志、信念、人格都是自我形象的展现。正直诚信、不屈不挠、坚韧执著、敢于担当都是人格魅力的具体表现，这些精神会随着创业者注入企业文化中，为企业的发展带来更多生机。

个人形象是可以传染的，领导者的工作作风与为人处世态度也会影响员工的工作热情及工作信心。好的领导者懂得引导、管理、爱护、尊重员工，与员工并肩作战，让员工感觉温暖，才是一个团队的基本构成。

3. 实行良好的工作机制

一个好的团队，光靠一位品行端正的领导者是远远不够的，企业需要企业文化，团队也需要团队机制。其中最为重要的是用人机制和赏罚分明的奖惩机制。创业者只有牢牢掌握这两点不动摇，一视同仁，才真正地掌握了领导权，才是对企业和员工的负责。

(三)创业者把握机遇的能力

机遇就像是肥沃的土壤，只有将能力这棵小树培植于此，小树才能成长为参天大树。对创业而言也是这样，好的创意项目遇到正确的机遇，小企业会成长为具有竞争力的大企业。但机遇有时候往往也代表着挑战，没有把握好分寸，挑战失败，也会使企业走入下坡路。因而，把握机遇的能力素质也是一位合格的创业者应具备的。

(1) 产生兴趣。

(2) 敏锐的洞察力。

(3) 立足实际，解放思想，勇于创新。

(4) 出现机遇，审时度势，牢牢把握。

不同的人往往对机遇有着不同的理解，就像硬币的两面，在很多人看来是深渊的机遇，却被一些人认为是天堂；或者某些看起来不错的机遇，背后却是重重陷阱。因此，对待机遇，我们一定要结合自身的能力，善于听取他人意见，保持客观理性的态度，抓住适合自己的机遇，努力奋斗，实现价值。

全国高等院校「十三五」贯穿式+立体化创新规划教材

(四)创业者的交际能力

交际能力是一个创业者综合能力的外在展现，也在日常事务的处理中显得越来越重要。良好的交际能力，不仅可以使自己得到更多的理解，也会使他人增加对你的认识，有助于形成健康的心理，树立正确的人生观、价值观和世界观。创业者交际能力的提升可从下述方法着手。

1. 读书，听讲

读书和学习的过程，对不同阶段各个领域的每个人，都会产生帮助，都会使其对问题的判断和处理产生新的理解与认识。尤其对创业者来说，掌握说话的技巧，往往会获得更多的机会。

2. 积极参加活动

创业者应积极主动参加晚宴、交流会等聚会，在这些聚会中，尝试结识各类前辈或朋友，多听取他人的意见和见解，开阔眼界、拓宽思路。从别人的学习、实践经历中吸取精华，择其善者而从之，其不善者而改之。

3. 大胆尝试，主动交流，向别人介绍你的想法

想必很多人对《国王的演讲》中结巴口吃的艾伯特有着深刻的印象。从起初的断断续续，到后来的流利自如，这段演讲鼓舞了士兵，赢得了民众的赞扬，但更多的是他战胜了自己。学习、读书、听讲座、听取他人见解只是提升交际能力的输入过程，但一个人对交际能力的展现最终是要落在输出渠道的。针对此，好的办法就是多说。只有不断锻炼，大胆尝试，让别人了解你的想法，才能真正提升自我，完善创业过程。

(五)创业者的信息处理能力

互联网的普及和大数据的广泛运用，早已使我们的社会变为信息化社会。信息量之大，信息价值之高也是前所未有的。信息对社会的政治、经济、文化格局都产生了极为深远的影响，同时也与我们每个人的生活息息相关。因而对信息的准确处理也成为创业者的一门必修课。

1. 信息分析，明辨是非

有时，对一则信息的有效识别与分析，可以为公司带来巨额收益。例如电商巨头阿里巴巴的出现，就是因为正确有效地识别了消费者需求，结合互联网技术，使消费者足不出户就可体验购物的乐趣。但若听信谗言，对虚假信息没有做出判断，反而信任有加，很可能导致上当受骗，蒙受损失。所以明辨是非，首先要求我们树立正确的"三观"，不要贪图蝇头小利，不要相信天上掉馅饼的故事。其次，做出决定前，多咨询或者进行实地考察，听取他人意见，避免上当受骗。

2. 掌握必要的信息处理工具

在进行信息处理时，需掌握一些必要的信息处理工具。作为创业者，必须要清楚企业

的账面信息与实际财务状况，除此之外，要对所从事行业的专业知识信息有一定的判断。例如，从事装修行业，要对各种涂料的好坏、适用情况有所掌握；从事摄影行业，要对不同的相机、镜头以及图片色彩的处理有所掌握等等。

3. 学会独立思考，分析结果

创业者既是公司的创始人，也是企业的领导者。当企业面临决策选择时，一方面要听取智囊团的意见；另一方面，也要学会独立思考，有自己的见解，不能对员工、顾客完全听之任之，要有自己的判断。这就要求创业者在创业过程中有意识地培养、锻炼自己。一时失误并不可怕，久而久之，不仅能提高自己的判断力，也有助于企业的发展。

第三节 创业者伦理与企业家精神

创业与伦理的关系可以用"功过参半"来形容。一方面，创业者作为创新实践者，通过改进产品、完善服务和为大众提供就业机会，在很大程度上推动了社会的进步，受到人们的广泛赞誉；另一方面，一些创业者又被指责为片面地追求商业利益和成功，有时甚至违背法律规定、社会责任和道德规范，成为千夫所指的对象。因此，创业者在追求利润最大化的过程中要遵守创业伦理道德，使自己和企业始终不偏离正确的方向，使创业成功并可持续发展。

一、创业者伦理的定义

创业者首先是创造财富，其次要承担相应的社会责任，最后，还要遵循创业伦理，这是对创业者更高层次的素质要求。创业者伦理，是指创业者在从事商业活动中处理各方相互关系的行为规范和准则，或者是说商务活动中所有人都应遵循的行为标准。其实质是涉及相关利益的人与人之间的关系。

创业者伦理是一个企业生存和发展的根基和生命线，没有好的创业伦理，企业是难以为继的，即便企业应势发展，生命力也不会长久，只能昙花一现。很多传承数百年的知名企业，不仅仅是因为其产品和服务符合社会需求，更因为其始终恪守商业伦理，才能在激烈的市场竞争中始终屹立不倒。创业者从一开始就要把创业伦理摆在突出的位置，严守伦理要求，才能为企业初创、成长以及长远发展打下坚实的基础。

二、创业者伦理的核心要素

创业者伦理不仅是创业者的基本素质，其作为精神支柱的道德伦理文化对于我们当下的企业家来说，更是至关重要。在中国经济进入"新常态"的情况下，越来越多的有志青年投身于"大众创业，万众创新"的时代大潮中。在这样的背景下，创业者伦理的核心要素作为基本的商业伦理道德，值得每一个创业者、每一个企业家去学习、去领悟。这样在面对市场全球化和经济全球化的今天，创业者才能在改革的浪潮中不至于迷失自我，才能真正实现创业者社会价值和自我价值的结合与双赢。

全国高等院校『十三五』贯穿式＋立体化创新规划教材

创业者应具备以下伦理核心要素。

(一)自由交换

在经济全球化的市场经济条件下，各种生产要素、产品以及服务能够在全球市场快速地流动和组合。自由交换是这种时代背景下的产物，也是市场经济能够顺利运行的重要保证。创业者可能既是生产要素等的供给者，又是需求者，无论是何种供求角色，创业者均需按照同质同价的要求进行商业活动。囤货居奇、哄抬物价、强买强卖、垄断经营等行为不仅严重背离了自由交换的原则，也阻碍了商业贸易的有序进行和市场经济的持续健康发展。

自由交换原则的违背者在特定的条件下和短时间内可能获得数倍、数十倍的暴利，但长期来看这些行为必将被市场还以颜色。因为按照马克思"等量资本获得等量利润"的原则，任何不公平的利益格局都不会稳定地存在，投机者最终可能落得一败涂地的下场，这样血淋淋的案例在商业长河中比比皆是，发人深省。

(二)恪守诚信

恪守诚信，是保证商贸活动正常进行，生产要素合理流动，经济有序发展的前提和保证。诚信是中华民族优秀道德传统的重要组成部分，很多历史名人和文学著作都把诚信视为个人修身与做事的基本原则，孔子甚至发出了"人而无信，不知其可也"的慨叹。在中国发展的现阶段，诚信缺失的问题十分突出。缺斤短两、以次充好、甚至假冒伪劣的报道常常充斥于各媒体，"三聚氰胺毒奶粉""地沟油""黑心棉"等突破道德底线的恶劣事件，一次次刺激着公众的神经。创业者在创业伊始就要牢固树立诚实守信的人生信条，无论遇到何种竞争挑战和利益诱惑都不能动摇自己的信念。

企业诚信经营，不仅是获得用户数量的过程，更是一个用户习惯养成和黏度形成的过程。诚信的价值在短时间内可能不会显现，但是在长期，一旦品牌观念在消费者中树立起来，消费者就会产生消费路径依赖，从而习惯和信任生产者的产品与服务，其必然会给经营者带来丰厚的利润回报。恪守诚信不仅是一种个人修养和良知的体现，也是一种充满力量的商业智慧。

(三)服务至上

服务至上原则的核心是"顾客至上"，顾客是所有最终产品和服务的体验者，每一个消费者的消费满意程度将关系着整个社会的商业满意指数。创业者在面对消费者时要着重注意"慎、勤、亲"的原则。

"慎"指的是创业者在开发新产品和服务时，要认真进行市场调研和分析，要真正了解消费者的实际需求，这样才能有的放矢。盲目地胡乱上项目，不仅不会给消费者带来便利，并且由于创业者要投入自身的时间、资金、人力资源，还会浪费大量的社会资源。

"勤"指的是面对消费者的不解和询问要细致地解答，认真做好消费者的售后服务工作，对于消费者对产品和服务的消费评价与改进意见要耐心地倾听。这样才能将产品和服务现有的优势充分发挥出来，并将暴露出来的问题一一有效地解决，从而进一步提高产品和服务的质量。

"亲"是指创业者要从一开始就与顾客建立朋友和伙伴的关系，而不是买卖双方的博弈关系。在可以的情况下，为消费者量身打造适合自身的产品，提供人性化、差异化服务，这样不仅能赢得消费者的信赖，也能提高产品和服务的竞争力及附加值，一举两得。要树立和顾客合作共赢、共同成长的理念，想顾客之所想，急顾客之所急，着力提高竞争的"软实力"。

(四)公平竞争

在市场竞争日趋激烈的现实背景下，各商家为推销自己的产品和服务可谓是"挖空心思、费尽心机"，从打折销售，到"买一送一"，以至"买一送多"，可谓是五花八门，无奇不有。更有商家为了暂时的销售业绩，不惜折本倾销，真是"杀敌一千，自损八百"，不仅扰乱了市场秩序，而且得不偿失。

部分商家为了摆脱产品"同质化"的桎梏——产品的外形和功能相似、相近的情况，甚至采取了夸大自己产品功能，诋毁同行的恶意竞争手段。这不仅违背了诚信的商业伦理原则，更重要的是破坏了公平竞争的商业原则，如果对方在博弈中也采取类似的做法，其后果必将是两败俱伤，市场混乱和资源错配。

创业者为了在竞争中脱颖而出，最重要和根本的方法是提升自己产品与服务的内涵，不断创新，满足消费者的需求。

(五)依法办事

依法办事是商业伦理最低层次的要求，也是创业者必须遵守的原则。创业者在创业的各个环节都要树立法治思维，从创业项目的审批，营业执照的领取到缴纳税额，都要遵循相关的法律法规。为了做到依法办事，创业者既不能"以身试法"，也不能因为"法盲"而触犯国家的法律。

"以身试法"是指创业者为了降低成本，在偷税漏税、合同造假、产品质量等案件多发的领域动歪脑筋。这种行为是极其错误的，不仅不会给创业者带来益处，反而会给企业的发展造成极大的困难，更有甚者因为严重的犯罪行为而身陷囹圄，令人扼腕叹息。因不懂法而在不知情的情况下触犯法律的情形也很多，创业者不仅要学习掌握基本的法律知识，遇到困惑不解的事物还要及时查阅相关的书籍资料或者请教专业的法律人员，从而避免因"不知法而犯法"。

创业者一定不能有自以为是的想法，认为自己的做法合情合理就万事大吉，很多法律往往是"出人意料"的。创业者在创业初期可以联合数名创业者聘请一名法律顾问，在企业初具规模后聘请专业的法律咨询人员来确保自己的决策行为符合国家的法律法规。

(六)义利并重

利以义制，名以清修。中国的商人很早就提出了这样的观点，将商业活动和儒家所倡导的修身联系在一起。从古到今，涌现出了一批批可歌可敬的儒商。商业活动是社会发展必不可少的重要环节，但创业也是需要社会条件的，比如社会的和谐安定、基础设施建

全国高等院校『十三五』贯穿式＋立体化创新规划教材

设、人才智力的储备、良好的社会信用环境等，这些必要的条件缺一不可。

创业者在赚取利润的同时，也要在力所能及的范围内积极投身公益事业，在敬老助学、扶危济困等方面承担起自己应尽的社会责任。做公益并不是很多人所说的浪费钱财，而是对企业和社会都大有裨益的事情。一方面，众多企业坚持不懈、久久为功地做慈善，在一定程度上解决了社会问题，推动了社会的发展。这也必将有助于自身经营环境的改善。另一方面，企业能够扩大自身的知名度和社会影响力，进一步得到公众的认可，有利于企业产品的销售，并且可以进一步培育企业文化，增强员工的归属感和凝聚力。

三、创业伦理的冲突表现

在创业的过程中，创业者往往会遇到伦理冲突的问题。下面就几个有代表性的方面进行说明，以期帮助读者树立正确的创业观念。

(一)借鉴尺度

适当地借鉴成功者的方法和途径，可以加速创业者的成功。在一定程度上，创业者在前期可以适当地参照有经验企业的运作模式，推出相近的产品和服务，可以使创业者少走一些弯路。在积累了一些成功的经验后，就要积极探索自己的创业模式。

笔者认为，创新创业精神包含"从0到1"和"从1到N"的精神。

"从0到1"是一个从无到有的创造过程，强调突破精神。从马车到汽车就是突破，从通信功能为主的手机到娱乐功能为主的iPhone就是突破。美国人非常推崇突破的精神，他们不喜欢做跟随者，如果有人做了一款产品比他们的好，他们就会去购买使用，然后去制造别人没做的东西。

"从1到N"是一个复制拷贝不断量变的过程，强调发散的精神，跨界复制或跨界融合。滴滴打车成功之后，物流行业顿时出现了200多个货运版的APP平台，这说明这样的商业模式是有跨界需求的。从现实来看，学习加创新是一种更好的策略，互联网三大巨头BAT都是如此，先模仿学习再结合本土市场不断创新。

利用人们惯有的思维模式构建混淆品牌的做法是不可取的，这些打擦边球的行为固然没有触犯法律，但长此以往，自己的企业很难获得长足发展。在创业一开始就要注意此类问题，在模仿的基础上积极谋求创新，切不可陷于山寨的泥潭不能自拔。

(二)项目选择

有些创业者在本科毕业后首先选择受聘去公司工作两三年，在积累一定的人脉、工作经验和管理经验后再开始创业，这对于缺少社会阅历的大学生是一种很正确的创业选择。需要注意的是，如果自己的创业项目和经营范围与自己曾经受雇公司完全相同或极度相近，需要注意竞业禁止的原则。即自己从事的不能原班套用过去公司的技术，不能出卖原公司的技术秘密。

还有部分高校毕业生可能直接使用学校导师的项目成果和创意，或者属于学校的科研项目，在使用前一定要取得导师和校方的同意，达成某项协议，签订受法律保护的合同，对未来可能产生的利益进行合理、明确的分配，避免日后不必要的纠纷，甚至对簿公堂。

(三)知识产权

创业者在制定创业项目时，要考虑自己产品的设计、外形、技术是否侵犯他人知识产权的问题。中国目前的知识产权保护意识还比较淡薄，创业过程中常常出现有意无意侵犯知识产权的问题，一旦出现法律纠纷则涉及经济赔偿问题，严重的还要追究刑事责任。所以创业者一定要注意知识产权的保护，不要给自己带来不必要的麻烦。

(四)环境保护

当前我国的环保形势不容乐观，水污染、大气污染、土壤污染频发，为此国家制定了严格的法律法规，并采取了严厉的措施打击环境污染的行为。"既要金山银山，也要绿水青山"的口号响彻神州大地，这是国人对于发展经济和保护环境的正确认识。

大学生在选择创业项目时，应选择环境友好、资源节约、绿色环保低碳的项目，坚决不选取高耗能、高污染、有毒排放的项目。创业者不能贪图一时的经济利益，就选择与国家大政方针相抵触的产业，要充分发挥自己的所学专长和聪明才智，积极涉足新材料、新能源的领域，如可降解塑料、生物农药。通过自己的艰辛付出和不懈努力，改进和提升产品与服务的质量，为祖国的环保事业贡献自己的一分力量。

(五)契约遵守

在创业的初期，创业者往往面临场所、人员、资金、技术等问题，在这些难题中资金往往是最关键和棘手的问题。创业者可以通过自行筹借，银行贷款、风险投资等方式获得融资。对于创业者，风险投资是最容易获得资金的渠道之一，而这会牵涉到创业成功后的利润分配问题。

很多有潜力的创业者在资金困难时，为了尽快获得资金，在引入风投时做出了过多的利益让步，而在创业成功后又觉得当初的合约不公平，不予兑现承诺。为了防止此类事件的产生，创业者在引入投资人时要慎之又慎，对比几家投资人的条件，结合自身项目的实际情况，选择能保证自己利益最大化的方案。一旦做出选择，在创业项目获得成功后，就要履行合约，不能失信于人。

(六)合理经营

创业者在资本运营、产品开发和生产、市场营销、客户公关方面都要遵守创业伦理。创业者要有完整的账务登记，为日后的财务审计和缴税提供凭证。在产品开发方面要立足自我，大胆创新，积极进取。在产品生产方面要确保质量，不偷工减料、以次充好。

在产品营销方面不能过分夸大产品效果，更不能搞虚假宣传，误导消费者，也不能私自收集客户资料，对客户采取骚扰式的营销。在客户公关方面，要采用正确的方式方法，坚决不通过拉关系，甚至行贿、威逼利诱等非法手段达到自己的目的。

四、创业伦理的构建

创业伦理以其特有的社会功能对企业的发展形成影响。在企业内部，伦理道德规范作

全国高等院校「十三五」贯穿式+立体化创新规划教材

为一种规范员工行为及处理人际关系的软约束，它能使企业职员懂得什么是正确的，什么是错误的；什么是好的，什么是坏的；什么是美的，什么是丑的，进而形成员工的是非判断标准，使员工具有明确的是非观、善恶观、道德观。伦理道德以其规范力量，有助于企业确立整体价值观，有助于企业合理、合法、合规经营，提高企业的效率和业绩。没有伦理道德素质的构建和加强，企业的发展将遇到"短板效应"的瓶颈，甚至企业的发展有可能误入歧途。所以，在企业制度建设中，必须加强企业员工的伦理建设，使企业伦理道德体现在管理者和普通员工的一言一行中。

企业可以从以下几个方面入手，推动企业伦理的建立。

(一)制定创业伦理守则

公司成立时应制定一套伦理道德的行为准则，这样公司首先会从内部得到约束，当公司内部有良好的约束和秩序时，员工就不会轻易做出违反各种法律和社会道德准则的行为。

在制定企业伦理守则时要联系企业所处的行业和经营特点，对企业发展过程中可能出现的问题，针对性地制定守则。对重点环节和突出问题，要细化规定，做到有的放矢。还要经常组织员工学习，让他们熟悉和掌握守则的内容，使其成为员工的行为准则，而不是仅仅停留在纸面上。

(二)突出企业文化建设

企业文化，是企业发展历史、企业性格、企业气质、企业行为标准等人格化的抽象凝缩。企业文化是企业全体成员认同的价值理念，在潜移默化中指导和影响着全体成员的思想与行动，企业文化还会对企业在做出市场选择时发挥重要作用。好的企业文化能够使企业的员工和企业本身按照正确的原则行事，自觉地"懂规矩、守规矩"。

因此，要把企业文化建设摆在企业发展的突出位置，要与企业的发展相辅相成，既要有核心的观点和立场，也要与时俱进，把握时代发展的脉搏，使企业文化强有力地促进企业的发展。

(三)加强员工伦理教育

在信息时代和文化多元化的背景下，人们的思想常常受到各种形式的冲击，为了能让企业制定的伦理准则始终得到员工的认同，然后一以贯之地遵守和执行，针对员工的伦理教育，要经常性、有计划地开展。

在对员工进行伦理教育时，要采用员工喜闻乐见的形式开展，结合发生在员工身边的事，注重通过具体的案例来教育员工，而不要一味地寄希望于空洞乏味的说教来解决问题。要多与员工谈心，真正走进员工的内心世界，掌握他们的所思所想，耐心地解决他们思想上的不解和困惑。

创业伦理的构建不仅要从企业的微观层面入手，也要从全行业、全社会的角度着眼。在一个诚信缺失的社会，任何一个好的企业都是无法生存发展的，进而会让更多的企业放弃道德坚守，使全社会陷于恶性循环的泥沼之中。因此，政府等相关部门要努力营造良好有序的经营环境，建立信用评价体系，不断提升公民的职业道德和社会公德。

五、企业家精神

(一)企业家精神的定义

"企业家精神"是由英文单词 Entrepreneurship 翻译而来的。著名的理论经济学家熊彼特认为，企业家精神就是一种首创精神，即不断创新的精神。新古典经济学的代表人物马歇尔认为，企业家精神是一种包括"果断、机智、谨慎和坚定"以及"自力更生、敏捷并富有进取心"的心理特征。管理学大师德鲁克在 1985 年出版的《创新与企业家精神》中指出："企业家精神既不是一门科学也非一门艺术，它是一门实践。"从企业发展的角度来看，除了创新因素外，任何一个充满活力和竞争力的企业背后通常都有一位杰出的企业家，如微软公司的创始人比尔·盖茨、通用公司的杰克·伟尔奇、松下之父松下幸之助等。从一定程度上可以说，企业成长与企业家精神密切相关。

企业家精神是一个非常广泛的概念，随着时代的变迁会有不同的定义。所谓企业家精神，是指企业家在所处的社会人文环境和特定的经济制度下，在企业经营管理和市场竞争中形成的心理素质、价值取向、思维方式和精神状态。企业家精神通过企业家的一个个具体的行为表现出来，体现在企业家日常的商品生产和经营活动中，而且通常是优秀企业家共同的基本特征。企业家精神是一个企业管理者所具有的竞争"软实力"，是一个企业区别于其他企业的重要标志。企业家精神不仅包括个体层面的企业家精神，而且包括组织层面和社会层面的企业家精神。

个体层面的企业家精神是狭义的企业家精神，是个体企业家所具有的区别于普通人的特质，仅指企业创始人和少数管理者的精神。个体层面的企业家精神是企业家在长期生产实践活动中形成的，既有个人先天的因素，也有社会发展的印记，是自身与企业、社会共同作用的结果；是以企业家自身特有的个人品质为基础、以创新精神为核心，包括冒险精神、敬业精神、合作精神和强烈的社会责任感等在内的一种多元的精神品质。

组织层面的企业家精神主要是指一个企业或一个组织所具有的创新、进取、合作等价值观和经营理念，是个体层面的企业家精神在组织层面的拓延和表现，属于较高层次的企业文化。组织层面的企业家精神是企业的核心竞争力之一，它是在企业长期发展实践中形成的，对企业的发展会产生深远的影响。组织层面的企业家精神可以帮助企业形成企业文化，增强员工的向心力和凝聚力，形成"企业性格"，提升企业竞争的软实力。

社会层面的企业家精神，是指引导地区、社会乃至整个国家创建具有企业家精神特征的文化。社会层面的企业家精神是最为广义的企业家精神，反映了整个国家和社会对于创业创新的态度，其作用在于最大限度地激发整个社会的创新、创业热情，培育经济增长点，解决就业，加快国家创新能力的形成。

(二)创业者企业家精神的培育

企业家精神和个人修养一样，不是与生俱来的，而是需要后天培育的。毋庸置疑，可能有的人身上企业家精神的品质多一些，有的人则少一些，但无论如何，企业家精神都是

全国高等院校「十三五」贯穿式+立体化创新规划教材

可以通过后天的努力培养起来。

小贴士

企业家誓言

我是不会选择做一个普通人的。

如果我能够做到的话，我有权成为一位不寻常的人。

我寻找机会，但我不寻求安稳，我不希望在国家的照顾下成为一名有保障的国民，那将被人瞧不起而使我感到痛苦不堪。

我要做有意义的冒险。

我要梦想，我要创造，我要失败，我也要成功。

我拒绝用刺激来换取施舍。

我宁愿向生活挑战，而不愿过有保证的生活；宁愿要达到目的时的激动，而不愿要乌托邦式毫无生气的平静。

我不会拿我的自由与慈善做交易，也不会拿我的尊严去与发给乞丐的食物做交易。

我决不会在任何一位大师面前发抖，也不会为任何恐吓所屈服。

我的天性是挺胸直立，骄傲而无所畏惧。

我勇敢地面对这个世界，自豪地说：

在上帝的帮助下，我已经做到了。

——美国《企业家》发刊词

彼得·德鲁克在《创新与企业家精神》一书中回答为什么美国的经济可以持续繁荣时说，因为美国社会诞生了一种人，这种人叫"企业家"。因为美国出现了企业家经济，使得美国出现了一个繁荣和令人兴奋的社会现象。中国的经济可以持续增长 40 年，同样令人兴奋的是，中国的确也诞生了这个"企业家群体"。些企业家之所以能推动世界各国经济繁荣持续增长，其核心就是"创新"。企业家精神包含的内容很多，可从以下几个方面来着重培育。

1. 创新

在竞争激烈的商业环境中，创业者是否具有创新精神事关企业的生死存亡。创业者要敏锐地把握市场所需，应用最新的科学技术，不断改进消费者所需的产品。在市场变革中下先手棋，领跑行业的发展。

2. 勤奋

古语云"业精于勤，荒于嬉"。卓越的产品品质，人性化的一站式服务，这些都需要从业者辛勤的汗水和艰辛的付出。作为企业家，勤奋是其获得成功不可或缺的关键要素。事业维艰，奋斗以成，企业家必须要有顽强的拼搏精神对待各种挑战，为员工带好头、领好路，企业才有可能取得长足的发展。

3. 感恩

企业家所获得一切成就都是社会赐予的，没有人可以独自完成复杂、艰巨的工作，企业家应当从内心感谢社会和他人给予的厚爱，只有懂得感恩的人才能不断地开拓进取，做有益于国家和人民的事，实现自我价值和社会价值的统一。

4. 仁爱

企业家要有"仁爱之心，同情之心"。企业家要爱自己的员工，热爱社会，关心弱势群体。"爱人者，人爱之；敬人者，人敬之"，仁爱是消除企业家与员工隔膜，走进员工内心世界的金钥匙。有仁爱之心的企业家才能缔造出一流的企业，服务于社会，无愧于内心。

5. 慷慨

人的社会性要求在权利与义务、索取与奉献、为人与利己面前要符合国家的、集体的价值取向。财富取之于社会，也要用之于社会，财富只是企业家追求的目标之一，而不应该是唯一的目标。企业家要积极承担起自己应尽的社会责任，做好自己力所能及的贡献。

6. 正直

正直是企业家必须具备的品质之一。唯有正直的企业家才能公正地面对自己的员工和社会，不正直的人是不能也做不成企业家的，只有正直的企业家才能从容地面对各种诱惑和挑战，在波涛汹涌的商海中扬帆远航。

7. 慎独

所谓"修和无人见，存心有天知"，在没有监管和监管薄弱的区域，慎独是保证企业家不偏离正确方向的法宝。高级管理人员如没有慎独的品质，根本无法授之以权利，委之以重任。

本章小结

(1) 明白创业者的含义与类别，能够区分创业者与其他职业人群，并明白创业者的具体分类。重点掌握包括心理特征、行为特征、知识特征以及能力特征在内的创业者的各项能力与素质。

(2) 学习使用两类创业者素质测评表，能够正确看待自己的形象与身份，及时查缺补漏，做到不断地自我完善与进步。

(3) 创业过程中重视企业家精神，不断提升自我的同时注意伦理问题，以社会权益为重，促进社会进一步和谐友好发展。

实训案例

基本案情：

鲨鱼在线音乐网(Grooveshark)成立于2006年，是一个为数不多的面向欧洲的免费在线音乐搜索试听与存储服务网站。与其他在线音乐搜索引擎不同的是，在鲨鱼在线音乐网，只有一小部分音乐有版权，绝大部分音乐来自用户上传。因此，鲨鱼在线一直被诉侵权。

虽然官司不断，但它总能利用好"避风港原则"不让自己陷于险境。只要不被抓到它本身参与到网站上侵权内容的制作，就能一直这么躲避下去。"避风港原则"实质上是对网络服务商提供的特殊保护，最早在美国《千禧年数字版权法》(DMCA)中提出。"避风港原则"指的是，对于无法实时监控用户生成内容的互联网服务提供商来说，若发生涉嫌版权问题的指控，只要及时删除或下架相关侵权内容，即可不承担侵权责任。这给了很多互联网产品以 UGC(User Generated Content，用户原创内容)的名义绕过版权门槛的机会。

然而，2014 年末的一场诉讼中，鲨鱼在线被判定"指使自家员工上传音乐到音乐库中"。这使它瞬间面临巨大危机。随后在 2015 年 3 月的诉讼判决上，法官判断，鲨鱼在线滥用"避风港原则"为自己的侵权行为找借口，它的情况不适用于"避风港原则"。这让鲨鱼在线瞬间面临数亿美元的赔偿。之后，2015 年 5 月就发生了鲨鱼在线宣布倒闭的事件。

(资料来源：thethief. Grooveshark 倒闭了，但作为一个侵权者它是怎么撑过这十年的？ [EB/OL]. http://36kr.com/p/532494.html.)

案例点评：

案例中的鲨鱼在线音乐网利用法律中的漏洞，一直游走在法律边缘，试图蒙混过关，避免受到法律制裁。但这一行径显然不妥，严重违背了创业道德与创业伦理，最终未能逃脱法律制裁。

思考讨论题：

1. 什么是创业伦理，它的核心要素有哪些？
2. 创业伦理有哪些冲突，应如何调节？

实训课堂

张瑞敏砸冰箱事件

基本案情：

海尔集团创立于 1984 年，当时是一个亏空 147 万元的集体小厂，"砸冰箱"的故事改变了这家不知名小厂的命运。

1985 年，张瑞敏刚到海尔(时称青岛电冰箱总厂)。一天，有一位顾客要买一台冰箱，结果挑了很多台都有毛病，最后勉强拉走一台。没几天，任总厂厂长的张瑞敏收到一封用户来信，反映工厂生产的电冰箱有质量问题。张瑞敏带领管理人员检查了仓库，发现仓库的 400 多台冰箱中有 76 台不合格。张瑞敏随即召集全体员工到仓库开现场会，问大家怎么办？

当时多数人提出，这些冰箱是外观划伤，并不影响使用，建议作为福利便宜点儿卖给内部职工，当时一台冰箱的价格 800 多元，相当于一名职工两年的收入。而张瑞敏却说：

"我要是允许把这 76 台冰箱卖了，就等于允许明天再生产 760 台、7600 台这样的不合格冰箱。放行这些有缺陷的产品，就谈不上质量意识。"随即他宣布，这些不合格的冰箱要全部砸掉，谁干的谁来砸，并抡起大锤亲手砸了第一锤！很多职工都在砸冰箱时流下了眼泪。

砸冰箱事件也砸醒了海尔人的质量意识，三年后，在全国冰箱评比中，海尔冰箱以最高分获得中国电冰箱史上的第一枚国家质量金牌。在海尔的发展中，质量始终是海尔品牌的根本。如今，海尔冰箱已经成为世界冰箱行业中销量排名第一的品牌，海尔集团已经成长为世界第四大白色家电制造商。

(资料来源：根据"名人故事. 海尔砸冰箱的故事[EB/OL]. http://zw.liuxue86.com/z/2999039.html."及"百度文库. 1985 年海尔厂长张瑞敏砸冰箱事件[EB/OL]. https://wenku.baidu.com/view/a1b8416c25c52cc58bd6becE. html."资料整理)

实训题：

1. 假如你是身处 1985 年环境下的张瑞敏，你会做出什么样的决策？
2. 从张瑞敏砸冰箱的故事中，你学到了什么？

复习思考题

一、基本概念

创业者　生存型创业者　机会型创业者　创业者能力素质　创业者伦理　企业家精神

二、判断题(正确打"√"，错误打"×")

1. 创业者在创业过程中应该保持清醒的头脑，控制情绪，坚定信念。　　　(　　)
2. 在进行创业活动过程中，个人利益最重要，必要情况下，可以违背社会利益。

(　　)

3. 企业家所具备的能力是一成不变的。　　　(　　)

三、单项选择题

1. 创业者的类型不包含(　　)。
   A. 机会型创业者　　　　　　　　B. 生存型创业者
   C. 独立创业者　　　　　　　　　D. 依赖型创业者
2. 优秀创业者的特征不包括(　　)。
   A. 诚实守信　　B. 吃苦耐劳　　C. 恃才傲物　　D. 敢于担当
3. 企业家精神不包括(　　)。
   A. 感恩　　　　B. 创新　　　　C. 诚信　　　　D. 自私

四、简答题

1. 生存型创业者与机会型创业者的区别是什么？

2. 如何培养创业者能力素质？

3. 创业者的基本特征有哪些？

4. 谈谈创业伦理的构建。

5. 如何构建企业家精神？

阅读推荐与网络链接

[1] 孔祥毅. 晋商的商业伦理[J]. 山西社会主义学院学报，2006(4):41-44.

[2] 张玉利，薛红志，陈寒松，等. 创业管理[M]. 北京：机械工业出版社，2016.

[3] 刘志阳，李斌，任荣伟，等. 创业管理[M]. 上海：上海财经大学出版社，2016.

[4] 彼得·德鲁克. 创新与企业家精神[M]. 北京：机械工业出版社，2009.

[5] 姚祖军，蔡根女. 论企业家精神的内涵与中国企业家精神的缺失[J]. 经济师，2004(8).

[6] 李秀华，刘武，赵德奎. 大学生创新与创业[M]. 长春：吉林大学出版社，2015.

[7] 何予平. 企业家精神与中国经济增长[J]. 当代财经，2006.

[8] 何建湘. 创业者实战手册[M]. 北京：中国人民大学出版社，2015.

[9] 百度文库. 马云有过三次创业经历[EB/OL]. https://wenku.baidu.com/view/15f6fcfe7c1cfad6195fa723.html.

[10] 百度文库. 马云(阿里巴巴集团创始人)[EB/OL]. https://baike.baidu.com/item/%E9%A9%AC%E4%BA%91/ 6252? fr=aladdin.

[11] 百度文库. 松下幸之助(日本松下电器创始人)[EB/OL]. https://baike.baidu.com/item/%E6%9D%BE%E4%B8%8B%E5%B9%B8%E4%B9%8B%E5%8A%A9/957? fr=aladdin.

[12] 名人故事. 海尔砸冰箱的故事[EB/OL]. http://zw.liuxue86.com/z/2999039.html.

随身课堂

创业者与创业能力素质.PPTX　　创业者.MP4　　创业者能力素质.MP4　　企业家精神.MP4

第三章　创业想法的发掘与筛选

学习要点及目标

- 了解和掌握创业想法的含义及要素。
- 掌握创业想法的发掘途径。
- 分析筛选出最好的创业想法。

核心概念

创业想法　发掘　筛选

引导案例

从家教起步的大学生范锦伟的创业路

十几年前，备战高考的范锦伟因父亲离世不得不放弃学业，打工偿还为父治病欠下的十几万元债务。打工期间，他做过餐厅服务员、保险推销员、超市理货员等很多工作，六年的打工生涯虽然辛苦，但也让他收获了很多，至今仍受益无穷。比如做事执着不怕吃苦、有责任心有担当以及在工作中积累起来的经验和胆识。2011年，他重拾课本以566分的成绩考上天津师范大学。他曾是校园里的"超龄"大学生，也是学生家长信赖的"小家教"，如今，他已是一家教育机构——天津"师中师"教育信息咨询有限公司的创始人、"青年之声"创业服务联盟的创业导师。

大学期间，为了负担自己和妹妹的学费，范锦伟课余时间做起了家教。短短两个月，他辅导的学生成绩由原来班里的三十多名提升到了第五名。此次家教让他明白了自己的人生经历和学习经验很适合当老师，立志将来一定去从事教育培训工作。

于是，范锦伟拿着简历去教育机构面试，最终在一家教育辅导机构找到了机会。他给每个学生制订不同的学习计划，然后监督他们完成、落实，上他数学课的学生，数学成绩都有了很大程度的提升。凭借着良好的学习方法和服务意识，范锦伟在"家教界"赢得了认可。家长们口口相传，范锦伟名声越来越大，找他的学生也越来越多，他的收入也越来越高。大二时，他的家教收入平均每月超过万元，并还清了家里欠下的所有债务。

在做家教的过程中，范锦伟也看到了"学习"带来的财路，事业方向越来越明确。"关于学习的事情我们学生最熟悉，从这里开始事业最得心应手。"他萌生了创办一家教育培训机构的想法。于是，他辞职自己办起了辅导班，开始有意识地接触各种老师、名师，并进行挑选，甚至从老家黄冈请来了有多年带班经验的老师，为公司的成立储备了强大的人才资源库。同时，他根据自己的学习经验和高中学校的教学方法，制定了一份更加细致、具体的教案，形成自己的特色。大学四年级，当一切条件都基本具备的情况下，他开始付诸行动，很快完成了公司起照选址到招聘教师，"师中师教育"由此诞生。

公司成立后，范锦伟把自己这几年做兼职赚的钱都投了进去，租办公场地、进行特色化装修及"招兵买马"，破釜沉舟，放手一搏。让范锦伟感动的是，学生家长们也在选址、装修，甚至购买办公设备等方面尽其所能的帮助他。这都源于人与人之间的沟通、情感的交流和信任度的建立，而这些正是创业过程中非常宝贵的人脉资源。

在他的努力下，培训机构一步步走入正轨，师资队伍日益壮大。如今"师中师"教育培训机构的专、兼职教师已超过百人。2015年，范锦伟纯收入就超过了60万元，凭借良好的口碑，"师中师教育"也在天津教育培训行业内占据了一席之地。

"每个人无论身处怎样的逆境，只要坚定信念，梦想终会实现"，范锦伟告诉记者，现在他正在组建自己的核心团队，形成标准化的教学产品，进一步推广自己的教育理念和方法。"当看到我们辅导的学生从各方面有进步，能够奋起逐梦，这是我创业最大的成就。"范锦伟说。

案例导学

创业想法是一个创业者进行创业的源头，任何一个创业想法的产生都不是空穴来风，它来源于现实生活。创业想法应该越多越好，一个有价值的创业想法是优中选优的结果。

第一节　创业想法的概述

通过前面的学习，你应该对自己是否具备创办企业的素质和能力、是否真想创办企业有了一个明确的认识。那么，在这一节你要考虑的是创办什么样的企业，也就是如何发掘和筛选出一个有价值的创业想法。这里首先介绍什么是创业想法。

一、创业想法的含义

创业难，最难的是创业想法，它是创业过程中最困难、最关键、最没规律可循的一个环节。即使你具有强烈的创业动力，感觉到周围的世界充满了各种需求与机遇，但是，并非所有的想法都蕴含着良好的商机，成功创业的魅力往往在于一个神秘想法的产生过程。

那么，什么是创业想法？有人说，创业想法就是一个构想、一个计划、一种意图或者一种意向。这种说法是不完整的，只能算是一个点子。创业想法就是用简洁的语言对未来将要创办的企业的基本业务的一个明确描述。因此，创业想法和点子不同，区别在于创业想法具有创业指向，好的点子有可能是创业想法的最初阶段。一个有价值的创业想法的发现是创业者实现愿望和创造商业机会的关键步骤。

二、创业想法的要素

企业是进行商品经营活动并以盈利为目的经济组织，因此，一个好的创业想法必须满足两方面的要求，即不仅要使自己的商品(产品或服务)能够满足消费者的需求、为消费者带来价值，而且要使自己能够盈利。换句话说，就是要向人们提供他们想要的产品或服务，又要能够为自己的企业带来利润。所以，创业想法应当包含四个要素(3W1H)。

企业将销售什么样的产品或服务？(What)

企业将向谁销售产品或服务？(Who)

企业将如何销售产品或服务？(How)

企业将满足消费者的哪些需求？(Which)

(一)销售什么样的产品或服务

企业将销售什么样的产品或服务？这是创业想法中首先要考虑的问题。那么，创业想法应该是基于你所了解的产品或所擅长的服务，而且必须是人们愿意付钱购买的产品或服务。分析创业想法的要素，将有助于筛选出你擅长的企业类型。下面来看产品和服务的区别。

产品是人们需要付钱购买的有形物品。它可能是自己制作的物品，也可能是进货之后再销售出去的物品，如日常生活用品、服装、手机等都是产品。

服务是无形的商品，是为别人所做的一些事情，因为你的付出，他们愿意因此而付钱给你。如电器产品的售后维修、法律咨询、美容美发、快递业务等。就是通过劳务付出或智力付出的形式获得应有的报酬，都是属于服务的范畴。

销售什么样的产品或服务是创业想法的重要因素。

(二)将向谁销售产品或服务

确定了将要销售的产品或服务，紧接着需要考虑的是向谁销售产品或服务，就是企业拟推出的产品或服务的购买者是谁。产品或服务能否被消费者认可、接受和购买，是企业生存、发展、成功的决定性因素，没有顾客，企业将无以立足。顾客就是企业的上帝！

与产品或服务直接打交道的人或群体都是顾客，是向某一类特定的顾客销售，还是向某一地区的人销售？要清楚产品或服务是谁使用、谁买单，即谁是直接消费者、谁是间接消费者。与此同时，还要清楚地了解并开发潜在顾客。总之，要有足够的人能够并愿意花钱购买产品或服务，否则企业将无利可图。

(三)如何销售产品或服务

采取什么方式销售产品或服务？对于制造型企业或服务型企业而言，有很多不同的销售方法，既可以直接向顾客销售，也可以向批发商销售，怎样销售取决于产品或服务的类型及决策。那么，怎样让顾客知道产品或服务，进而了解、喜欢并购买产品或服务呢？需要制订详细的销售计划，包括销售价格、销售程序、分销渠道、人员雇佣及分工、促销手段等。生产和销售只有形成良性循环，企业才能有钱可赚。

全国高等院校「十三五」贯穿式＋立体化创新规划教材

(四)将满足顾客的哪些需求

《孙子·谋攻篇》中说："知己知彼，百战不殆；不知彼而知己，一胜一负；不知彼，不知己，每战必殆。"所以，即便是你认为自己已具备了创业的许多有利条件，但也必须清楚地知道顾客为什么要购买你的产品或服务？或者说，你的产品或服务能满足顾客的哪些需要？你的创业想法应该始终想到的是顾客的需求和为顾客带来独特的价值。因此，当思考创业想法时，调查未来的顾客想要什么是很重要的。

认真研究分析创业想法所包含的要素，可以发现客观、真实、有价值的创业想法。

第二节　创业想法的发掘

创业想法是一个创业者进行创业的源头，创业想法从哪里来？它不是空想出来的，大多来源于现实生活。具有创业想法的人一般都具有敏感性，创业想法容易被触动。本节将介绍几种方法，帮助你发掘创业想法。

一、创业想法的发掘

在产生创业想法时，应尽量放开自己的思路。想法应该越多越好，便于优中择优，要把能够想到的所有创业想法列在一张单子上，以备后期进行筛选。这里介绍几种常见的发掘创业想法的渠道和方法。

(一)爱好和兴趣

爱好是指在业余生活中喜欢从事的活动。很多人在追求兴趣和爱好的过程中产生了创业想法。尤其是大学生创业者，因为缺乏社会经验和人脉关系，从兴趣爱好中寻找创业项目，不失为一种好策略。一来因为关注过，所以对此创业项目相对比较熟悉，知道相关产业的动向；二来选择爱好和兴趣作为自己奋斗的事业，不仅增加了创业的激情和动力，而且在无形中提升了大学生创业的成功率。如计算机专长的学生因对计算机的熟悉和兴趣可以在计算机维修、网页制作等方面产生创业想法；旅游管理专业的学生因对旅游法规的熟知可以在创办小型旅行社上多一些思考和探索，并把它发展成为一种好的创业想法。

但是，我们经常对自己的兴趣和爱好难以确定，尤其是大学生阶段，有些同学兴趣和爱好广泛，在此情况下，要想从兴趣和爱好出发产生创业想法有时也不容易。你可以列出几个问题，不妨对熟悉自己的人做一个小小的调研，如我的兴趣和爱好是什么？我擅长做什么？别人说我擅长做什么？把你肯花时间做的事罗列出来，仔细分析确认哪些才是自己真正的兴趣所在，确定一下列表中你最想把哪一件事发展成你的生意。因为你若不是真心地为你的生意着迷，成功就会变得虚无缥缈。

每个人的天赋都不尽相同，我们应该更多地去发现和挖掘个人的优势所在。当然，有些兴趣爱好适合创业，有些兴趣爱好因市场空间狭小或其他原因，不适合进行创业。因此，在通过自己的兴趣和爱好选择创业项目时，一定要将自己的兴趣或爱好放之市场进行可行性分析。

(二)技能和经验

个人的技能和经验也是产生创业想法的重要途径，也可以说技能和经验在创业想法的产生与实现过程中扮演着至关重要的角色，它将成为创业过程中的重要资源，无论是在创业想法的产生上还是新企业的运作上都是优势。例如，一个曾就业于大型汽车制造厂并且积累了丰富经验的机械技工，创办一个汽车修配厂的可能性就非常大。又如你知道怎样去做糕点，也有烤制设备，则尝试开一个糕点店就是不错的想法。真正想创业就要做有把握的事，因此，一定要对某一行业愈熟愈好，不要光凭想象和冲劲做事。所以说，任何的阅历和背景都是一笔宝贵的财富。

国家现在一直倡导要发挥企业家的工匠精神，不论在哪个岗位上，只要兢兢业业、精益求精、追求完美，必然会掌握该行业的高超技能，并发现更多的创新点，为实现自我创业提供更大的可能。

(三)市场调查

创业的核心是要把产品或服务销售出去且做到产销的基本平衡，因此，消费者的需求及需求量是创业想法的重要内容，对市场进行充分的调研是验证创业想法不可缺少的重要环节。市场调查是收集市场上消费者的问题和需求情况并进行统计分析的一种科学的方法，通过对市场的现状及发展趋势进行数据的搜集、记录和整理，可以为创业想法的产生及经营决策的制定提供较准确的信息资料。

当然调查的方式是多种多样的，常见的有巡街法、人际关系法、异地领悟法等。如可以通过实地考察同时设计调查问卷收集想要的信息资料，可以组织正式或者非正式的会议进行调查，当你与朋友、家人或他人聊天的时候也可以了解到是否有一些需求还未被满足。例如，你发现周边很多人在使用计算机，但经常需要维修和更新配置，这对他们来说非常困难，那么开办一家小型计算机维修店是一个不错的想法。预先做一个调查，既可以把握当前市场的消费需求又可以在与消费者交谈的过程中找出相关企业目前存在的问题，从而产生新的创业想法。通过市场调查来对产品做出市场分析或者寻找新的创业想法是一种科学且普遍使用的方法，是许多想进入市场的企业或者企业在研发推广新产品时经常采用的一种方式，这样的例子比比皆是，科学且行之有效。

通过这一系列多方位的调查分析，你可以找到消费群体的需求点和对某种产品的偏爱程度；还可以拉近与消费者及渠道成员的关系。同时，根据调查的结果进一步对想要创业的产品或服务做出改善，让创业想法更现实，为进入市场提供更加可靠的依据。而且，市场调查从创业初期开始应贯穿在创业的全过程。例如，手机市场日新月异，品牌、型号、款式五花八门，让人看得眼花缭乱，然而智能手机的出现，以其完全大屏的全触屏式操作感、可自由安装各类软件(仅安卓系统)、优秀的操作系统等特性，为消费者带来各种便捷，深得消费者喜爱，迅速占领手机市场，几乎完全终结了前几年的键盘式手机。创业者进入市场前必须能够准确地描述市场，市场调查方法的运用，对创业想法的发掘而言不失为一种好的途径。

全国高等院校「十三五」贯穿式+立体化创新规划教材

日本环球时装公司的市场调查案例

日本服装业之首的环球时装公司，由 20 世纪 60 年代创业时的小型企业发展成为日本有代表性的大型企业，靠的主要是掌握第一手"活情报"。他们在全国 81 个城市顾客集中的车站、繁华街道开设侦探性专营店，陈列公司所有产品，给顾客以综合印象，售货员的主要任务是观察顾客的采购动向；事业部每周安排一天时间全员出动，3 个人一组、5 个人一群，分散到各地调查，有的甚至到竞争对手的商店观察顾客情绪，向售货员了解情况，找店主聊天，调查结束后，当晚回到公司进行讨论，分析顾客消费动向，提出改进工作的新措施。全国经销该公司时装的专营店和兼营店均制有顾客登记卡，详细地记载每个顾客的年龄、性别、体重、身高、体型、肤色、发色、使用什么化妆品、常去哪家理发店以及兴趣、嗜好、健康状况、家庭成员、家庭收入、现时穿着及家中存衣的详细情况。这些卡片通过信息网络储存在公司的信息中心，只要根据卡片就能判断顾客眼下想买什么时装，今后有可能添置什么时装。试探式销售调查，使环球公司迅速扩张，且利润率之高，连日本最大的企业丰田汽车公司也被它抛在后面。

(资料来源：根据"百度文库. 市场调查方法[EB/OL]. https://wenku.baidu.com/view/7dc9773643323968011c9242.html."资料整理)

(四)互联网

互联网是现今浏览量最多的大众电子媒介，它的兴起反映了大众传播媒介的更新，极大地改变了人们的工作、学习、生活和交往方式。目前，随着互联网的广泛渗透，在诸多方面不断改变和改善着我们的生活和工作形态，人们正通过互联网方便地获取自己想要的任何信息。因此，可以通过互联网来捕捉大量的信息和机会，来促使创业想法的产生。在浏览网页的过程中，从敏感的创业者角度出发，通过网页上五花八门的时事新闻、形势政策、突发事件、商业广告等，察觉到市场的流行趋势和消费者需求的变化，这些都是获得创业想法很好的途径。例如国家经济的转型发展、新型特区的设立、人们对健康的态度、对环境保护的看法、对经济发展的统筹等类似有用的信息，一定会使创业者得到启迪。

对于创业者来说，也可以有意进行网络调查，把调查问卷放在网上进行信息收集，或通过百度、搜狗、谷歌等搜索引擎，搜索创业想法的有关信息，使抽象的想法得以进一步完善和清晰，最终捕捉到有价值的、适合自己的好想法。

总之，互联网的快捷便利和所传递出的大量信息有助于激发创业想法，找到创业的方向。

(五)问题导向

问题的产生或者解决都不是单独存在的，就像一个链条一样，一个问题的提出往往会引发其他问题的出现。为什么会出现这样的问题？问题出现的原因在哪里？有什么样的解决方案？哪种解决方案是最好的？在以后的过程中应如何避免类似情况的发生？等等。这些是我们在思考过程中经常会遇见的一连串问题。以问题为导向，试着去想解决这些问题的办法，这些办法就是创业想法的萌芽状态，尽量与自己的专长和经验相结合，创业想法就隐藏在这些解决办法之中。

几年前，经常有人抱怨"手机屏幕过小、上网速度太慢、像素太低、内存太小、充电时间长……"一系列的问题，然而现在看来这些还是问题吗？是的，手机是一个更新换代很快的产业，仍以手机市场发展为例，从最开始的诺基亚、摩托罗拉垄断手机市场到现在华为、小米、vivo 等国产手机的兴起，以及苹果、三星这样的国外手机品牌的引进，通信技术的竞争已经转变为软件技术的竞争，短短几年依然定位在传统通信领域的诺基亚和摩托罗拉两大巨头在手机市场上几近销声匿迹，令人唏嘘，而且手机市场百家争鸣，过去一家独大的时代也一去不复返。

谁能把消费者的抱怨和使用过程中面临的问题作为研发目标，谁就能在市场中站稳脚跟，手机市场的风云变幻就是例证。因此，试着解决消费者面临的问题，在创业初期创业想法的产生以至企业运行的每个阶段都至关重要。

(六)头脑风暴

在创造性地解决问题以及产生创业想法时，头脑风暴不失为一种很好的技术方法。头脑风暴法又称智力激励法、BS 法、自由思考法，是由美国创造学 A. F. 奥斯本(Osborn)于 1939 年首次提出的一种激发创造性思维的方法。"头脑风暴"一词最早是精神病理学上的用语，指精神病患者的精神错乱状态，现在指无限制的自由联想和讨论，目的在于短时间产生新观念或激发创新设想。其最大特征是异想天开、胡思乱想、奇思妙想、非分之想，思接千里，视通万里。头脑风暴法分为一般性的头脑风暴法和结构性的头脑风暴法。

1. 一般性的头脑风暴法

一般性的头脑风暴法是从一个词或一个问题开始，将脑海中闪现的所有企业想法都写出来。你可以像滚雪球一样一直写下去，能写多少就写多少，尊重每一个想法，即使某个想法异想天开或者毫不相干。然后，从写出的有关企业想法中，想一想这些想法中哪些想法自己可以做？哪些不能做？不能做的是因为什么。癞蛤蟆能不能吃到天鹅肉？不想肯定吃不到，想吃首先就要敢想，并且想了去做才有可能。你可以试着一个人进行，但是和别人一起使用此方法效果会更好，这也是很多大公司在进行新产品开发时的常用做法。

2. 结构性的头脑风暴法

结构性的头脑风暴法不是让你从任意一个词组开始，而是从一个特定的产品开始，在该产品的制造线、销售线、服务线、副产品线四个产业链条上，把能想到的所有相关的企业想法都写出来。同样，你可以一直想下去，不论你想起什么都要将其写下来，直到不再有任何新的想法为止。全部写下来之后，再去分析这个想法是否有价值，是否正确。

① 制造线一般包含：生产设备、原料、辅料、配料、佐料、燃料、成品、半成品、包装材料、包装设计等。

② 销售线一般包含：销售人员、商店、零售商、顾客、销售方式的选择等。

③ 副产品线一般包含：产生的废料、残次品的处理和利用等。

④ 服务线一般包含：生产设备的维修与保养、运输、广告、清洁剂、产品的售后服务等。

全国高等院校「十三五」贯穿式＋立体化创新规划教材

当然在运用此方法时，需要遵守一定的原则：

——不要局限于个别的想法，越多的想法选择性越大；

——不要轻易打断、批评或否定他人的想法；

——鼓励天马行空、看似疯狂、作风大胆的设想；

——要懂得相互协作、相互启发，在他人的想法基础之上产生新的想法。

以上每一种技巧的运用都不是独立存在的。当应用这些技巧时，你可以从家人、朋友那里得到支持和帮助。此外，不要随便否定任何一个看似不合逻辑和疯狂的想法，只要存在想法不妨把它记录下来。就好像"人人都应该拥有梦想，万一实现了呢"。想法也一样，万一可以变为现实呢。

二、创业想法的来源

通过以上学习，创业想法概括起来有三大主要来源。

(一)从创业者自身角度出发

通过分析自我的兴趣、特长、经验，来挖掘自己可以在哪些领域进行创业。可以尝试问自己一些问题，如我的兴趣爱好是什么？我学过什么？我做过什么？我能做什么？我做什么比别人做得好？等等。不少创业者对某行业本身就深谙其中的门道，甚至是行业的佼佼者，很容易在这些方面产生创业想法，而且创业想法的成熟度也会很高，只是要注意角色的转换，过去是打工者，现在要从创业者角度出发。

例如本章引导案例中，范锦伟做家教和在辅导机构打工的经历，培养了兴趣，积累了经验，而且家教方法得当，成效显著。于是，他萌生了创办一家教育培训机构的好想法。真正想创业又希望比较有把握的话，一定要对某一行业愈熟愈好，不能光凭想象和冲劲做事。

(二)从满足顾客需求的角度出发

当人们遇到问题能及时解决时，就不会有太多的后患，而且会让事情更加的简单。通过市场调查或对周围环境趋势的分析，你可能会发现一些尚待解决的问题。因为是苦恼、是困扰，"怎样办？"人们总是迫切希望有人能够找到解决的办法，当你开始思考这些问题的时候，实际上一些好的创业想法就会因此而诞生。

例如，小学阶段孩子放学早，双职工家庭没有时间及时接送或照顾小孩，于是小学旁就有了"小课桌""小厨房"等，孩子不仅能及时就餐，还可以在这段时间做作业、培养兴趣爱好等，既可以满足家长需求又可以让孩子得到很好的照顾。

(三)利基市场的识别

在进行创业想法的发掘时，利基市场的识别是不容忽视的方法。利基市场即通常被大企业忽略的某些细分市场，市场利基者通过专业化经营获取利润。利基市场的识别就是选定一个很小的产品或服务领域，集中力量进入，寻找尚存余地的市场。在初始阶段，比较好的切入点是选择那些国内具有比较优势的行业，而且你想创办的企业自身的潜在优势能够与这种比较优势很好结合起来的行业，利基市场的识别非常关键。

利基市场

利基是英文名词 "Niche" 的音译，Niche 来源于法语。法国人信奉天主教，在建造房屋时，常常在外墙上凿出一个不大的神龛，以供奉圣母玛利亚。它虽然小，但边界清晰，洞里乾坤，因而后来被用来形容大市场中的缝隙市场。在英语里，它还有一个意思，就是悬崖上的石缝，人们在登山时，常常要借助这些微小的缝隙作为支点，一点点向上攀登。20 世纪 80 年代，美国商学院的学者们开始将这一词引入市场营销领域。

利基市场(国内翻译五花八门：缝隙市场、壁龛市场、针尖市场，目前较为流行音译加意译：利基市场)，指那些被市场中的统治者、有绝对优势的企业忽略的某些细分市场。利基市场战略是指企业通过专业化经营来占领这些市场，从而最大限度获取收益所采取的策略。

一般说来，中小企业可以开拓的利基市场有以下五类。

① 自然利基市场，指大企业难以涉及的"狭缝地带"。

② 协作利基市场，指生产复杂产品的大企业与外部企业进行的协作。

③ 专利利基市场，指拥有专利发明的中小企业的运作模式。

④ 潜在利基市场，指现实中未得到充分满足或正在孕育即将形成的潜在市场需求空间。

⑤ 替代利基市场。指可以比竞争对手提供令消费者更满意的产品或服务。

实施利基战略的重要意义在于：进行市场利基的企业事实上已经充分了解了目标顾客群，和其他公司相比较，能够更好地满足消费者的需求，并且收获更多的利润。

(资料来源：根据 https://baike.so.com/doc/5576039-5789954.html 整理)

在过去 20 年中，中国企业已经在这方面得心应手，如在计算机行业，新产品不断涌现，竞争可谓刀光剑影。深圳市朗科科技有限公司总裁邓国顺看到，对于人们常用的从几兆到几百兆之间的数据交换需求被广大计算机公司忽略，他利用这一潜在的社会需求，发明了体积小、容量大、便于携带的移动存储器——U 盘，并获得国家知识产权局正式授权，该专利的获得引起了整个存储界的极大震动，也让朗科公司得到更好的发展。

第三节　创业想法的筛选

创办一家企业不是一件容易的事，需要做大量的前期工作，有许多新创企业失败的原因，不是因为创业者不尽心、不努力，而是因为没有筛选到有价值的创业想法。一家成功的企业始于一个好的创业想法，可以说一个好的创业想法是构成一个企业最基本的要素之一。可以通过对创业想法的分析，从中选择一个最适合且能盈利的想法，将它创建为好的项目。否则，在创办企业的过程中所付出的全部努力和投入的资金可能都会白费。

全国高等院校「十三五」贯穿式+立体化创新规划教材

一、创业想法的初筛

在你产生想法的过程中，会有一些好的、有用的想法，当然也不可避免地会有一些你不太了解的想法或一些不太靠谱的念头。前面讲过，不管是什么想法都要把它记下来，那么，这一步的任务就是在理性分析的基础上进行初步筛选，只留下最适合你的那些想法。值得注意的是，在进行初筛时，一定不要把创业想法仅仅看作是一个想法，而应该把它当作"企业"来看待。初筛创业想法时需要考虑两大方面因素。

(一)创业资源

要想创办企业，就需要仔细思考你所拥有的创业资源。创业资源包括资金、时间、人才、顾客等方面，概括起来主要有以下几类。

1. 资金资源

对于将要创办的企业，你是否已经具备足够的启动资金和一定量的流动资金？因为企业运行需要一定的空间、设备及基础性的办公用品，资金将从哪里筹得？预留多少流动资金？资金资源是核心资源，它关系着企业能够走多远。

2. 顾客资源

顾客包括前来购买产品或服务的组织和个人。创办企业时，顾客是支撑企业生存的灵魂，因此，创办企业时一定要对顾客来源进行分析。如哪些顾客对计划创办的企业有需求？谁将成为企业的顾客？顾客会足够多吗？顾客有能力购买产品或服务吗？是否具备能吸引顾客并拥有一定顾客的能力？等等。仔细分析顾客资源将有助于对将要创办的企业的规模、能否盈利有一个较为准确的判断。

3. 人力资源

当企业开始运行时需要分管财务、营销、人事等的各类专业人才，那么，你是否拥有专业性的人才来组建团队？多大规模？如何分工？这些都需要有具体的方案。

4. 时间资源

作为一个创业者，你将面临的一大问题是工作时间和精力是否有保障。一般来说创业者尤其是在起步阶段既要完成当前的工作又要进行工作业务的开发，在工作时间的分配上往往会顾此失彼。时间能否保障是需要考虑的问题。

当然还有知识资源、行业资源、技术资源、人脉资源及经营管理能力等。你是否对此行业有丰富的市场经验和分析判断能力？你是否具备一定的智商和行业管理技巧？你将通过怎样的运作模式来实现盈利？你是否能提供客户满意的产品或服务的技术保证？以及是否具备一定的人际关系网等；做管理就是要做决策、带队伍、做指导，需要拥有一定的经营管理能力来保证企业的持续健康发展。因此，这些都是新创企业和运营的必要条件。

以上资源作为创业者不需要百分之百的具备，但至少应该具备其中的一些重要条件，如资金资源。假设创业初期需要每天为资金四处奔走，则不仅影响经营状况，也可能会改变你的创业初衷。还有如客户资源，没有了客户企业将成为无水之源。

(二)竞争对手

在对创业想法进行筛选时，需要对那些现在或将来对将要创办的企业产生重大影响的主要竞争对手进行简单的战略性分析。如将要创办的企业在本地区有没有类似的企业？哪些是现有的直接竞争对手？哪些是潜在的竞争对手？和这些竞争对手比你的优势在哪里？你打算如何与他们进行竞争等。你的创业想法应该密切关注主要的直接竞争对手，尤其是那些与自己类似，可能与自己同增速，甚至比自己增速快的竞争对手，如果你执意要选择这个创业想法，还必须注意发现现有直接竞争对手的任何竞争优势的来源，同时，分析潜在的竞争对手是否会给你的企业带来威胁。

仔细分析每一个创业想法，通过筛选努力把创业想法表中的想法减少到 3 个左右。切记，如果你发现选择的这几个想法存在不确定性，可以随时返回来重新筛查。

二、确定创业想法的优先等级

因为任何一个想法在转变为现实的过程中都必然会面临很多的阻碍，包括自身的原因，以及外界的阻力。所以确定创业想法的优先等级是非常重要的环节。

通过初步筛查，你对自己的创业想法会有更进一步的了解，且已经将你认为最合适的创业想法减少到了 3 个左右，关于这些想法还需要从不同侧面搜集更多信息，通过理性分析确定这些想法的优先等级。可以从以下方法入手。

(一)实地调研

对创业想法进行有效的评估分析，最根本一点是深入市场进行实地调研。你需要了解市场的供求状况及变化趋势；你的创业想法中涉及的顾客，其需求是否已经得到了满足；你的竞争对手有哪些长处与不足等。要多看、多听、多记、多想，常言道："见多识广，识多路广。"

实地调研方法有多种，如设计调查问卷、组织非正式小组讨论、邀请相关人士进行座谈等，你必须根据创业想法的实际情况确定将要采取的调研方法。在调研前要做好充分的准备工作，如确定访谈的地点、访谈的对象、设计访谈的问题、需要注意的事项等，有计划地收集想要的信息，且要在调研之后做好资料的整理和相关资料的分析论证工作。

多看、多听、多记、多想能使你广泛地获取相关信息，及时从别人的知识经验中汲取有益的东西，从而对创业想法的可行性有一个正确理性的评估。你的目的是通过考察论证，排出创业想法的优先等级，把优先等级最高的创业想法付诸行动。并且，当你在创办企业时，也可以从你在调研中访问过的一些人员那里获得有益的帮助和支持。

(二)SWOT 分析

在对创业想法进行分析评估时，SWOT 分析法是一种较准确和明晰的分析方法，它能

全国高等院校『十三五』贯穿式＋立体化创新规划教材

较客观地分析和研判创业想法的现实情况。

SWOT 是优势(Strength)和劣势(Weakness)、机会(Opportunity)和威胁(Threat)的第一个英文字母的缩写。

优势和劣势是存在于企业内部的要素，是企业内部的物质、文化环境的总和，一般包括企业的文化、资源、组织结构等。

机会和威胁是存在于企业外部的要素，是企业外部的政治环境、经济环境、社会环境、技术环境等的总称，具有复杂性和不确定性，由存在于企业组织外部、短期内不为企业所控制的变量所构成。

针对每一个创业想法，在通过实地考察，收集到想了解的相关企业的有关信息后，就可以进行 SWOT 分析了。

小贴士 SWOT 分析法

又称自我诊断法，由美国旧金山大学管理学教授韦力克于 20 世纪 80 年代初提出，常常被用来制定公司的发展战略和分析竞争对手的情况，在战略分析中，它是最常用的方法之一。进行 SWOT 分析时，主要有以下几个方面的内容。

1. 分析环境因素。运用各种调查研究方法，分析出公司所处的各种环境因素，即外部环境因素和内部能力因素。

外部环境因素属于客观因素，包括机会因素和威胁因素。内部环境因素属主观因素，包括优势因素和劣势因素。在调查分析这些因素时，不仅要考虑历史与现状，更要考虑企业的未来发展。

2. 构造 SWOT 矩阵。将调查得出的各种因素根据轻重缓急或影响程度等排序方式，构造 SWOT 矩阵。在此过程中，将那些对公司发展有直接的、重要的、大量的、迫切的、久远的影响因素优先排列出来，而将那些间接的、次要的、少许的、不急的、短暂的影响因素排列在后面。

3. 制订行动计划。在完成环境因素分析和 SWOT 矩阵的构造后，便可以制订出相应的行动计划。制订计划的基本思路是：发挥优势因素，克服弱点因素，利用机会因素，化解威胁因素；考虑过去，立足当前，着眼未来。运用系统分析的综合分析方法，将排列与考虑的各种环境因素相互匹配起来加以组合，得出一系列公司未来发展的可选择对策。

SWOT 方法的优点在于考虑问题全面，是一种系统思维，而且可以把对问题的"诊断"和"开处方"紧密结合在一起，条理清楚，便于检验。

企业内部的优势和劣势分析。根据实地考察，了解到计划创办的企业的内部情况，分类整理有关信息资料，确定哪些是计划创办的企业的积极方面？与同类企业和竞争对手进行对比，这些积极的方面就是企业的优势，如充足的财政来源、技术力量、良好的企业形象、成本优势、市场份额等。确定哪些是计划创办企业的消极方面？与同类企业和竞争对手进行对比，这些消极的方面就是企业的劣势。劣势是企业的不利方面，具体包括设备老化、资金短缺、产品积压、缺少关键技术、经营不善等。它们是公司在其发展中自身存在的因素。

企业外部的机会和威胁分析。其中机会因素具体包括：新产品、新需求、新市场、竞争对手失误等；威胁因素具体包括：替代产品增多、新的竞争对手、市场紧缩、突发事件、经济衰退等。这些外部环境对公司发展产生的有利和不利影响，属于客观因素。了解计划创办企业的外部环境情况，哪些方面对将要创办的企业发展有利，是机会；哪些方面会对企业产生不利影响，是威胁。

将 SWOT 分析结果建立一个四种要素的组合矩阵(见图 3-1)，其中：

SO 组合(优势+机会)为最佳创业想法；

WO 组合(劣势+机会)为可以改进的创业想法；

ST 组合(优势+威胁)为考虑调整的创业想法；

WT 组合(劣势+威胁)为必须放弃的创业想法。

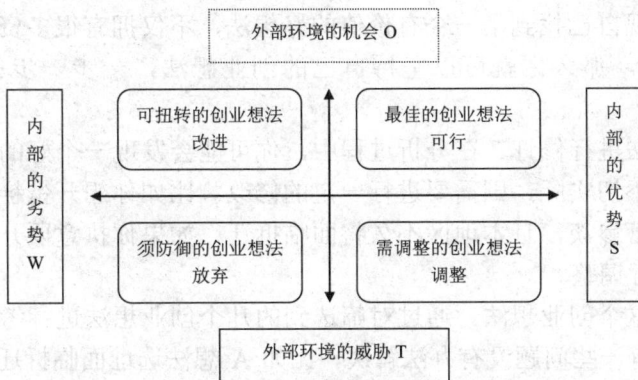

图 3-1　SWOT 分析要素组合

分析的基本思路是：发挥优势因素，克服弱点因素，利用机会因素，化解威胁因素。根据分析结果，依次排出创业想法的优先等级。SWOT 分析法又称自我诊断法，在战略分析中，它是最常用的方法之一。

分别为选择的几个企业想法做 SWOT 分析，找出每个想法中有利且值得肯定的优势和机会，以及不利的需要回避的劣势和威胁，并建立相应的 SWOT 矩阵。将几个创业想法依次通过 SWOT 方法进行分析，对比分析所有创业想法的 SWOT 矩阵，排出这些想法的优先等级。

(三)环境影响评估

在对创业想法进行优先等级分析时，一定不要忘记进行环境影响评估。一个企业对其环境的影响既可以是积极的，也可以是负面的。例如，企业一方面向人们提供了就业、收入或便利，对环境产生了积极影响。另一方面，企业可能会利用大量的非再生资源，或者在生产过程中对环境造成污染。小的如饭店、洗车行，大的如煤炭企业、化工企业等，都可能对环境产生负面影响。企业环境内的员工在生产过程中也可能会受到环境卫生风险、职业安全等的影响，每个企业都是环境中的一分子，维护优良环境，保持环境的生态平衡有利于人们的身心健康和提升人们的生活质量。

因此，针对将创办的企业，要将可能对环境产生的不利影响和需要采取的措施，预先

全国高等院校「十三五」贯穿式+立体化创新规划教材

进行评估，不仅要了解相关的政策法规，还要征求企业所在地居民和当地政府的意见，进而对原计划进行修改，直到达成一致意见再开始投产。如果无视企业对环境造成的负面影响，将会遇到很多麻烦，不仅会影响计划创办企业的生存和可持续发展，甚至不能注册。

综合分析每一个想法，排出创业想法的优先等级，最终做出理性的规划和决策。

三、调整创业想法

尽管进行了一系列的筛选和评估，但是，考虑到想法和现实之间的很大差距，在筛选一个有价值的好想法时一定要慎之又慎。因此，在好想法付诸实施前，一定要综合考量各种因素。你会面临三种抉择。

一是坚持创业想法并继续进行全面的可行性研究。通过一系列的分析筛选、评估论证，你若欣喜地发现自己找到了一个有价值的好想法，不仅拥有很多资源，和同行相比又有很多的积极因素，那么你就可以坚持自己的创业想法，一步一步去实现自己的创业梦想。

二是对创业想法进行修订。在分析过程中，你可能会发现一个好的创业想法，但是若想法中的某些环节不切实际，则需要进行一定的修改。比如你想开蛋糕店，本地已有好几家，经实地考察经营惨淡，且本地区不久将面临拆迁，如果你执意要开一个蛋糕店，就需要对自己的选址进行调整。

三是完全放弃这个创业想法。通过对筛选到的几个创业想法进行考察分析，你发现自己的几个想法中各有一些问题没有办法解决。比如 A 想法选址面临拆迁，因种种原因你又不能去别处经营；B 想法的融资还没有着落；C 想法面临的环境污染问题没办法解决；等等。那么，请你重新发掘新的好想法，或者暂时放弃你的创业念头。

大学生创业不可一意孤行，抱着走一步看一步的错误想法，要避免"空想"和"错想"的产生，更不可感情用事，要在筛选过程中及时发现创业想法中存在的问题并进行纠正，使其更好地呈现到现实之中，这才是发掘到一个有价值的好的创业想法真正的魅力所在。总之，及时调整自己的创业想法至关重要，可以避免在实现梦想的过程中偏离方向，越走越远。

创业想法是一个创业者进行创业的源头，无论是哪种想法，它的实现都是为了进一步惠及人们的生活，满足人们日益增长的美好生活的需要。只有本着这样的原则，创业想法才是有价值的，实现创业项目才可能盈利。

本章小结

(1) 创业想法的概念：创业想法就是用理性的语言对未来将要创办的企业的基本业务的一个明确描述。一个有价值的创业想法的发现是创业者实现愿望和创造商业机会的关键步骤。

(2) 创业想法的要素：创业想法应当包含四个要素，即 3W1H。

（3）创业想法的挖掘渠道：可通过兴趣爱好、技能和经验、市场调查、互联网、问题导向、头脑风暴等方式激发和发掘创业者的创业想法。

（4）创业者要对自己的创业想法进行评估，对创业想法进行优先排序，集中精力解决优先想法，并且在评估筛选的过程中及时调整创业想法。

实训案例

面向未来的腾讯智慧

基本案情：

腾讯公司在 1998 年 11 月成立于深圳市，主要有马化腾等五位创始人。目前腾讯通过互联网平台已经成为中国最大的综合服务提供商之一，从服务用户的数量上看已然成为中国最大的互联网企业之一。马化腾于 1993 年毕业于深圳大学计算机专业，毕业之后进入深圳一家通讯公司工作，由最开始的编程员到最后荣升为开发部主管，这段工作经历对马化腾创办腾讯公司有重要的启发作用。他最开始的创业想法就是一定要开发对用户而言具有实用性的软件，而不是单纯的娱乐。

有了深入人们生活这一想法，腾讯推出了腾讯 QQ、微信、腾讯新闻、腾讯游戏等一系列的应用程序。尤其微信功能更加被人们所熟知，它不仅拓宽了人际交往的方式，通过添加好友、朋友圈、视频聊天等功能拉近人与人之间的距离，更被人们广泛使用的是"微信支付"功能。微信支付功能打破了传统意义上的结算方式，实现了出门可以不用带钱，只要拥有一部手机，在任何地方都可以进行消费的理想状态，既方便又快捷。在日常的结算中，微信支付已经成为一种很常见的方式之一，同时通过微信平台还可以实现提现、转账等业务，大大方便了人们的生活。

2017 年 5 月 4 日，微信支付平台宣布携手 CITCON 正式进军美国。在微信支付正式进军美国后，赴美人群可在美国享受无现金支付的便利。通过微信支付，在美国的衣食住行均可直接用人民币结算。这一消息对出国人群来说无疑是一巨大的福音，出国旅游、读书的人群将再也不用担心烦琐的货币兑换问题，通过手机便可以直接进行支付。

2017 年 9 月 12 日，"十年智汇 慧赢未来——2017 腾讯智慧峰会"在上海举办，大会上腾讯公司首席运营官任宇昕表示，"一切以用户价值为依归"的原则没有变。面对下一个十年，在"专注内容和连接"的布局下，腾讯将会持续加强内容与科技的联动，发挥整合优势，以更开放的心态携手合作伙伴，构建"互联网+"生态下的智慧营销新通路。

腾讯的成功来源于不断地创新，而创新的落脚点在于方便人们的生活，实用性成为腾讯软件的主要优势之处。因此立足于生活，以解决人们的实际问题为出发点才是创业想法的根源。

案例点评：

创业想法挖掘的方式有多种，但无论是哪种想法都离不开现实生活。无论是把自己

全国高等院校［十三五］贯穿式＋立体化创新规划教材

置身于"未来"进行想象还是立足于现在，最终都是要找出现实生活中存在的问题并加以解决。因此从腾讯的案例中我们就可以看出，创业想法的实现是为了进一步惠及人们的生活，使人们的生活更加便捷，只有本着这样的原则，我们的创业想法才是有价值的，实现创业项目才是有意义的，避免陷入"盲目空想"的陷阱。

思考讨论题：

1. 创业想法产生的根源来自哪里？
2. 创业想法与实际生活的联系？

实训课堂

车中王者——劳斯莱斯

基本案情：

随着经济的发展，汽车已经成为人们出行最普遍的代步工具之一。著名的汽车品牌有奔驰、奥迪、劳斯莱斯等。而无论时代怎样变迁，这些品牌的汽车一直是消费者热衷追求的梦想。劳斯莱斯于 1906 年成立于英国，是汽车王国雍容高贵的标志，无论劳斯莱斯的款式如何老旧，造价多么高昂，至今仍然没有挑战者。如今的劳斯莱斯已经成为世界顶级的超豪华轿车的生产商，该品牌生产的汽车以豪华著称，成为欧美市场汽车品牌的代表之一，享有"世界上最好的汽车"之称。

而它的创始人最初的创业想法很简单，他希望可以尽可能通过人工的方式打造出精细、华丽的汽车部件。这样的想法在当时看起来难以被旁人理解，毕竟在英国，人工费是相当高昂的，当然即使这样的想法放到现在我们也会有所迟疑，在技术日益发展且劳动力成本不断增加的时代，这样的想法无疑会增加生产成本，并且耗时长，对技术要求高，这些都会增加汽车进入市场的风险度，这也是劳斯莱斯价格惊人的原因之一。这种"冒风险"的做法要求创业者对市场有准确的判断，否则，一旦失败将承受巨大的损失。但是劳斯莱斯成功了，这一看似冒险的行为却成为劳斯莱斯与其他轿车相比最与众不同的地方。

直到今天，劳斯莱斯还是完全手工制造发动机及车头散热器的格栅，这部分需要熟练的工人仅仅凭借手和眼进行完成，在此过程中不需要任何丈量工具，一个工人需要花费一整天的时间才能制造出一台散热器，随后的打磨过程还需要 5 个小时之久，仅仅完成一台散热器就需要如此"大费周章"，可见完成一辆劳斯莱斯的过程是多么不简单。

即使现在，劳斯莱斯汽车也仅有几千辆的年产量，尽管与其他的轿车相比，数量上远远不及，但这也正是劳斯莱斯所追求的：精炼、恒久、巨细无遗。或许正是由于这样精细的手工操作使得劳斯莱斯汽车自 1906 年到现在，超过 60%的汽车性能仍保持良好，汽车质量成为业界神话，也正因此，劳斯莱斯的价格一直成为豪车里面的佼佼者。这样的成就无不让人感到震惊，也给了我们很多启发，在创业想法的获取上一定要敢于打破常规，大胆想象，即使在别人眼里困难重重，只要对市场做出合理分析，认为是可行的就要大胆尝试，就好像几乎所有人都认为手工操作已经被淘汰，机器化生产才是大势所趋，才能提高效率时，劳斯莱斯公司反其道而行之，最终走向成功，创业想法并不是别人认可的才能成功，一定要敢于想象，敢于尝试。

思考讨论题：

1. 技能和经验在创业想法中的重要作用。
2. 创业想法对于创业者的意义。
3. 如何使自己的创业想法"与众不同"。
4. 该案例给你的启示。

复习思考题

一、基本概念

创业想法　头脑风暴　市场调查　SWOT 分析法

二、判断题(正确打"√"，错误打"×")

1. 创业想法应该有多个，便于我们进行筛选。　　　　　　　　　　　　　　　（　　）
2. 创业想法的产生离不开实际生活。　　　　　　　　　　　　　　　　　　　（　　）
3. 创业想法对创业者来说至关重要，但却不是唯一的决定因素。　　　　　　　（　　）

三、单项选择题

1. 创业想法最根本的来源是(　　)。
   A. 盲目空想　　　　B. 他人建议　　　　C. 实际生活　　　　D. 道听途说
2. 下列选项对创业者来说最重要的是(　　)。
   A. 人脉关系　　　　B. 资金资源　　　　C. 创业想法　　　　D. 背景知识

四、简答题

1. 什么是创业想法？
2. 创业想法的挖掘有哪些渠道？

五、论述题

谈谈创业想法与"空想"之间的关系。

阅读推荐与网络链接

[1] 孙洪义. 创新创业基础[M]. 北京：机械工业出版社，2016.

[2] 上海教育委员会组编. 大学生创业素质通论[M]. 北京：高等教育出版社，2010.

[3] 张玉利，李华晶，薛扬. 创新与创业基础[M]. 北京：高等教育出版社，2017.

[4] 陈又星，吴金椿，夏亮. 创业基础[M]. 北京：高等教育出版社，2016.

全国高等院校「十三五」贯穿式＋立体化创新规划教材

[5] 简明，金勇进，蒋妍. 市场调查方法与技术[M]. 3 版. 北京：中国人民大学出版社，2012.

[6] 安索尼. 最初一英里 从创意到创业，把创新想法变成伟大企业[M]. 北京：人民邮电出版社，2016.

[7] 人力资源和社会保障部职业能力建设司组织编写. 创办你的企业(大学生版)[M]. 北京：中国劳动社会保障出版社，2016.

[8] 魏维宽. 好想法是成功创业的首要条件[EB/OL]. http://www.xzbu.com/4/view-7675654.htm.

随身课堂

创业想法的发掘与筛选.PPT　　创业想法.MP4　　创业想法筛选.MP4　　头脑风暴法.MP4.

第四章　创业机会的识别与评估

学习要点及目标

- 了解和掌握创业机会、内涵、来源及类型。
- 重点掌握创业机会识别的过程、方法及影响因素。
- 尝试用创业机会评估体系对创业机会进行评估。

核心概念

创业机会　创意　创业机会的识别　创业机会评估

引导案例

北京巨鲸肚黑暗餐厅与创业机会

巨鲸肚黑暗餐厅(The Dark Restaurant)，是全球知名的主题餐厅。这个餐厅的名字源于一部名为《巨鲸历险记》的童话故事，讲述了一个不幸遭遇海难的小男孩，在海上漂流时被一条巨鲸吞入腹中，并在巨鲸的肚子里离奇生活的冒险经历。

这种黑暗餐厅开设的初衷是让顾客忽略食物的样子而专心品尝食物的味道，但是从黑暗中走出来的人们似乎没有谁把注意力放在食物的味道上。大家津津乐道的都是摸黑吃饭这种奇特的感受。

餐厅真容从不示人

餐厅的外观为全黑色，内部几乎也没有光线。餐厅只有在打扫卫生时亮灯，而且从来不对外人开放。因为如果有外人知道餐厅里面的模样，那餐厅便会丧失它的神秘感。黑暗餐厅只有安全方面的投入大于普通餐厅。为了确保安全，黑暗餐厅内设有全方位的红外线录像检测仪、独特的照明应急设备和便捷的紧急出口，而这些都需经政府监管部门严格审批。

闭着眼睛享受黑暗美食

进入这家完全黑暗的餐厅后，每个用餐的顾客都被要求戴上一个巨大的围兜，防止食物和饮料溅洒在衣服上。他们首先来到唯一有光亮的地方，位于餐厅中央的集体点餐柜前，在昏黄的灯光下点餐。点餐完毕后，客人须由佩戴夜视镜的侍应生引导，顾客们把手搭在戴着军用夜视镜的服务人员肩膀上，从

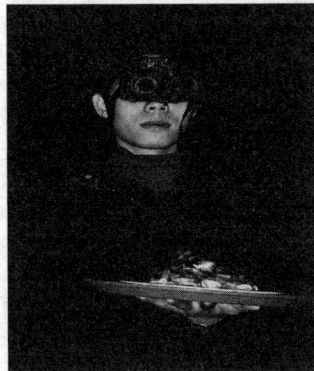

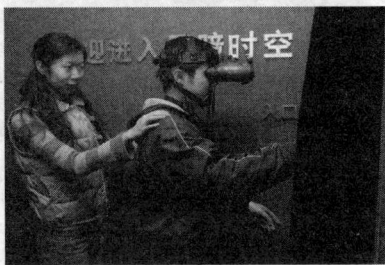

盲道慢慢地踱步至大厅内，进入伸手不见五指的就餐区，开始享受黑暗下的美食。这对绝大多数人而言，都是从未有过的体验。

(资料来源："http://www.baike.com/wiki/%E5%B7%A8%E9%B2%B8%E8%82%9A%E9%BB%91 %E6%9A%97%E9%A4%90%E5%8E%85 &prd=so_1_pic"进行改编)

案例导学

清华大学学生陈龙无意中接触到 Darkness Restaurant 这个词，使从中发现了商机，亚洲首家"黑暗餐厅"才得以在北京开业。这就构成了创业机会，创业过程的开始就是源于创业机会的发现。

第一节　创业机会概述

一、创业机会的内涵

(一)创业机会的定义

创业过程真正开始于创业机会的发现，简单来说，即能够产生价值的清晰的目的。美国著名经济学家约瑟夫·阿洛伊斯·熊彼特认为，创业机会就是把资源创造性地结合起来，从而达到满足市场需要的预期效果，它是创造价值的一种可能性。而美国纽约大学教授柯兹纳认为创业机会是一系列的市场不完善。在两种理论对创业机会的不同界定中，柯兹纳突出强调了市场的不完善所带来的创业机会，熊彼特则是强调企业家整合各种资源对于价值创造的重要性。

有效需求

小贴士

何谓有效需求？就是部分被满足或还没有被满足，有待于激发的需求，这种需求需要具有一定程度的盈利能力。换句话说，创业机会一定有利益潜能，只有这样才能在市场上与其他产品或服务相比具有竞争优势，才能有一定的市场前景，才能有价值并且经久不衰。

(二)创业机会的特征

蒂蒙斯教授说过，创业机会不仅具有吸引力、适时性和持久性的特征，还伴随着为使用者或购买者创造或增加使用价值的产品或服务。具体来讲，我们对创业机会有以下理解和阐述。

1. 有吸引力

吸引力是指顾客对未来的一种渴望和需求，所以说，创业机会必然是一个有吸引力的创意。简而言之，创业机会一定有可以吸引顾客的地方。

2．适时性

好的创业机会必须在机会存在的时候被实施。机会存在的时间就是指商业创意从产生到推广所需要花的时间，如果竞争者已经产生了相同的思想，并已经把产品推向了市场，那么机会时间也就错过。

3．持久性

持久性指的是必须在一个持续放大的机会之窗下，能在你的商业环境中行得通。创业因机会而存在，而机会是具有时间性的。有的创业机会甚至会转瞬即逝，如果创业者没有利用好这个创业机会，很有可能迅速被其他的机会所替代。

4．能为客户创造价值

创业最终必须能为消费者创造服务、产品或者价值，如果创业项目无法为客户产生利益，反而会给顾客带来麻烦，那么这个项目也就没有必要去实施。资源(人、财、物、信息、时间)和技能是企业创立业务的前提。

(三)创业机会的产生过程

创业机会产生的起点是创意。何谓创意？它是一种新的想法和意图，创业机会产生于创意，没有创意就更别谈创业机会了。但是，不是所有的创意都可以转化并且发展为创业机会，一个创意只有当满足有吸引力、适时性、时效性和能为客户创造价值四个特点的时候，才能产生创业的潜在机会。最后，需要对资源进行分析和对动机展开确认，从而充分保证潜在机会的利用，进而产生创业机会。

二、创业机会的来源

创业机会的来源主要有以下几点：市场本身的特点、新技术的发明与应用、市场结构与产业的变化、政治和制度变革、宏观环境的变化(见图 4-1)。

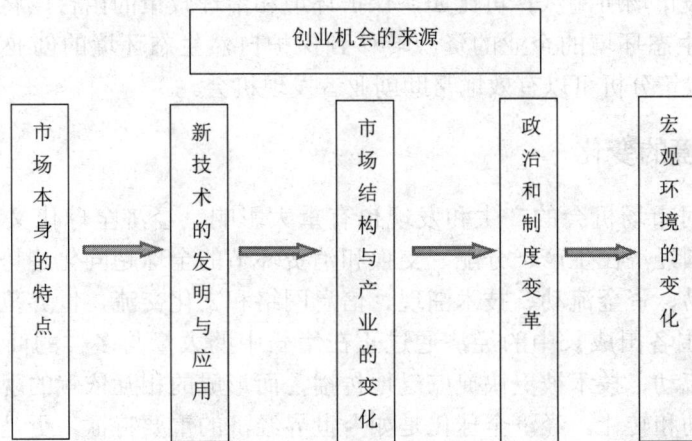

创业机会的来源

市场本身的特点 → 新技术的发明与应用 → 市场结构与产业的变化 → 政治和制度变革 → 宏观环境的变化

图 4-1 创业机会的来源

全国高等院校「十三五」贯穿式＋立体化创新规划教材

(一)市场本身的特点

如果把市场比喻成一张网，那么市场主体就是网上的一个个节点。由市场主体之间的交易把一个个节点联系起来。然而，分工是有两面性的，它在带来专业化优势的同时也导致了市场知识的分散化，进而使得许多交易在市场上无法实现，使得市场交易出现断点，而这个断点与价格机制的缺陷就创造出了创业机会。

(二)新技术的发明与应用

企业的生产过程、市场，以及对资源的组织方式会由于新技术与知识的出现而发生变化，从而为市场带来创业机会。

技术变革也会带来创业机会。一般而言，技术上的任何变化和组合都会给创业者带来一定的创业机会。因为技术上的变革可以让人们做到以前不可能做到的事情，完成以前不可能完成的任务，或者可以更有效率地做事情。技术变革在很大程度上改变了企业之间的竞争方式，导致创办企业的机会越来越多，创办企业也越来越容易。

(三)市场结构与产业的变化

市场结构与产业的变化无疑会使企业成长，在此我们引入决定市场机会的美国迈克尔·波特的五力竞争模型，"五力"有：潜在进入者、供给方、需求方、现有企业间的竞争、替代品。根据产品的生命周期理论，任何一个产品都要经历的四个阶段有：导入期、成长期、成熟期、衰退期。在产品的不同阶段，存在着不同的竞争力和市场结构，创业机会也就产生了。

(四)政治和制度变革

随着经济的发展以及社会的变革，政府必须要调整自己的政治制度来适应。例如，专利技术的严格执行，把价值通过专利费用的形式转移到拥有专利的大公司，使得缺乏核心技术的企业逐渐被市场所淘汰。再比如，保护环境和治理政策的出台，将那些产生大量污染并且严重破坏生态环境的企业的资源转移到保护自然生态环境的创业机会上来。所以说，良好准确的政策分析可以有效地帮助创业者发现机会。

(五)宏观环境的变化

经济全球化对市场机会的产生和发现也有重大影响。经济全球化又称世界经济国际化，是指世界各国经济在生产、分配、交换和消费环节的全球趋同化趋势。经济全球化可以看作是通过贸易、资金流动、技术涌现、信息网络和文化交流，世界范围的经济高速融合。亦即世界范围各国成长中的经济通过正在增长中的大量与多样的商品劳务的广泛输送、国际资金的流动、技术被更快捷广泛地传播，而形成的相互依赖的现象。其表现为贸易、直接资本流动和转让。经济全球化是如今世界经济的重要特征，更是世界经济发展的趋势。经济全球化从根源上来看是国际分工和生产力的高度发展，生产要素在全球范围内流动，生产过程所涉及的地域范围也在不断地向全世界扩展，使世界各国经济之间的依赖性增强的过程。在经济全球化这个过程中，会滋生出很多创业机会。

三、创业机会的类型

从不同角度可以将创业机会分为多种类型。英国的爱德华·迪波诺把机会分为七类。

1．寻找机会

如果将机会比喻成一个隐秘的空间，那么为了进入该空间，创业者必须努力去寻找一个入口。

比如，对于北京厉家菜来说，他有机会获得成功就是受其家庭影响，其创始人厉善麟的祖父曾供职内务府正二品大臣，同治、光绪两宫万寿大宴奉旨总管提调，这个无疑是其走向成功之路的机会，因此对于一个创业者来说，当其拥有稀缺资源的时候，把握机会以及创造机会是至关重要的。

2．明显机会与隐蔽机会

相对于隐蔽机会来说，明显机会都是比较容易发现和把握的。不管对于创业者还是非创业者来说，隐蔽机会需要通过长时间的观察和生活体验才能发现，隐蔽机会的价值较大，不易发现。

比如，火锅生意对于想要创业的人来说很明显是一个机会，然而，作为海底捞的创始人张勇，他发现服务的价值远远大于产品本身的价值，并且抓住了这一隐蔽的机会，使海底捞品牌在全国打响，开启了火锅文化新时代。

3．利基的机会空间

若市场容量或潜力太小，没有太大的利润空间，大企业一般不愿意进入该市场，这就给了创业者占领该市场的机会。大企业不愿意进入小容量的市场的空间就是利基市场。芭比娃娃的诞生和发展就是利用了利基的机会空间。在它诞生之前，玩具市场的容量已经饱和，孩子们对玩具的喜好也基本定型，如果只是在当时玩具的基础上进行产品升级，市场空间也不会被扩大得如此之大，就是因为芭比娃娃给女孩子们带来了全新的体验和乐趣，颠覆了传统玩具的形象，改变了孩子们对玩具的审美，为企业带来了新的市场空间，从而创造了新的市场机会。

4．拥挤的机会空间

在有限的空间里，会有很多的外部竞争者源源不断地加入，从而导致机会空间变得更加拥挤。

5．假机会

一般来说，看上去存在机会的市场实际上并不存在机会，这就是所谓的假机会。

6．察觉机会

在机会未被发觉的时候，大多数人往往抓不住机会，所以，人们必须学会察觉机会，并且要认识到抓住机会的途径有很多，只有经历过多次失败才能把握机会获得成功。

全国高等院校"十三五"贯穿式＋立体化创新规划教材

7. 迟来的报偿

创业是一条充满荆棘的路，在这条路上，创业者们必须勇敢，必须坚持到底，面对困难不轻言放弃，只有这样，才能最终获得丰厚的回报。

第二节　创业机会识别

创业机会识别在创业领域的研究中具有非常重要的影响，真正的创业过程开始于创业机会的发现。对创业过程来说，创业者要首先选择出理想的创业机会，继而对这个机会不断开发，直到收获成功。在这一过程中，创业者需反复权衡与考虑两个方面，即创业机会存在的潜在预期的价值以及创业者的自身能力，这样创业者对于创业机会的选择也会逐渐地明确，这一过程称为创业机会的识别。

一、创业机会识别方法

(一)识别创业机会的原则

1. 是否可以为人民谋利

在多数情况下，机会不能够为人民谋取利益，或者说即使表面上看起来迎合了市场，但是在长远来看却会让人失去自我以及失去价值观，不能让人们感受到更大的幸福。最为典型的案例之一就是游戏产业，长期沉迷电子游戏会让人迷失甚至是失去自我，这也造成了不少家庭的悲剧。

2. 与自己的事业方向是否具有一致性

只有与自己愿望一致的机会才是真正的机会。判断是否是机会的方法是，看这个机会能否被利用。创业者必须先积累资源，再等待机会，当发现机会与资源匹配时，才可以继续行动。

3. 从变化中发现机会

就机会的本质而言，它起源于变化。能够注意到变化的人才有可能成为机会的发现者。不论是人还是动物，都有逐渐适应周围的环境并与之融为一体的能力。但是，仍然会有一些杰出人物可以比较敏锐地发现细微的变化，并将其充分利用，进而为社会谋利。所以，把握机会的关键在于学会注意变化，注意每一个细节。

(二)识别创业机会的重要性

识别创业机会是创业的起点，更是核心。所谓创业机会，也称商业机会或市场机会，是指有吸引力的、适时的和较为持久的一种商务活动的空间，并且最终表现在能够为消费者或客户创造价值或增加价值的产品或服务之中。如何识别创业机会是创业者首先要解决的问题。机会识别是创业的开端，也是创业的前提。

创业往往开始于发现、把握、利用某个或某些商业机会。产生机会的根源在于市场、服务、产品等的变化，好的创业机会是创业成功的基础。创业者要识别出好的创业机会，就要对宏观环境和行业环境有充分的了解和研究，要熟悉创业机会的来源，更要理解和领悟创业机会识别的过程。

全球的经济与科技在不断发展，创新精神起着越来越重要的作用，作为两者的集中体现，创业活动愈发成为世界经济发展中的强劲推动力。创业家们常说："好的创意是成功的一半。"准确地说，创意并不等于创业机会，因为一个创意可以由多种方法产生，可以不注重实现的可能性，但创业机会一定是实实在在的，一定是可以用来作为新创企业的基础的，这是一个非常关键的区别。因而，进行创业机会的研究与识别对创业者来说相当重要。所以，识别创业机会对于创业成功来说是最重要的第一步，而好的创业机会才是创业成功的一半。

(三)识别创业机会的方法

创业机会识别既可以通过直觉，也可以通过进行科学的训练方法来实现。

1. 市场信息的收集与研究法

市场研究是机会识别首先必须要做的。从宏观方面来说，市场研究的内容有通过收集有关产品的市场信息来确定潜在的市场规模等从而达到确定创业计划市场方面的可行性的目的。

使创意变为现实的创业机会的基础工作是创业机会信息的收集。第一，根据创意明确研究的目的或目标；第二，通过已有数据或第二手资料来获得信息；第三，以第一手资料为依据来收集信息。数据收集的过程即为收集第一手资料内容的过程，如上网、观察、问卷、集中小组试验以及访谈等。

2. 环境分析法

创业环境分析在机会识别过程中占有非常重要的位置，因此创业者在进行创业计划准备之前，首先要研究分析创业环境，主要内容包括：对市场环境进行分析、对政策环境进行分析和对技术环境进行分析。

技术环境分析：所涉及行业的技术变化趋势是创业者应有所把握和了解的，因政府投资可能带来的技术发展是创业者应考虑到的。

市场环境分析：市场环境分析可以通过宏观、中观和微观三个层次展开论述。对经济因素、文化因素的分析是从宏观方面来分析的；对行业需求的分析主要是从中观方面来分析的；根据波特的竞争模型，潜在的进入者，行业内现有竞争者，替代品的生产者、供应者和购买者是主要的竞争力量，这是从微观方面来分析的。

政策环境分析：创业活动被政府的政策规定、法律法规等直接或间接影响。如美国政府在 20 世纪 80 年代之所以出现大量新公司的组建这一现象，原因之一就包括对电信和航空业进入限制的放松。

全国高等院校「十三五」贯穿式+立体化创新规划教材

3. 功能分析法

创业机会识别与设计创新特别是产品的功能分析之间的关系十分密切。产品设计是为了创造一种新的、合理的、和谐的生活方式或行为方式，设计找寻新的突破点。而发现商机的有效手段是对产品功能的分析。功能分析的方法主要包括功能扩展法、功能联想法、功能组合法、功能削减法和功能定义法五种。功能分析就是对使用者的需求进行充分了解和掌握的同时，对于产品的指示功能、使用功能、象征功能、教育功能和审美功能进行系统的分析，以确定它们在某一产品中的地位和作用。

4. 趋势观察法

趋势观察法可以分为两种，一种方法是通过对趋势的观察并且利用此种趋势来创造机会。如何观察趋势？最能反映趋势的因素包括社会因素、技术创新因素与经济因素、制度变革因素，通过观察这些因素中的不同之处，并且对这种不同之处进行分析，找出其中有规律的部分与没有规律的部分，其中有规律的部分就可以找到趋势的征兆。不过，发现征兆还需要判断力，如果有些创业具有更多的产业经验、更优秀的创造性、社会网络的警觉，他们将会更加容易发现并解释征兆。第二种方法是购买独立调查公司定制化的市场分析与预测。这可以为创业者提供更多的参考，在复杂的环境中这种参考显得尤为重要。

5. 问题解决法

寻找问题也是识别机会的另一种重要的解决方法。现实中创业者往往会遇到各种各样的问题，如何注意问题和解决问题可以看出一个创业者的商业意识与创意。所以有人说"每个问题都是经过掩饰的机会"。

创业者自身经历的问题往往就是能促进创业成功的问题，感同身受才会有解决问题的冲动，一些具有商业头脑的人会意识到解决这个问题可以促进其商业化，让解决方案造福更多人，而且也可以为创业者自身带来收益。创业者也有可能只注意到其他人的问题而忽视自己的问题，认为解决问题的方法会引起一个机会，当创业者发现忽视了自己的问题，而没有考虑到的情况对于解决问题来说就是一个很好的方法。解决方案不对也有机会从中找到新的思路与感悟。

二、创业机会识别过程

创业机会的识别是一个将思考和探索互动反复，并将创意进行转变的多阶段的复杂过程。创业机会的识别对个体而言可以分为五个阶段(见图4-2)。

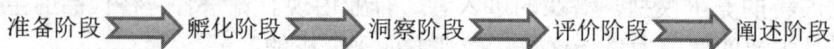

准备阶段 ➡ 孵化阶段 ➡ 洞察阶段 ➡ 评价阶段 ➡ 阐述阶段

图 4-2　创业机会识别过程的五个阶段

(一)准备阶段

创业者在机会识别过程中的背景、经验和知识即为准备阶段，这一过程也可以看成是从以往的工作经验中发现机会。深思熟虑与无意识两种状态构成了准备，也就是说无意识地关注机会和有意识地期待机会都可以看作准备。此处的"准备"指创业者的背景及创业经历。创业者需要有足够的经验来识别创业机会，这正如优秀运动员是通过不断的练习炼成的一样。有高达 50%～90%的初创企业的创意来自个人的前期经验。

(二)孵化阶段

孵化是创业者对创业的深思熟虑时期，是创业者的创新构思活动，这期间创业者要仔细思考创业创意与创业问题。这一活动可能是构思一个商业设想或者一个具体现实的问题。"思想徘徊在意识的门边"，描述的就是这种时而有意识时而无意识行为的特点。

(三)洞察阶段

洞察是发现问题的解决办法或者产生创意的一个闪现识别。洞察集中表现为发现体验、问题得到解决、思念分享等，故而被称为"灵感"体验。在商务环境中洞察是创业者识别出机会的时刻。有时候先前工作经验催动过程向前发展，有时候先前工作经验促使人返回到准备阶段。洞察使得创业者认识到机会的潜力，从而进一步学习更多的知识和考虑更多的问题。

(四)评价阶段

评价阶段是经常被创业者们错误跳过的一个阶段。但事实上，它是仔细审查创意并分析其可行性必不可少的阶段。这一过程的困难之处在于创意实行之前就去设法评价它。评价是创造过程中特别具有挑战性的阶段。

(五)阐述阶段

阐述阶段就是指创意变为最终形式的过程，即创业者将详细的构思完全呈现出来。一个创业计划的成功往往是因为有正确的表达从而高效地推动创意转化为机会，这是再创意的过程，也是创意商业化的起点。这一创业机会的再发现也标志着可以着手编撰商业计划书了。

机会的识别是创业者与外部环境(机会来源)的互动过程，在此过程中创业者可以利用各种渠道与方式获取并熟悉有关环境变化的消息，发现现实产业中产品、原材料、组织方式和服务等方面存在的问题与差距，从而找到改进的措施，最终可以识别出可能带来的新服务、新材料与新组织方式的创业机会。

三、创业机会识别的影响因素

(一)创业机会的自然属性

在无数创业中，创业者选择某项机会，就是因为他们相信这个机会投入的成本能被产生的足够的价值所弥补。在一定意义上讲，创业者对创业机会未来价值的预期是由创业机会的自然属性所决定的，可以说，创业者的机会评估被机会的自然属性所影响。影响创业者能否创业成功的重要因素之一是创业机会的合适与否，创业者很难在没有创业机会的前

全国高等院校『十三五』贯穿式+立体化创新规划教材

提下实现自己的梦想。

(二)创业者的个人特质

创业者的个人因素对机会识别过程影响很大,因为这是一种带有主观色彩的行为,并不是每一个创业者都能够在发现创业机会后一直走到成功。创业者的个人特质直接影响创业机会的识别可以具体从以下几点来说。

1. 创业警觉性

柯兹纳早在 1973 年就第一次提出了创业警觉性,这是一种持续关注,关注未被发觉的机会的能力。一般来说,创业者的创业警觉性与机会识别成正比,而创业者的个人特质,如乐观以及创造力等因素,同创业警觉性有关。

2. 创业动机

激发并且维持个人从事创业活动并且使活动向着某个目标的内部动力被称为创业动机,这是创业个体能够走向成功并为之付出努力的内在原因。在创业过程中,创业动机的不同会使得创业者有不同的创业机会识别方式。

3. 风险感知

创业活动具有高风险性的特点,在创业决策中,风险感知起着重要的作用。是创业者在创业机会识别过程中,创业风险在创业者的思维意识里形成的总体烙印和烙印深度。创业者的风险感知还受创业者自身的信心、渴求控制以及不依赖计划等因素影响。

4. 先验知识

先验知识是指先于经验的知识。特定产业创业者可以在先前经验的帮助下识别机会,这就是"走廊原理",这个原理是指创业者在创业之后就会开始一段旅程,在旅程过程中会发现通往创业机会的"走廊"。这个原理告诉我们一个道理:某个创业者一旦投身于某个产业,相比其他人来说,这个创业者可以看到更多的产业内的机会。自信对创业者非常重要,因为他们走的是其他人不敢走或没有走过的路,只有自信才能顶住压力,坚持自己的目标,最终取得创业成功。

5. 自信

美国的克鲁格(Krueger)和狄克逊(Dickson)的最新研究表明自信的创业者对机会有更强的感知。

(三)社交网络

机会识别需要创业者的社交网络,创业者的个人社交网络是最重要的公司资源,是产生创办新企业思路和影响机会识别的关键因素。新的创业思路经常会在创业者与其社会网络成员的接触中碰撞而出。创业者的社交网络可以促进其辨别信息来源渠道的真假,并产生更多的机会与创业思路。

(四)环境因素

很多环境因素都会影响机会识别，大量的机会往往在环境的变动中形成，环境变动是机会产生的一个重要来源。有四个环境因素会影响机会的识别：市场、技术、社会价值和政府的政策法规。大量的信息在这些环境变化中产生，为创业者赋予了更多的可能。

值得关注的是，这些因素并不是相互独立的，从某些方面来说它们彼此之间也存在一定的联系，这种联系使得单一研究某一因素与机会识别存在的问题，所有因素与识别机会之间的关系都值得我们考虑。

第三节　创业机会评估

马克·吐温曾经说过："我极少能看到机会，往往在我看到机会的时候，它已经不再是机会了。"创业本身就是一件具有高度风险特质的活动，没有一个创业机会是完美的，因此是否决定创业，仍然还是一件比较主观的决策。纵然创业决策是主观的，但创业机会评估是一种理性与客观的行为，它可以为创业者提供是否投入创业开发的决策参考。以下介绍几种创业机会评估方法体系。

一、定性评估体系

(一)创业机会的选择评估

在《高新技术创业管理》一书中，冯婉玲等人明确指出，从五个方面对机会进行选择。

1. 创业机会的原始市场规模

一般来说市场越大越好，但要考虑到大市场可能会吸引更强有力的竞争对手，在这种情况下小市场可能更友善。

2. 创业机会将存在的时间跨度

必须承认的是，一切创业机会都只会在一段有限且差别很大的时间之内存在，而商业性质决定着这段时间的跨度。

3. 预期特定创业机会的市场规模增长的速度随时间变化而变化

随着时间的变化，一个创业机会能够带来的市场规模是变化的，其带来的风险和利润也不是一成不变的。因此在创业机会存在的某些时期可能会比其他时期更具有商业潜力。

4. 好的创业机会通常具有 5 个特征

① 前景市场有明确界限；
② 在前景市场中，前 5～7 年的销售额能够稳步、快速增长；
③ 通过利用创业机会，创业者可以获得有用的关键资源；

④ 对于技术路线创业者有多种选择;

⑤ 创业者有合适的环境和条件创造额外的机会及利润。

5. 特定创业机会对特定创业者的现实性

创业者是否拥有某个创业机会所需的资源;是否有能力"架桥"跨越"资源缺口";对于可能遇到的竞争力量,不说压倒对手,至少要与之抗衡;存在可以明确占有的前景市场份额,甚至在一定的条件下自己可以创造市场。

(二)创业机会的团队面定性评估

影响创业成败最关键的因素是人,同时"人"也是创业评估最核心的部分。所以在评价创业机会时,创业团队的组成成分和团队整体能够对外发挥的程度是绝对不能被忽视的。在一般情况下由声誉卓越的创业家带队,结合一群有过硬的专业背景的团队成员,再加以紧密的组织凝聚力与共同的价值观,组成的"梦幻团队"就能被视为创业成功的保障。

在创业机会评估中,判断自己是否适合创业以及怎样评估团队能力是最困难、最主观的一部分。以下是我们提出的创业机会在有关团队面方面的评估准则,主要评估机会及个人、机会与团队之间相互搭配的程度,并作为是否应该投入创业的参考依据。

1. 与个人目标的契合程度

在创业过程中遭遇困难和风险的可能性极大,因此了解创业者的创业动机是非常有必要的,更有利于判断创业者可以为创业活动付出代价的程度。一般来说,创业机会和个人目标的契合程度、创业者投入和风险承受的意愿、创业目标最终获得实现的概率三者之间成正比例关系。所以一个具有吸引力的创业机会,一定具备能充分与创业者个人目标相契合的能力。

2. 机会成本

每个人一生大约只有 30 年的黄金岁月,被分为学习、发展和收获等不同的阶段,而为了这项创业机会,不得不放弃什么?可能获得什么?面对得失创业者将如何评价?在决定进行某项创业之前,创业所要付出的机会成本是所有参与创业的成员都需要仔细思考的问题。要想得知创业机会是否真的对个人生涯的发展具有吸引力就必须对机会成本进行客观判断。

3. 失败的底线

俗话说"留得青山在,不怕没柴烧",这句话对于创业同样适用。创业固然要承担失败的风险,但创业者不应该将个人声誉和所有资源都押注在一次创业活动上。设定承认创业失败的底线是理性创业者的必要行为,这种行为是为了保留下次东山再起的机会。因此在评估创业机会时,了解有关创业团队对失败底线的看法是十分有必要的。通常铤而走险和成王败寇的创业构想不会被投资者视为理性的创业机会。

4. 个人偏好

在评估创业机会时，新企业的内容与进行方式是否符合创业者的工作地点、生活习惯、个人嗜好等个人偏好，也要加以考虑。

5. 风险承受度

每个人的风险承受能力都不一样，所以这也成为影响创业机会评估的重要因素。一般情况下，风险承受度太高或太低都不利于新企业的发展。风险承受度太低的创业者，可能会因为决策过于保守而丧失一些创新机会。而风险承受度太高的创业者，也会因孤注一掷而给企业带来过高的风险。因此一个能理性分析、面对风险的人，才是理想的创业者，才能让其领导的新企业更具有吸引力。

6. 负荷承受度

在评估创业机会时，创业团队的耐压性与负荷承受度也是一项重要指标。负荷承受度和创业团队成员愿意为新企业投入工作量的多少以及愿意忍受的辛苦程度紧密关联。一般而言，由负荷承受度低的创业团队提出的创业构想成功的可能性也一定会低。

7. 诚信正直的人格

创业者的人格，尤其是创业者的人品和道德观，也是影响新企业成功与否的关键因素。一个创业者，如果在业界具有良好的声誉，重视诚信、正直、无私、公平等基本做人处事的原则，对评价新企业机会通常具有显著加分的效果。事实表明许多绝佳的创业机会，最后功败垂成都是由于内部的争权夺利，这也表明了领导者的优秀品质对企业成功会产生重大影响。

8. 事业坦诚

通常一个优秀的创业者与他的团队成员，在各项经营管理与技术专业工作上，都能够以理性客观的态度坦诚地面对各种问题，都能够不刻意欺骗客户与投资者，不逃避事实，承认自己的不足，更能采取措施来解决问题、克服缺点。而在许多创业失败的案例中，普遍存在创业团队生怕别人看穿自己的缺失而强烈地防御他人质疑并一味地掩饰问题、推诿责任，且缺乏正视自己缺点的勇气和解决问题的经验等问题。聪明理性的投资者经常通过访谈来判断创业团队的专业坦诚度，并以此作为是否支持该创业的重要决策参考。

9. 产业经验与专业背景

创业者及其团队成员对将要投入产业的了解程度及掌握经验的多少，也是影响新企业能否获得成功的因素之一。通常可通过产业内专家对创业团队成员的背景经验和专业能力的评价来掌握这条信息。如果创业团队成员不具备相关的产业经验或专业背景，那么再好的创业机会对于投资者来说都毫无吸引力。

如果从创业投资评估角度来看上述九项准则，创业者的人格与创业团队的专业经验无疑是最重要的条件。如果创业者在品格上有明显的瑕疵，这个创业机会肯定不值得投资。如果创业团队成员缺乏专业经验和企业管理能力，则创业的尝试期就会加长，创业的风险

全国高等院校「十三五」贯穿式+立体化创新规划教材

也会增加。因此只要人与团队不符合要求，即使有再好的创业机会，这个新企业成功的概率也微乎其微。

在创业机会评估的定性评估体系中，还有斯蒂文森创业机会评价观、隆杰内克评价标准以及 Thomas W. Zimmerer、Norman M. Scarborough 提出的创业机会评估流程等优秀的历经实践的创业机会评估方法可以采用。

二、定量评估体系

(一)标准矩阵打分法

标准矩阵打分法是一种先选择影响创业机会成功概率的重点因素，再由专家小组对其进行最好(3 分)、好(2 分)和一般(1 分)三个等级的打分，最后求出所有因素在不同创业机会下的加权平均分，从而对不同的创业机会进行比较的方法。如表 4-1 所示，列出了 10 项主要的评价因素，但在实际使用时可以根据具体情况灵活选择其中的全部或部分因素进行评价。

表 4-1　标准打分矩阵

标准	专家评分			
	最好(3 分)	好(2 分)	一般(1 分)	加权平均分
易操作性	8	2	0	2.8
质量及易维护性	6	2	2	2.4
市场接受性	7	2	1	2.6
增加资本的能力	5	1	4	2.1
投资回报	6	3	1	2.5
专利权状况	9	1	0	2.9
市场大小	8	1	1	2.7
制造的简单性	7	2	1	2.6
广告潜力	6	2	2	2.4
成长潜力	9	1	0	2.9

标准矩阵打分法主要用以对比评价不同的创业机会，运用其量化结果对创业机会进行可行性排序。所以这种方法可行性高，简单易懂。但若存在只有一个创业机会需要评价的特殊情况，则采取多人打分后再进行加权平均的方法。加权平均分越高，该创业机会成功的可能性越大。一般情况高于 100 分的创业机会则可做进一步规划，而低于 100 分的创业机会就需要考虑淘汰。

(二)Baty 选择因素法

Baty 选择因素法需要评价者结合自身对创业机会的了解，加以对照蒂蒙斯创业机会评价体系所示的各项标准，通过设定 11 个选择因素来判断创业机会是否符合标准(见表 4-2)。Baty 选择因素法通常被当成简化的标准矩阵打分法。若被判断的创业机会最多符合其中的

6 项，则这个创业机会成功的可能性就很小；若这个创业机会最少符合其中的 7 项，则这个创业机会成功的可能性会很大。

表4-2　Baty选择因素法

在现阶段是否只有你一个人发现了这种创业机会
是否可以接受产品初始的生产成本
是否可以接受初始的市场开发成本
产品是否具有高利润率回报的潜力
产品投放市场及达到盈亏平衡点的时间是否可以被预期
是否存在巨大的潜在市场
一个高速成长的产品家族中的第一个成员是否是你的产品
是否拥有一部分现成的初始用户
产品的开发成本和开发周期是否可以被预期
该项目处于的行业是否在成长中
产品及顾客对产品的需求是否能够被金融业理解

需要注意的是，若创业机会存在法律法规禁止、不具备需要的关键技术、不具备匹配该创业机会的基本资源等"致命缺陷"，则需要马上否定。

这种方法适合创业者自评其创业机会。

(三)温斯丁豪斯法

温斯丁豪斯法(Westinghouse)是给一系列可供选择的投资机会进行评分，计算及比较每个投资机会的优先级。公式如下：

机会优先级=[技术成功率×商业成功率×年均销售数×(价格-成本)×投资生命周期]/总成本

在这个公式里，技术成功率及商业成功率是用百分比来表示的，而用单位成本来计算成本，用可以预期的所有收入来表示投资生命周期，总成本则包含研究、设计、制造及营销各个环节的成本。对不同的投资机会来说，可以把具体的数值带入上述公式，计算得出的机会优先级越高，则该投资机会成功的可能性越大。

(四)泊泰申米特法

泊泰申米特法是针对不同因素不同情况预先设定好权值的选项式问卷，通过让创业者来填写的方法，便可以快捷地获得特定创业机会的成功潜力的指标。对于每个因素来说，不同选项的得分范围是从-2 到+2 分，最后的总分是把所有因素的得分加总，总分越高说明特定创业机会成功的潜力越高。对于总分低于 15 分的都应该被淘汰，只有那些最后得分高于15 分的创业机会才值得创业者进行下一步策划。泊泰申米特法如表4-3 所示。

表4-3　泊泰申米特法

对于税前投资回报率的贡献
预期的年销售额
生命周期中预期的成长阶段
从创业到销售额高速增长的预期时间

投资回收期	
占有领先者地位的潜力	
商业周期的影响	
为产品制订高价的能力	
步入市场的难易程度	
市场试验的时间范围	
销售人员的能力要求	

(五)蒂蒙斯创业机会评价体系

1. 蒂蒙斯创业机会评价体系

对于蒂蒙斯的创业机会评价框架来说，涉及 8 个方面的 53 项指标，如行业和市场、经济因素、收获条件、竞争优势、管理团队、致命缺陷、个人标准、理想与现实的战略差异。创业者评价一个创业项目或创业企业，首先利用定性或者量化的方式，然后通过蒂蒙斯创业机会评价体系对行业和市场、竞争优势、经济因素、管理团队和致命缺陷等做出判断，最终评价其投资价值(见表 4-4)。

表 4-4　蒂蒙斯机会评价表

行业和市场	1. 市场容易认可和识别，能带来持续的收入 2. 顾客愿意接受产品或服务，并乐意为此付费 3. 产品所具有的附加价值高 4. 产品对市场的影响力较大 5. 将要开发的产品生命长久，拥有竞争力 6. 项目所在的行业是新兴行业，竞争不完善，有缺漏 7. 市场规模庞大，销售潜力在 1 千万元至 10 亿元范围内 8. 市场成长率在 30%至 50%范围内，甚至比这更高 9. 已有厂商的生产力几乎处于完全饱和状态 10. 能够在五年内占据市场的主要领导地位，争取达到 20%以上 11. 拥有的供货商成本低，具有成本优势
经济因素	1. 达到盈亏平衡点需要用 2.8 年以下的时间 2. 盈亏平衡点不会逐渐提高 3. 投资回报率达到 25%以上 4. 项目对资金的要求不是很大，能够获得融资 5. 销售额的年增长率高于 15% 6. 现金流能达到销售额的 20%以上 7. 能够获得持久的毛利，要求毛利率在 40%以上 8. 能获得持久的税后利润，要求税后利润率超过 10% 9. 较低的资产集中程度 10. 较少的运营资金，逐渐增加的需求量 11. 研究开发工作对资金的要求较低

续表

收获条件	1. 项目带来的附加价值具有较高的战略意义 2. 存在现有或可预料的退出方式 3. 资本市场环境有利，能够实现资本的流动
竞争优势	1. 固定成本和可变成本较低 2. 对成本、价格及销售的控制高 3. 可以获得对专利所有权的保护，最好是已经获得 4. 竞争对手尚未觉醒，而且竞争能力较弱 5. 拥有专利或具有某种市场独占性 6. 拥有和发展良好的网络关系，并且容易获取合同 7. 拥有杰出的关键人员及优秀的管理团队
管理团队	1. 创业者团队是一支拥有优秀管理者的团队 2. 行业和技术经验已经达到或者超越了本行业内的最高水平 3. 管理团队拥有正直廉洁高贵的品质 4. 管理团队明确知道自己缺乏哪方面的知识
致命缺陷	不存在致命的缺陷
个人标准	1. 个人目标与创业活动目标紧密结合 2. 创业者能够在有限的风险下实现成功 3. 创业者能够接受薪水减少等损失 4. 创业者进行创业是因为渴望这种生活方式，而不只是想赚取大量钱财 5. 创业者有承受适当风险的能力 6. 创业者能在压力状态下依然保持良好的心态
理想与现实的战略差异	1. 理想与现实情况相契合 2. 管理团队是最优秀的 3. 能为客户服务管理提供好的服务理念 4. 所创办的事业能够紧跟时代的潮流 5. 所采取的技术应具有突破性，不能存在较多的替代品或竞争对手 6. 具备灵活和较强的适应能力，懂得取舍 7. 始终在寻找新的机会并且保持警惕意识 8. 定价与市场领先者几乎持平，保持稳态 9. 能够获得更多的销售渠道，或已经拥有成熟的现成的网络 10. 能够允许失败，但是必须吸取教训，总结经验

对该评价体系的说明：

①　主要用于经验丰富的投资人或者资深创业者对创业企业做出整体评价。

②　该评价体系必须在运用创业机会评价定性、定量方法的基础上得出创业机会的可行性以及不同创业机会间的优劣排序。

③　因该评价体系所涉及项目较多，所以在实际运用过程中为提高使用效能，可作为参考选项库，结合使用对象、创业机会所属行业特征和机会自身属性等进行重新分类及梳理简化。

全国高等院校『十三五』贯穿式＋立体化创新规划教材

④ 因该评价体系所涉及项目内容比较专业，所以要求创业导师在运用时不但要多了解创业行业、企业管理和资源团队等方面的经验信息，而且要掌握这 50 多项指标内容的具体含义及评估技术。

2. 蒂蒙斯创业机会评价体系具有的局限性

1) 评价主体要求较高

蒂蒙斯的创业机会评价指标体系，主要是基于风险投资商的风险投资标准建立的，所以说是到目前为止最全面的评价指标体系，但是与创业者的标准还是存在一定的差异。而且这些评价标准经常被风险投资家使用，创业家可以通过关注这些问题而受益多多。想要运用该评价体系，就要求使用者应该具备敏锐的创业嗅觉、清晰的商业认知、丰富的管理经验及系统的行业信息，总体来说要求是比较高的。虽然创业导师自己使用，一般不会存在太大的问题，但是如果直接给初次创业或大学生创业者来做创业机会自评，则存在难度，效果不会太好。尽管如此，但也不会影响该评价体系作为创业者项目选择与评价的参考标准。

2) 蒂蒙斯指标体系维度有交叉重复问题

该指标体系因为各维度划分不尽合理，所以存在交叉重叠现象。比如说，维度划分标准不够统一，因为在竞争优势、管理团队、创业家的个人标准和理想与现实的战略性差异这四个维度中，都存在"管理团队"的评价项目。再比如说，竞争优势维度中的第一项"固定成本和可变成本较低"，行业和市场维度中的第 11 项"拥有的供货商成本低，具有成本优势"，也存在包含关系与重叠问题。这不仅会直接影响使用者的评价难度与考量权重，而且在一定程度上也会影响机会评价指标的有效性。

3) 指标体系缺乏主次，定性定量混合，影响效度

蒂蒙斯指标体系的指标多而全，主次不够清晰，而且指标内容既有定性评价项目，又有定量评价项目，并且这些项目中存在交叉现象，所以这是指标体系存在的一个较为明显的缺点。一方面，评价指标太多导致使用不够便捷。另一方面，在运用体系时实践结果往往不够理想，这是因为对创业机会进行评价时，难以做到对每个方面的指标都进行准确量化并设置科学的权重。

3. 蒂蒙斯创业机会评价体系的简化改进

受蒂蒙斯创业机会评价体系提出背景的局限性影响，在实际操作时，一般会参考该指标体系而筛选出符合基本国情、社会环境、行情特征和评价者特质的精简化版指标体系(见表 4-5)。

表 4-5 创业机会评价体系简化版

指标类别	具体指标
管理团队	创业团队是一支拥有优秀管理者的团队；行业和技术经验能达到或者超越本行业内的最高水平
竞争优势	拥有优秀负责的员工，优秀的管理团队；固定成本和可变成本都比较低
行业与市场	顾客愿意了解或者接受该产品，愿意接受服务，并且不产生反感情绪

续表

指标类别	具体指标
致命缺陷	不存在致命的缺陷
个人标准	创业者虽然承担压力，但是能保持良好的心态；个人目标与创业活动目标相契合
收获条件	创业机会带来的附加价值，具有较高战略意义
经济因素	能获取持久的税后利润并且税后利润率要超过 10%

本章小结

　　本章以产生创意—机会识别—机会评估为主要思路阐述了创业中机会识别与评估的过程、影响因素、方法。第一节介绍了创业机会的定义、特征、来源与类型；第二节结合案例重点阐述了创业机会识别的方法、过程和影响因素；第三节详细介绍了创业机会定量和定性评估体系。从这三部分内容我们可以知道创业活动离不开机会，创业活动包含了机会识别与评估两部分。识别机会是创业者启动创业互动并创造价值的前提。机会是创业的核心要素，创业离不开机会。不同的机会有不同的价值，同样的机会，不同的人看到，产生的创业效果差异也很大。创业者应洞察每一个创业机会，运用相应的评估体系挖掘开发利用每一个机会，从而产生相应的价值。

实训案例

造梦工厂——艾美特

基本案情：

　　艾美特建立了一个 500 人的工业设计团队，汇聚了包括日本、法国、英国、中国台湾，以及中国香港、大陆等全球各地的工业设计精英和技术研发强将，这个规模比全球所有电扇品牌的工业设计人员加起来还多。这批工业设计团队，每年为艾美特开发出 200 件新产品，平均每一天半就有一件新品问世，相较于主要竞争对手美的电器，艾美特的产品目录是其 6 倍之多。精致化生产，对于小家电产品的竞争力，艾美特有着自己的理解，要不断满足人们对优质生活的需求，精致化的产品才是企业的核心竞争力。

　　在艾美特的造梦工厂，有一栋被员工们称为"宝马大楼"的试验楼，该楼任何一间实验室的投资成本，都比一辆宝马轿车要贵。其中，投资新台币 500 万元的静音设备，原本只有在日本日立的冷气事业部门才看得到，艾美特竟拿来测试每台售价不到 20 美元的电扇，有时难免让外人觉得奢侈，但是艾美特人觉得很有必要。设计的普适化，小家电满足的是消费者对于高品质生活的渴望，因此产品的工业设计是重中之重。事实上，精致化已经成为艾美特的独特品牌个性，艾美特在工业设计上高度重视人机一体及技术、市场与美学的完美统一。中国地域辽阔，很多类型的电器产品因为气候、地理等条件的差异，而在

全国高等院校「十三五」贯穿式＋立体化创新规划教材

全国的推广中被区隔开来，这令一些电器厂商因为产品适应性差而大伤脑筋。突破地域等各种限制也是"产品普适化"的基本含义，艾美特有一款机械式除湿器，它的独特之处在于，能比同类产品在更大的温度范围下使用，它的使用温度范围为 5～35℃，而其他品牌的除湿机就只能在 18～35℃的温度下使用，因为这个特点，即便在北方城市的冬天使用，也不用经常担心结冰的问题。艾美特电压力锅也具备这个特点，适合高原、平原等各种地区使用，完全符合"普适化"思想，因而得到市场热推。毫无疑问，越不挑剔地域条件的家电产品才越能有效地打开市场空间。

(资料来源：根据"百度文库.创业案例分析[DB/OL]. https://wenku.baidu.com/view/2852c319aef8941ea66e0531.html? from=search." 资料整理)

案例点评：

艾美特的商业模式给现今企业带来了很多启示：一，企业要有市场的前瞻性，对自己企业的定位要准确，艾美特认准了自己市场和对手的市场定位，为自己赢得了巨大的市场空间。二，对产品质量毫不马虎，有大量的实验设计团队不断地设计创新，只求质量的极致，产品普适化，让各个地域的消费者满意。三，注重服务质量，不论是消费者还是经销商都人性化对待，让自己的服务质量更上一层楼。四，要有良好的管理团队，领导公司更长远发展。

思考讨论：

1. 艾美特发现的是创业机会吗？
2. 怎样才能发现创业机会？
3. 如何评价创业机会的价值？

实训课堂

宝洁公司的一次性尿布

基本案情：

一次性尿布的灵感来源于公司开发部主任，他自己作为一次性尿布的潜在用户，切身地感受到脏尿布给家庭主妇们带来的烦恼。这种现象的产生使得这些家庭主妇成为一次性尿布的潜在客户，正是这些潜在客户对一次性尿布的需求，使得一次性尿布有了很大的市场。有了灵感之后，接下来宝洁公司要做的就是市场调研。实际上一次性尿布的想法并不新鲜。当时美国市场上已经有好几种牌子了，经过正确的市场调研后，宝洁公司发现多年来这种尿布只占美国市场的 1%。原因首先是价格太高；其次是父母们认为这种尿布不好用，只适合在旅行或不便于正常换尿布时使用。调研结果还表明，一次性尿布的市场潜力巨大。美国和世界许多国家正处于战后婴儿出生高峰。将婴儿数量乘以每日平均需换尿布次数，可以得出一个大得惊人的潜在数量。根据市场调研的结果，宝洁公司发现了其他品牌的产品不能畅销的根本原因是价格过高和使用不方便，这说明市场上现有的一次性尿布产品并不完善，不符合消费者们的需求。根据调研所了解的有关资讯，宝洁公司对该产品进行重新设计，让大多数家长都觉得新产品比尿布方便，使之符合市场要求。同时又出现了一个新的问题，产品的价格高于消费者的期望值，依旧不符合消费者的需求。于是，宝洁公司开始寻求降低成本和提高新产品质量的方法。最后研究出了成本低且比传统尿布方便的一次性尿布。宝洁公司研发的一次性尿布终于成为具有方便、卫生和经济等特点且满足市场消费需求的畅销产品。正是因为其开发过程完全从消费者的需求而出发，从使得研发的产品具有广大的消费群体。除了对产品设计方面的市场需求，在市场调研中，宝洁公司还发现战后婴儿出生高峰期的到来使得一次性尿布市场规模巨大。正是这样大的市场环境，客观上保证了一次性尿布的市场需求。

(资料来源：根据"百度文库.创业案例分析[DB/OL]. https://wenku.baidu.com/view/2852c319aef8941ea66e0531.html？from=search."资料整理)

实训题：

1. 宝洁公司发现创业机会的过程体现了什么？
2. 宝洁公司是怎样发挥创业机会适时性的？
3. 宝洁公司寻找创业机会的过程给现今企业的启示是什么？

复习思考题

一、基本概念

创业机会　机会之窗　隐蔽机会　趋势观察法　标准矩阵打分法　温斯丁豪斯法

二、判断题(正确打"√"，错误打"×")

1. 创业机会等同于创意。　　　　　　　　　　　　　　　　　　　　　　　　　(　　)
2. 一旦新产品市场建立起来，机会窗口就打开了。　　　　　　　　　　　　　　(　　)
3. 机会的本质是创业者识别机会，并将其转化为成功的企业。　　　　　　　　　(　　)

三、单项选择题

1. 以下(　　)不是影响创业机会识别的关键因素。
   A. 个人特质　　　　　　　　　　　B. 创业机会的自然属性
   C. 社交网络　　　　　　　　　　　D. 环境因素
   E. 上述答案都正确
2. 以下(　　)不是关于创意的表述。
   A. 创意是一种思想　　　　　　　　B. 创意是一种概念
   C. 创意是一种想法　　　　　　　　D. 创意是一种机会
3. 决定创业能不能成功的关键是(　　)。
   A. 人脉　　　　B. 资金　　　　C. 创业精神　　　　D. 项目

全国高等院校「十三五」贯穿式＋立体化创新规划教材

四、简答题

1．创业机会识别过程包括哪些阶段？

2．影响创业机会识别的因素有哪些？

3．简述创业机会的团队面定性评估包括哪些准则？

阅读推荐与网络链接

[1] 张玉利，薛红志，陈寒松，等. 创业管理[M]. 4 版. 北京：机械工业出版社，2016.

[2] 刘志阳，吴桂兴，庄欣荷. 创业修炼前沿视角[M]. 上海：上海财经大学出版社，2016.

[3] 刘志阳，李斌，任荣伟，等. 创业管理[M]. 上海：上海财经大学出版社，2016.

[4] 李时椿，常建坤. 创业学理论、过程与实务[M]. 北京：中国人民大学出版社，2011.

[5] 邓汉慧. 创业基础[M]. 北京：北京大学出版社，2016.

[6] 张耀辉，张树义，朱锋. 创业学导论：原理、训练与应用[M]. 北京：机械工业出版社，2011.

[7] 朱恒源，余佳. 创业八讲[M]. 北京：机械工业出版社，2016.

[8] 医创社. 互联网创业(互联网+时代的创业方法论)[M]. 北京：人民邮电出版社，2015.

[9] 北京大学校友工作办公室，北京大学党委政策研究室. 北大 15 堂创业课[M]. 北京：北京大学出版社，2016.

[10] 张永成. 创业与营业[M]. 上海：立信会计出版社，2014.

[11] 上海市教育委员会. 大学生创业素质通论[M]. 北京：高等教育出版社，2010.

[12] 郭晓宏，段秀红，陈浩. 从 0 到 1 学创业[M]. 天津：天津科学技术出版社，2016.

[13] 中国大学生创业网：http://www.chinadxscy.com.

[14] 中央电视台《财富故事会》网站：http://www.cctv.com/program/cfgsh/02/.

[15] 优米网：http://www.umiwi.com.

[16. 赵伊利. 创业管理[M]. 北京：中国商务出版社，2004.

随身课堂

创业机会的识别与评估.PPTX　　创业机会评价体系.MP4　　创业机会特征.MP4　　识别创业机会.MP4

第五章 创业团队

- 了解创业领袖的特质。
- 重点掌握创业团队的组建原则及组建过程。
- 掌握创业团队股权分配原则。
- 了解创业团队激励原则和方法。

核心概念

创业领袖　创业团队　股权　冲突管理

引导案例

携程创业团队

1999 年 3 月，梁建章和季琦两个人又凑在上海徐家汇建国宾馆旁一家新开张的上海菜餐馆里，他们很自然地讨论起是不是一起做个网站，不过，具体做什么类型的网站，两个人没有取得统一意见，他们讨论过网上书店，讨论过在线招聘，还讨论过网上宜家，但最后，他们发现，这些都不如做一个在线旅游网站。两个人都是旅游爱好者，从心开始，做自己最喜欢的事情，携程就这么诞生了。

在考虑新公司做什么的时候，梁建章和季琦也在琢磨着扩充创业团队，他们一起想到了一个人——沈南鹏。当时沈南鹏在四处寻找项目以做投资，当梁建章和季琦找到他的时候，沈南鹏二话没说，一拍即合。携程公司最开始注资 100 万元人民币，其中梁建章和季琦各出 20 万元，各占 30%的股份，沈南鹏出资 60 万元，占 40%的股份。

开办在线旅游网站的计划，在三个人不断的讨论中越来越成型。不过，他们仨很快发现，他们还缺少拼图的最后一块：梁建章是做技术和咨询出身的，沈南鹏从事于投资银行，季琦自己开公司，其中没有一个人了解他们即将从事的行业——旅游。这个团队还需要第四个人，一个熟悉旅游行业的人。这个人很快被梁建章和季琦找到，他就是后来担任携程 CEO 的范敏，当时任上海大陆饭店的总经理。

就这样，这 4 个个性不同、经历相异的人，组成了一个创业团队。这 4 个人中，季琦有激情、锐意开拓；沈南鹏风风火火，一副老练的投资家做派；而梁建章偏理性，用数字说话，眼光长远；范敏善于经营，方方面面的关系处理得当。这个团队中，季琦有极客气质，能闯，敢于创新；沈南鹏从资本的角度不断做推手；梁建章具有海归背景，通晓并遵守全球通行的商业逻辑法则；而范敏是个好商人，善于商业价值的发现并实施。一个团队里，容纳了最具典型性的四类成功者，失败的概率真的很小。

再后面的故事是携程率先成为第二拨中国互联网上市公司的引领者，品牌知名度大增；4名创始人连同三位高管在内的管理层，持有携程23.65%的股份。

在携程取得成功后，富有创业激情的季琦又一次敏锐地看到了经济型酒店的商机，2002年，季琦成立如家快捷酒店，沈南鹏再次入股，而梁建章则以联合创始人身份成为如家董事。短短几年，如家的规模已与创立10年的"老字号"锦江之星相提并论，而且与携程相同，如家在2006年也赴美国纳斯达克市场上市。

一路走来，季琦、梁建章、沈南鹏等人组成的创业团队带给中国经济的意义并不简单是两家纳斯达克上市公司，而在于他们创造出了一个新的商业理念——基于传统产业之上的创新服务行业。

(资料来源：林军. 沸腾十五年：中国互联网1995—2009[M]. 北京：中信出版社，2009.)

案例导学

携程创业团队的4位创始人，他们性格、技能和知识能力互补，在各自擅长的领域是行业佼佼者，他们有着共同的创业梦想，抓住了中国互联网创业的黄金时期。这些是他们创业团队获得创业成功的重要因素。

第一节　创业领袖

拿破仑说：一头狮子带领的一群羊可以打败一只羊带领的一群狮子。这充分说明了团队领袖的重要性。在创业团队中，创业领袖的思维方式、行为习惯乃至价值观念都会对团队成员产生影响，创业领袖的能力水平也决定了创业团队整体的能力水平。

一、创业领袖概述

(一)创业领袖

团队领袖是为了实现团队的一致性目标，为团队其他成员提供指引和领导的人。团队领袖是团队的核心人物，他指引团队前进的方向，凝聚团队成员的力量，激励团队成员的工作热情。他是团队的领导，为团队设定可衡量的定量化团队目标，制定行之有效的工作策略，解决工作中遇到的各种困难。他还是团队的成员，和其他成员一道努力完成自己的具体工作，团结协作实现团队的共同目标。他既有高瞻远瞩的战略眼光，能制定团队的短、中、长期战略目标，又有较强的执行力，能克服一切困难，把组织制定的目标落实到位，取得较好的结果。团队领袖在团队中担任着多重角色，承担着多重责任，为整个团队负责。

创业领袖是领导一个创业团队来共同实现一个创业目标，通过团队成员共同的创新和努力，实现组织利益最大化。创业领袖通过敏锐的嗅觉来识别创业机会，应用科学的方法来分析创业可行性，并能快速抓住创业时机从而获得优势。创业领袖必须具有在模糊和变化的环境中快速辨析的能力，使环境变得清晰，从而指导团队正确行动，达到预期目标。其行动具有前瞻性和迅捷性。

创业领袖具有极强的感召力，团队成员愿意团结在他的周围，和他一起创业、奋斗、直面困难，为共同的目标而努力。创业领袖在创业团队中有很高的威望，团队成员相信他的能力，支持他的决策，并坚信他能带领团队取得成功。

创业领袖既能激励下属，辅导下属，又能有效地授权。他能让团队成员清晰地明白：他们要做什么，能做成什么。他还能激发团队成员的工作热情，挖掘他们未知的潜力，带领他们战胜内心的恐惧，帮助他们战胜自己，领导每个人达成自己心底憧憬万分的辉煌目标。这样的领袖是团队成员追随的榜样，他坚定、睿智而能够理解他人。在其他人眼中，他是迷雾中鲜艳的旗帜，是风雨中如山的背影，指领方向，给人力量。

创业领袖的价值在于他们是创业的先行者，也是创造历史的时代英雄。他们在艰难的创业历程中，既推动了社会的发展，也带来了社会生产方式、生活方式甚至价值观念的历史性变革。

小贴士　领导与管理

管理和领导有诸多相似之处，两者都涉及对需做事情做出决定，建立一个能完成某项计划的人际关系网，并尽力保证任务能得以完成。从这种意义上讲，两者都是完整的体系，而不是属于对方的一个部分。

然而，尽管管理与领导有一些相似性，但两者之间存在着极为明显的差异。管理的计划和预算趋向于注重几个月到几年的时间范围，强调微观方面，看重风险的排除及合理性；而领导过程中经营方向的拟定，着重于更长的时间范围，注重宏观方面、敢冒一定风险的战略以及人的价值观念。管理行为的企业组织和人员配备趋向于注重专业化，挑选或培训合适的人员担任各项工作，要求服从安排；而领导行为的联合群众则注重于整体性，使整个群体朝着正确方向前进，并且投入进去，实现所确定的目标。管理行为的控制和解决问题常常侧重于抑制、控制和预见性；而领导的激励和鼓舞侧重于授权、扩展，并不时创造出惊喜来激发群众的积极性。更为基本的是，领导和管理，它们各自的主要功用不同，前者能带来有用变革，后者则是为了维持秩序，使事情高效运转。但这并不意味着管理与变革毫无联系，相反，管理与有效领导行为相结合，能创造出更为有序的变革过程；这也不意味着领导行为与秩序毫不相干，相反，有效的领导与高效管理相结合，将有助于产生必要的变革，同时使混乱的局面得到控制。

总而言之，领导与管理在功用和形式上的差别会引起潜在的冲突。例如，有力的领导可能扰乱一个有序的计划体制，削弱管理层的基础；而有力的管理可能会打消领导行为所需的冒险意识和积极性。即使有冲突的可能，但我们得出的唯一符合逻辑的结论依然是：企业组织要发展，两者缺一不可。

（资料来源：(美)科特(Kotter J P). 变革的力量：领导与管理的差异[M].
方云军，张小强，译. 北京：华夏出版社，1997.)

全国高等院校「十三五」贯穿式＋立体化创新规划教材

(二)领导者与管理者

哈佛商学院教授 Abraham Zaleznik 认为，领导者与管理者是不同种类的人。领导者眼光长远、喜欢冒险、不受规矩束缚，能激发追随者强烈的情感；管理者则循规蹈矩，追求秩序、控制以及及时有效的解决方案。哈佛商学院教授 John P. Kotter 则认为，领导与管理是不同种类的工作，而非不同种类的人。领导的目的是创造改变，主要是通过一种美好愿景，找到愿意为之奋斗的人，启发他们去实现；管理则主要是通过例行规划、组织和协调保证工作效率。大多数的组织都需要两者的结合，领导通过管理实现团队目标，领导是方向，管理是手段和过程，两者相辅相成。在团队中，领导者就是决策者，而管理者则是执行者。

二、创业领袖的特质

创业领袖必须要有旺盛的精力，并全身心投入工作。优秀的创业领袖不仅要有优秀的领导才能，还要懂得分权，不会事无巨细都去过问，他只是掌控方向，并在关键时刻或关键问题上进行控制。创业团队在起步阶段，资源有限，一切程序均未步入正轨，创业领袖极有可能需要身兼数职，并且需要具备很强的协调能力。这时的团队非常仰赖创业领袖，只有优秀的创业领袖才能在这艰苦的环境中带领团队走出困境，实现团队目标。而在追求成功的过程中，创业领袖所表现出来的某些优秀特质具有共性。

(一)富有远见

每个组织或团体都需要有一份远景规划，领导者必须对未来有明确的定义，与团队成员共享自己的愿景，并激励大家向梦想前进。在制定远景规划的时候，必须要有相应的目标与之配合，目标需要是可操作的、明确而又可以衡量的。彼得·德鲁克曾说过："优秀的经营管理和平凡的经营管理不同，优秀的经营管理能够取得长期和短期的平衡。"优秀的领导者为团队指明正确的发展方向。

创业领袖知道自己的使命是什么，知道组织存在的意义。一个优秀的创业领袖对组织的目标会有一个深思熟虑的描述(通常是书面的)。这个目标既不神秘也不抽象，而是可以描述的、明晰的并且可以理解的，组织里的每位成员都应能认同这个使命并努力去实现它。

(二)诚信

创业领袖的重要特质是诚信，诚信是创业的立足之本。Gunnar Lovelace(有机食品配送公司 Thrive Market 的联合创始人)说："假如我们保持专注，在每次和客户的互动中表现的真实可信，那么将会对我们的业务和企业文化产生积极影响，剩下的自然水到渠成。"我们已进入诚信时代，诚信作为一种无形资产，已成为企业的立足之本和发展源泉。

创业领袖的品质决定企业的市场声誉和发展空间。不论在企业的内外部，创业领袖都必须诚实地对待每个人，诚实地去做每件事，树立好个人形象，进而将诚信转化为企业组织运作的典范，并成为企业文化的优秀传承。

(三)自信

自信同样是创业领袖必须具备的重要特质。创业领袖必须非常确信自己所指的方向是正确的，自己设想的团队愿景是完全可以实现的，团队所做的产品正是市场所期待的，自己领导的创业团队是一定会成功的。只有这样，创业领袖才可以把这种自信传达给每个团队成员，凝聚成员的力量，激励成员努力奋斗，从而战胜一切困难获得成功。对创业者来说，信心是创业的动力。Barri Rafferty 说："作为一名女性领导者，我感觉要得到公司内部的认同，就必须表现出意气风发、自信满满的气质。"

(四)热情

"你必须热爱自己的工作。要想在某方面取得一定的成功，你必须沉浸其中，并为之全身心投入。"Joe Perez(美食视频平台 Tastemade 的联合创始人)说。创业领袖不仅自己要对所从事的工作抱有特别的热情，同时，还要能激发团队成员的工作热情。这种热情是团队完成目标和任务的一种催化剂。

(五)坚韧

创业是一个长期并艰苦的过程，在此过程中，创业领袖和创业团队会遇到许多不可想象的困难。创业领袖需要有特别坚定的信念和坚韧不拔的性格，才能在逆境中找到新的机会，扭转不利局面，坚持创业从而获得成功。Ryan Holiday(*The Obstacle is the way* 的作者、曾任服装品牌 American Apparel 的市场总监)说："创业中有些事情是不可避免的，有时我们会处于某种糟糕的境地，比如犯了代价高昂的错误，遇到无法预料的失败，或是要面对不择手段的敌人。我们要接受和提前考虑到这些问题。这时你会发现，坚韧是最有效的解决对策，这样，当我们真正遇到问题时就不会一下子崩溃，做出情绪化的决定，使形势恶化。"对于创业者来说，创业是一段未知的旅程，失误和挫折都在所难免，拥有坚韧的性格是创业者走向成功的必备条件。

(六)灵活变通

创业领袖既要有坚韧的性格，又不能僵化固执，必要时需灵活变通，调整目标及策略。在创业初期，创业规划往往脱离实际，但其实，每个目标都不会一成不变。这就要求创业领袖，能根据形势变化及时调整团队目标，使团队的产品和服务符合社会发展的需求。在向目标努力的过程中，如果遇到无法克服的困难，创业领袖要及时调整策略，灵活解决问题。

(七)放权

"要成立一支'成绩超过预期'的队伍，领导者需要给团队成员分配责任，下放权力。"Shannon Pappas 说。创业团队中的事千头万绪，任何一个领导者都不可能独揽一切，放权是工作所需，也是明智之举。但是放权并不容易，重点是要知道团队成员具备哪方面的工作能力，然后最大限度地加以利用。

全国高等院校「十三五」贯穿式＋立体化创新规划教材

三、创业领袖的职责

(一)组建创业团队

俗话说："一个好汉三个帮。"创业路上找一些志同道合的同伴结伴而行，将避免单打独斗带来的许多麻烦，尤其是在这个竞争日趋激烈的时代，组建创业团队将会使创业之路变得顺畅很多。据针对美国 20 世纪 60 年代高科技企业的一项研究报告显示，年销售额超过 500 万美元的高速发展企业中，由创业团队建立的高达 83.3%的比例。

(二)确立团队目标

确立明确的团队发展目标，是创业领袖在创业初期的重要任务之一。团队目标是一个有意识的选择并能清楚表达出来的方向，它利用团队成员的才能，促进组织发展，使团队成员体会到一种成就感。目标在团队组建过程中有特殊价值，是一种非常有效的激励因素。共同的目标是创业领袖带领团队成员克服困难、取得成功的动力。也只有目标一致，创业领袖和团队成员才能齐心协力获得最终成功。

(三)打造团队执行力

作为团队领袖，必须对团队的所有工作成效负责，该工作成效是团队执行力的产物。为了更好地完成团队目标，创业领袖要想办法提高团队执行力。制定团队阶段性目标，并明确每位团队成员的任务是行之有效的方法。这就要求，每位团队成员都能完成他们所承诺的工作任务，特殊情况除外。要做到这点并不容易，因此创业领袖需要关注团队成员的状况，及时发现问题，并帮助成员解决问题，从而保证团队目标的顺利实现。

(四)建立责、权、利统一的团队管理机制

一个企业要获得成功，必须制定有序的组织策略和管理机制。一方面，创业领袖要妥善处理好创业团队内部的权力关系，在企业运作过程中，明确每位团队成员的权力和责任；另一方面，创业领袖还要妥善处理好创业团队内部的利益关系，不仅包括股权和薪资报酬，还包括个人成长机会和荣誉等方面。另外，企业还需要制定管理规则，并进行企业文化建设。

(五)整合资源

根据资源性质，创业资源可分为六种，分别为人力资源、社会资源、物质资源、财务资源、技术资源和组织资源。资源缺乏是大多数创业者面临的初始情况，创业领袖需要创造条件积极争取获取资源，但最好的办法是对现有资源进行整合，充分利用好已有的资源，发挥资源的杠杆撬动作用。

(六)人才战略

人才是企业最重要的资产，也是企业发展的核心生产力。如果企业缺少人才，企业就

没有前途可言，可以毫不夸张地说，人才决定企业命运。因此，聘用人才、培养人才是企业的重中之重。作为团队领袖，要有魄力去聘用比自己更优秀的人，并能按照每个人的特点安排合适的职位和工作，做到人尽其才，既不可大材小用，也不能小材大用。另外，领导者还需要重视本企业的员工培训和人才培养，给每位员工提供实现自我价值的平台，在向企业目标迈进的过程中，同时成就每位员工。

(七)激励员工

通常，员工需要有人能对他们进行指导、引导和激励，创业领袖则需要成为这样的人。员工作为个体人，也想要得到别人的尊敬和欣赏，因此，创业领袖应经常在语言上和行动上激励他们，使员工对自己充满自信，对工作充满热情，从而满怀激情地投入到团队工作中去。即使工作进展一切顺利时，创业领袖有时也要提出进一步的建议或者鼓励，从而保证员工能以最佳状态完成工作。

第二节　创业团队组建

当今社会，竞争十分激烈，创业所面临的情况和环境复杂多变。在很多情况下，单靠个人能力已很难解决各种错综复杂的问题并采取切实高效的行动，因此，组建一个相互信赖，知识、技能互补的创业团队是非常明智的选择。

一、创业团队概述

(一)创业团队定义

创业团队由两个或两个以上的人组成，他们拥有共同的财务或其他方面的义务，共同对企业的未来负责,他们在完成共同目标的过程中相互依赖。在企业创办前和创办时，他们处于执行层的位置，对创业团队和企业负责。

在创业团队的概念中，人数不是主要问题，主要焦点是在所有权、参与时间和人员构成上。并非在创业前或创建阶段参与进来的人员才是创业团队成员，只要是在企业建立的早期阶段，根据需要加入并全身心投入创业的人员，也可以算是创业团队成员。在所有权上，创业者一般都拥有公司股份，只是股份的多少并没有明确规定。

创业团队是一群经营新成立的营利性组织的人，他们有共同的创业目标、共担创业风险并共享创业利益。他们才能互补，相互信任，有相同的价值观，容易形成凝聚力和忠诚感，他们为社会提供新产品或新服务。

(二)创业团队组成要素

创业团队一般需要具备五个重要的组成要素，即共同的价值观、共同的目标、成员、定位和成员权限划分。

全国高等院校「十三五」贯穿式＋立体化创新规划教材

1. 共同的价值观

共同价值观是创业团队成立和存在的基石，是创业团队的灵魂，也是促进创业团队发展的精神动力，对创业团队具有导向、凝聚、约束和激励作用。如果团队成员价值观一致，则在创业初期，团队成员会团结一致，工作效率高，工作成效大，大家拧成一股绳，努力向创业目标迈进。

汤姆·彼得斯(Tom Peters)曾说过："价值观是人们选择行动的判断标准，它可以决定管理活动的成效和方向，也是组织文化理论的核心概念。许多公司之所以能获得成功，在于员工能分辨、接受以及执行组织的价值观。"

2. 共同的目标

创业团队需要有一个既定的共同目标，为团队成员指领方向。在初创企业的管理中，目标常以初创企业的愿景、战略等形式体现。共同目标的价值在于激励团队成员把个人目标升华到群体目标中去，团队成员对该目标要有明确的认识，在为实现共同目标做出努力时，清楚地知道自己应该做哪些具体工作，以及怎样共同工作才能完成共同目标。

在初创企业成立以及步入成熟期的时候，创业团队的首要任务是提升企业的技术实力、扩大市场、增强管理、掌控企业发展方向以及规划长远发展。为了实现这个团队目标，需要将总目标分解为若干可行的、阶段性的子目标。

3. 成员

团队成员是创业团队创业成功的关键因素，只有适合创业的人员加入创业团队，才能保证创业企业的稳健经营。如果不适合的人加入创业团队，有可能会对创业企业的经营发展产生不利影响。因此，要谨慎选择团队成员，主要根据团队的目标和定位来确定团队创业所需的学识、技能、经验、才华等，然后根据需要选择合适的人选，使创业团队成员结构合理，知识技能互补，并能根据自己的特长从事适合的工作。

4. 定位

创业团队定位有两层含义：一是创业团队的定位，即创业团队在初创企业中处于什么位置，创业团队对谁负责等；二是创业团队成员的定位，即成员个体在创业团队中扮演什么角色等。

5. 成员权限

创业团队内部权限应该正确划分，这样才可以保证创业计划的顺利进行。权限划分时，创业团队应明确每位成员在企业运营过程中的权利和义务，使权限既不重叠也不空缺。创业团队中，主导人物的权限大小和团队的发展阶段以及初创企业的行业性质相关。一般来说，创业团队越成熟，主导人物的权限越小。

(三)创业团队成员角色划分

创业团队组建时，要根据团队类型和结构物色成员，实行分工协作。团队人数可以不多，但必要的分工不可缺少。团队成员只有各司其职、优势互补，才能充分发挥高效的协作优势。一般来说，创业团队中的角色有八种类型，如表 5-1 所示。

表 5-1 创业团队中的角色类型

角色类型	特 点
主导者	性格坚毅果断，一旦做出决定就不轻易改变，能很好地授权于他人，是一个好的咨询者
策划者	知识面广，思维活跃，喜欢打破传统，属于"点子性"人才
协调者	成熟、自信，能够引导一群具有不同技能和不同性格的人向着共同的目标奋斗，具有权威性和感召力。阐明目标，促使决策的制定，能按照成员的个性和优势进行合理分工
信息者	外向、热情、健谈，其强项是与人交往，对外界的信息和环境十分敏感
创新者	富有创造力和想象力，思路开阔，不墨守成规，勇于挑战，会推动变革
实施者	计划性强，有很好的自控力和纪律性，值得信赖，有保守倾向，是把想法和主意变为实际行动的人
推广者	说干就干，行动力强，办事高效。自发性强，目标明确，具有高度的工作热情和成就感。善于解决问题，且具有强烈的竞争意识
监督者	冷静，思维的逻辑性强，对工作方案的实施等进行监督。具有战略眼光，能做出正确的选择

(四)创业团队类型

1. 有核心领导的创业团队

这种创业团队中存在一个领袖式的主导人物。这种团队形式往往是核心领导者掌握了较强的技术或较好的创意后，寻找合伙人加入该创业团队，这些团队成员在团队中大多是支持者的角色。这种创业团队有以下几个明显的特点。

① 核心领导者话语权较大，权力集中，决策失败的概率增大；

② 决策速度快，团队执行力强；

③ 核心领导者和其他团队成员意见不一致时，其他成员较为被动。

2. 协作式创业团队

这种创业团队没有一个明确的领导。它是由一群有相同目标且相互依赖的人经过共同协商组成的团队。在初创企业中，每一位成员都要找准自己在团队中的定位，并尽到协作者的职责。这种创业团队有以下几个明显特点。

① 团队成员的话语权平等，容易形成权力重叠；

② 做决策时要经过大家讨论，决策失败概率小，决策速度慢；

③ 团队成员意见不一致时，倾向于采用协商的态度解决冲突。

3. 混合式创业团队

这种创业团队形式基本上是前两种团队形式的中间形态。这种创业团队存在一个核心领导人物，但该成员地位的确立是团队成员协商的结果，因此，在某种意义上来说，核心领导者只是整个团队的代言人，他并没有领袖的绝对权威，做决策时需要充分考虑其他成员的意见。这种创业团队有以下几个明显特点。

全国高等院校「十三五」贯穿式＋立体化创新规划教材

① 核心领导者大多是由团队成员投票决定的，有着令人信服的领导地位；
② 因为有核心领导者的存在，所以决策速度较快，团队执行力强；
③ 核心领导者做决策时要考虑大家的意见，决策失败概率小。

(五)高效创业团队特点

1. 目标清晰

高效的创业团队，成员对团队目标有着清楚的认识，并坚信这一目标有重大价值。而且，该目标的价值激励着团队成员把个人目标升华到群体目标，并为达到这一目标坚持不懈地努力。

2. 相互信任

团队每位成员都信任其他成员的品行和能力，相信每位成员都忠诚于团队以及团队成员之间彼此忠诚，相信每位成员都能胜任他在团队中的工作，并且相信团队将会成功。

3. 能力互补

高效的创业团队成员具有能力互补性。团队中，有的成员解决技术难题，有的成员进行团队管理，有的成员则偏向外部资源开拓，团队成员工作区域不重复且优势互补，形成一个完美的创业团队。

4. 沟通良好

在团队目标一致且团队成员相互信任的基础上，把各自的想法毫无保留地与其他成员进行交流，各抒己见，最后统一意见达成共识，可以大大提高创业团队的工作效率，减少团队成员间的矛盾冲突。

5. 团队协作

团队最大的优势在于协作，优势互补的团队可以通过团队协作有效规避个人短处和利用个人长处。团队协作有利于提高工作效率，更快更好地实现团队目标。

小贴士

创业者谈创业团队

苹果创始人乔布斯 美国科技网站 Entrepreneur 对乔布斯在团队成员组建方面的常用策略进行了梳理，可以概括为三点：明确自己的人员需求，但不要僵化死板，当发现候选人特殊优点时可以适当放宽标准；拓展人才搜索渠道，参与演讲、交流时也可能找到适合的人才；学会利用身边资源，询问团队成员有关雇用意见，优秀的人会推荐其他人才。

(资料来源：腾讯科技，http://tech.qq.com/a/20121130/000187.htm.)

京东创始人刘强东 刘强东在"潘谈会"上对话创业者时表示：人是最重要的。大部分企业死掉基本都是因为自己团队不行，核心还是团队没跟得上。创始人对这家公司是要承担绝对的责任。"所以我也常说，如果有一天京东的业绩和增长不好，涨不上去了，业绩大幅度下降，往往都是我们核心管理团队，特别是以我为首的核心管理团队出了问题，跟不上发展的节奏。"

(资料来源：创业故事网，http://www.cyegushi.com/3959.html.)

新东方创始人俞敏洪 俞敏洪说，对于一个创业团队，到底谁做主至关重要，而搞不清谁做主的团队或初创公司，肯定是有问题的。大家可以参与决策，但是民主集中制一定要有。团队负责人一定要把商业逻辑想清楚，制定出公司的理想、目标、价值观，把握住公司的大方向，其他更实际的事则交给其他合伙人来具体完成。

(资料来源：中国经营网，http://www.cb.com.cn/person/2015_0827/1147858_4.html.)

二、创业团队组建原则

(一)精简高效原则

在创业初期，资本较少，因此，在能保证企业高效运作的前提下，应当尽量精简创业团队，减少企业运作成本，使团队成员获得最大比例成果。

(二)互补原则

创业者寻求团队合作，其目的在于弥补创业目标与自身能力之间的差距，因此，创业团队成员相互间的性格、技能、知识能力等方面应当实现互补，这是帮助创业团队创业成功的重要因素。成功的创业团队中，成员分工明确，各司其职，缺一不可。

(三)分享原则

团队成员之间应当进行利益、成果和荣誉分享，这样，成员对团队才更有归属感，才能在齐心协力下创造奇迹、获得成功。

(四)动态开放原则

创业过程是一个充满不确定性的过程，这个过程也是团队和成员互相选择的过程。期间，成员可以由于观念、能力等多种原因加入或者离开团队，团队也可以在不同时期选择真正适合团队的成员加入。因此，团队在组建时，应坚持动态开放原则。

三、创业团队组建过程

创业团队的组建是一个复杂的过程，不同类型的创业团队组建步骤不尽相同，但过程大体是相同的。

(一)明确创业目标

拥有一个明确的、鼓舞人心的目标，意味着在创业团队面对的主要任务上成员之间达成了相互理解、共同的协议。当团队成员对于未来状态拥有共同愿景时，向着共同目标迈进的团队合作就会发生。

(二)制定创业计划

在确定创业目标后，接下来就是研究如何一步步实现目标，这就需要制定周密的创业计划。创业计划是一份全面说明创业构想以及怎样实施创业构想的文件，是在对创业目标进行分解的基础上以创业团队为整体来考虑的计划，确定了在创业阶段不同时期需要完成的任务，并通过逐步实现阶段性目标最终实现创业总目标。

(三)招募团队成员

招募团队成员需要考虑两方面因素：一是志同道合，团队成员合作的基础就是志同道合、目标一致。共同的目标和经营理念将团队成员凝聚在一起。二是优势互补，即团队成员在性格、技能、知识能力等方面形成互补。这种互补性既有助于加强团队成员间的合作，又能保证团队的战斗力，从而更好地发挥团队作用。

(四)团队职权划分

为了保证创业团队各项工作的顺利实施，必须在创业团队内部进行职权划分。创业团队职权划分是根据执行创业计划的需要，来具体确定每个团队成员所担负的职责和享有的权限。团队成员之间职权的划分必须明确，既要避免重叠和交叉，也要避免遗漏。此外，由于团队处于创业阶段，面临的创业环境复杂多变，会不断地出现新问题，团队成员也会发生变化，因此创业团队成员的职权也应根据实际情况不断进行调整。

(五)构建制度体系

创业团队的制度体系体现了团队对成员的控制和激励能力，主要包括创业团队的各种约束制度和激励制度。创业团队要想健康发展，稳步提高，就必须建立一个公平、公开、公正的环境。一方面要保证团队成员的利益，建立明确的团队内部利益分配制度并确保有效实施。另一方面团队领导者应讲原则、负责任，遵守团队行为准则，利用制度来约束和规范团队成员。另外，创业团队的制度体系应该以规范化的书面形式确定下来。

(六)团队调整融合

完美的创业团队并不是一开始就能建立起来的，随着时间的推移，团队在各方面都会进行相应调整，把不适合的剔除或完善，把适合的纳入进来，慢慢形成一个完美的创业团队。随着团队工作的开展，团队在人员、制度、职权划分等方面的不合理之处逐渐显现，这时创业团队就需要调整融合。由于不合理之处的显现需要一个过程，因此，创业团队的调整融合也就是一个动态持续的过程。创业团队的调整融合工作，是针对团队前面工作过程中出现的问题不断进行调整直至满足实践需要为止的工作过程。需要注意的是，在进行创业团队调整融合时，应保证创业团队成员间及时有效的沟通。

第三节　创业团队管理

一、股权分配

股权通常指因出资而享有的股东权利，具体指股东从公司获取经济利益并参与公司管理的权利。创业团队成立后，面临的一个关键问题就是决策成员间的工作分工和股权分配方案。工作分工是对成员工作内容和职责的界定，而股权分配则是对创业利益分配方式的约定。工作分工有助于短期内维持创业过程的有序性，股权分配则有助于长期维持团队的稳定和企业的稳定发展。

在团队成员之间进行股权分配，可以使团队利益和个人利益、团队目标和个人目标关联起来，从而激发每个成员的工作积极性，在实现个人目标和团队目标的过程中，达到团队利益和个人利益的长期最大化。

在进行股权分配时，创业者应遵循三个重要原则。

第一，重视契约精神。在创业之初，就要把股权分配方案以公司章程的形式确定下来，并以契约形式明确创业团队成员的利益分配机制，从而保证创业团队的长期稳定。

第二，遵循贡献决定权利原则分配股权。在现实中，首先可以依据出资额来进行股权分配，其次对于没有注入资金但持有关键技术的团队成员，则需要考虑技术的商业价值来确定股权的份额。

第三，控制权与决策权统一原则。股权分配本质上是对公司控制权的分配方案。在创业初期，控制权和决策权的统一至关重要。如果公司持股份最多的成员不拥有公司的控制权会非常危险，这是由于该成员更关注新企业的发展，更容易挑其他成员的决策错误，甚至会去挑战决策者的决策权威，进而引发团队矛盾和冲突。

二、创业团队内部冲突管理

团队内部冲突是指在个人、人际关系或感情方面出现紧张情绪。冲突可能在任务、过程或关系上发生。任务冲突主要是团队成员对工作目标和内容的分歧，即需要"做什么"以及"为什么要做"。过程冲突主要是团队成员关于"怎样"完成任务，即手段和方法的分歧。而关系冲突或情感冲突则更加情绪化，其主要特征是敌对和愤怒。通常，任务冲突和过程冲突是建设性的，有助于团队成员激发和分享不同的观点，进而使创业团队做出更好的决策。然而，任务冲突和过程冲突只对开放与合作的团队绩效具有积极影响，否则会转变为关系冲突或关系回避。关系冲突会削弱和毁灭能量，情感冲突会产生焦虑和敌意，最后可能导致创业团队决策失效甚至团队决裂。

如果冲突水平过高，团队成员之间彼此厌恶，这时氛围的特征就是"战争"。如果冲突水平太低，团队成员就会缺乏工作热情或对他们的任务不感兴趣，到最后可能无法实现团队目标。所以，团队的目标并不是最小化冲突和最大限度地保持一致，而是保持在一种建设性的冲突水平，从而满足多样化和创造性解决问题的不同偏好。

因此，在决策认知范畴内，团队领袖首先要鼓励正面冲突，让团队成员感受到通过知识分享实现创业成功之后，能获得相应的收益和价值。在制定激励方案时，创业者应注意以下几方面。

第一，差异化。通常，不同的团队成员对企业做出的贡献不同，因此，合理的薪酬制度应反映这种差异。

第二，关注业绩。报酬要与业绩挂钩，该业绩是指团队成员在企业早期生命的整个过程中所表现出的业绩，而不是此过程的某个阶段的业绩。

第三，灵活性。团队成员在某个时段的贡献量，随着时间的推移会发生变化，业绩也

全国高等院校「十三五」贯穿式+立体化创新规划教材

会和预期不符。因此，灵活的薪酬制度、年金补助以及提取一定份额的股票以备日后调整等机制，有助于团队成员产生一种公平感。

创业团队内部冲突超出一定范畴后，会给创业团队带来负面影响。为了将冲突管理在可控有利的范畴内，在管理团队时应遵循以下原则。

第一，打造合作式的创业团队。团队内部意见不统一是一种常态，合作式创业团队会在不统一的意见中寻求合作的可能性，通过一些正面的、建设性的冲突，做出最佳决策。

第二，强化整体弱化个体。强调团队整体的利益和成就，不特意突出某个个人。在获得团队利益的前提下，根据业绩分配个人利益。这样，不仅有助于把团队成员间的争论控制在可管理的范畴内，还可以利用正面冲突促进创业团队的发展。

第三，避免团队内部不适宜竞争。团队内部竞争是为了团队更好地发展，一切都要以团队整体利益为导向，要避免过度冲突。

第四，决策者要果断。决策者要广泛听取团队成员的意见，但是要避免出现"议而不决"的情况，适当的时候要果断拍板。

第五，适时调整团队构成。如果冲突超出一定范畴，创业者应理性地做出判断，通过成员调整来维持团队的稳定和发展。完善的团队结构的建立不是一蹴而就的，是需要经过实践不断地进行调整和磨合的。

对于创业团队内部冲突，既要有科学的激励机制去激发正常认知范畴内的冲突，又要有有效的管理机制去避免关系冲突和情感冲突。创业者要保持开放的心态，在合理组建创业团队的基础上，不断加强团队管理，通过有效的激励和管理机制，使团队成员在尊重、信任、公平、公正的团队氛围内密切配合，保证创业团队的稳定和发展。

三、创业团队文化建设

所谓团队文化，就是团队共同认同和遵循的一些理念与原则，具体包括基本纪律、愿景使命、核心价值观、方法论、管理原则等。创业团队文化是团队的软实力，是一支队伍战斗力的源泉，因此，在创业团队成立之初就应该建立自己的团队文化。好的文化，对外可以让外界倾心接纳，对内可以将团队成员凝聚在一起，为了共同的使命和价值观努力奋斗。

没有好的文化的团队是走不远的。一个创业团队要想超越自我，存活得更长久，就一定要找到可以传承下去的生命基因——团队文化。创业团队的成员可以新老交替，创业企业的产品可以更新换代，但在创业企业中可以继承、发扬和流传下来的是创业团队文化。

一个优秀的创业团队应具备下列三种关键的团队文化。

第一，勇气文化。创业过程中会遇到很多的困难，团队成员要有知难而上的勇气，敢于向未知领域去探索，敢于直面困难，并能勇敢地面对失败。

第二，学习文化。团队成员在创业过程中需要不断地学习，自我学习、相互学习，努力吸收一切对创业有利的知识、技能和经验。只有善于学习的团队才会最终走向成功。

第三，忠诚文化。忠诚是相互的，它既是成员对团队的向心力，也是团队对成员的凝聚力。团队成员只有忠诚于团队，才会为团队的发展贡献全部的才智。也只有通过团队的成功实现个人价值并获得利益后，成员才会更忠诚于团队。因此，创业者应制定合理的薪酬制度，打造实现个人价值的平台，建设具有向心力的团队文化，用以激励团队成员忠诚于团队。

四、创业团队激励

创业团队成员本身具有分离倾向，管理稍有松懈就可能导致团队绩效大幅下降。如果缺乏有效的激励，团队的生命就难以持久。有效激励是长久保持团队士气的关键。有效激励给予团队成员合理的利益补偿，包括物质条件和心理收益。

美国哈佛大学教授威廉·詹姆士研究表明，如果缺乏科学、有效的激励，人的潜能只能发挥出 20%～30%，而科学有效的激励机制能够让成员把另外 70%～80%的潜能也发挥出来。科学的激励工作需要奖励和惩罚并举，既要对符合团队期望的行为进行奖励，也要对不符合团队期望的行为进行惩罚。激励的核心是奖惩分明，对所有人一视同仁，否则会适得其反。激励必须"论功行赏"，必须公平公正。激励得当，就能形成一种积极向上的氛围，有效地激发团队成员主人翁的创新意识和开拓精神，促进创业团队的发展。创业团队管理者应多激励少惩罚，尤其是与团队业绩相关的事应以激励为主。惩罚主要用于与制度相关的事，凡是违反制度的，以惩罚为主。

激励的最终目的是在实现团队预期目标的同时，团队成员也能实现其个人目标，即达到团队目标和个人目标在客观上的统一。

(一)创业团队激励误区

1. 只讲物质激励忽视精神激励

物质激励简单直接也有效，但是一切向钱看的创业团队是没有凝聚力和长久战斗力的，只有确立了共同愿景和价值观的创业团队，物质激励才有意义，才是锦上添花。值得注意的是，除了物质收益，团队成员还需要来自团队和外界的认可，也就是团队成员精神收益。精神激励是一项深入细致、影响深远的工作，是管理者用思想教育手段倡导团队精神，调动团队成员积极性、主动性和创造性的有效方式。

2. 无差别激励

一是指，不管团队成员贡献大小，一律均分收益的"大锅饭"激励制度，这种激励制度会损害团队成员奋斗的积极性，破坏团队的凝聚力，影响团队的发展。有效的激励制度，应该是根据团队成员贡献量的大小，使其获得与付出相对应的收益，并对未来的收益充满期待。二是指，不管是谁，不管他的真正需求和期望是什么，同等贡献一律给予相同的奖励。每个成员的需求不同，如果奖励和他心中的期望不符，则激励效果会大打折扣。

3. 只有奖励没有惩罚

在创业团队管理制度中，不能只有奖励没有惩罚。虽然现在提倡教育为主、惩罚为辅，但是不敢惩罚绝对是错误的。如果团队成员犯错没有成本，那么也许他就会不在乎犯错，从而对创业团队利益造成损害。

全国高等院校「十三五」贯穿式+立体化创新规划教材

(二)创业团队激励原则

1. 公平

公平性是创业团队成员管理中一个非常重要的原则,任何不公平的待遇都会影响团队成员的工作效率和工作情绪,并且影响激励效果。如果团队成员取得同等成绩,就一定要给予同等层次的奖励;同理,如果团队成员犯了同等错误,就一定要受到同等层次的惩罚。创业团队的领导者如果做不到这一点,则宁可不做奖励或惩罚。创业团队领导者一定要以一种公平的心态来处理团队成员问题,对事不对人,不要让领导者个人对成员的喜好来影响对事情的处理,在工作中要一视同仁,不能有任何不公平的言语和行为。

2. 及时

奖惩的时效性比奖惩的力度更重要,要尽量缩短奖惩周期。在创业团队成员有良好表现时,要及时给予奖励,越及时越好。等待的时间越长,则奖励的效果越可能打折扣。

3. 灵活

不同的创业团队成员需求不同,因此,相同的激励策略对成员的激励效果也不相同。即便是同一个人,在不同时期的需求也是不相同的。激励效果取决于团队成员的内心满足程度,故激励要因人而异。对于期望晋升且具备能力的成员,可以高职位来激励;对于期望高物质回报的成员,可以高薪和奖金来激励。当然,不同激励的前提是公平,即取得相同贡献的团队成员,奖励策略可以不同,但奖励等级必须相同。

4. 差异

即贡献程度的不同,则奖励程度也不相同。贡献大则奖励大,贡献小则奖励也小,没有贡献则没有奖励。只有这样,才能真正调动团队成员的积极性,为了获得更大的收益而努力奋斗。

5. 适度

奖励和惩罚不适度都会影响激励效果,还会增加激励成本。奖励过度会使被奖励者产生骄傲自满情绪,失去进一步提高自己的欲望;奖励太轻则起不到激励效果,甚至让团队成员产生不被重视的感觉,失去工作热情。惩罚过重会让团队成员感到不公,感情受到伤害,甚至失去对创业企业的认同,产生怠工或破坏情绪;惩罚太轻则会使团队成员认识不到错误的严重性,起不到警示作用。值得注意的是,适度并不是无差别,也不是不能重奖和重罚,而是激励要与团队成员的业绩相对应。

(三)创业团队激励方法

1. 团队文化激励

团队文化是固化剂,创业团队凝聚力的培养离不开创业团队文化的建设。团队文化通过营造一种积极向上、相互尊重和信任的文化氛围来协调团队内外的人际关系。通过调动团队成员的积极性、主动性和创造性来增强创业团队的凝聚力与竞争力,使团队成员与整个创业团队同呼吸、共命运，把领导者、团队成员和团队整体紧紧联结在一起。

2. 经济利益激励

团队成员必须分享团队成功的果实，随着创业企业的发展，团队成员的收入必须同步增长。经济激励包括奖金、股权和期权等，对团队成员的经济激励要两者结合。奖金是一种短期激励方式，其作用是对与生产或者工作直接相关的超额劳动给予报酬，或对创业企业发展做出的贡献予以奖励，具有很强的针对性和灵活性，可以及时弥补团队成员工资的不足，具有更强的激励作用。但是，完全采用现金激励，创业企业负担太重，而且无法达到长期激励的目的。创业企业的产权一般比较明晰，机制灵活，因此对于创业团队成员来说，可以把期权激励当作经济激励的一项重要内容来实施，对于立志于长期与创业企业一同成长的团队成员而言，期权在未来带来的财富放大效应也是对团队成员辛勤工作的更好回报。把以现金为代表的短期经济激励与以期权为代表的长期经济激励结合起来，体现出人力资源的价值。

3. 权力与职位激励

通常，创业者都具有极强的进取精神，而创业团队又通常是高知群体。他们不仅仅是为追求经济利益而进行创业活动，也是为了获得成就感以及权力和地位上的满足。David C. McClelland 曾在其《成就激励论》中指出，人们在基本需要得到满足的情况下，还有权力、友谊和成就需要。对于有成就和权力需要的人来说，从成就和权力中获得的激励远远超过物质激励的作用。

但是，并不是所有的团队成员都具备管理才能，也不是所有的团队成员都有管理、控制他人的欲望，因此，在具体实施权力与职位激励时，一定要确定该团队成员有这种需要和能力。否则，这种激励方法的后果往往是多了一个平庸的管理者，还有可能少了一个有才华的技术专家。

本章小结

(1) 创业领袖是创业团队的领导者，他识别创业机会，分析创业可行性，并能快速抓住创业时机领导创业团队实现创业目标，使组织利益最大化。

(2) 创业团队的组建原则：精简高效，团队成员优势互补，团队成员利益成就分享，动态开放。

(3) 股权分配是对创业利益分配方式的约定，在创业之初，就要把股权分配方案以公司章程的形式确定下来，并以契约形式明确创业团队成员的利益分配机制，按照成员贡献的大小分配股份，并保证控制权与决策权的统一。

(4) 有效激励是长久保持团队士气的关键，激励的核心是奖惩分明。创业团队的激励原则：公平、及时、灵活、差异、适度。

实训案例

马云和他的创业十八罗汉

基本案情:

1999 年春阿里巴巴刚成立时,在杭州湖畔花园马云家,马云妻子、同事、学生、朋友共 18 个人围着马云,听他慷慨陈词:从现在起,我们要做一件伟大的事情。我们的 B2B 将为互联网服务模式带来一次革命!

类似的话在 1998 年年底的北京,马云已经讲了一次。当时,马云决定离开外经贸 EDI 回杭州,跟随着他从杭州到北京打拼的兄弟们也都决定跟他回杭州二次创业,每月只拿 500 元的工资。

1999 年是中国互联网的第一波高峰时期,有经验的互联网从业人员是稀缺资源,很容易找到高薪工作,与 500 元相比,月收入上万元还是很有诱惑力的。至于为什么这些人会一致地选择跟随马云南下,日后马云的一次内部讲话多少能说明一些问题:"现在互联网江湖很昏暗,谁也不知道未来是什么,这个时候你可以去找一份收入不错的工作,但很可能你几年后还得换地方。现在我们用一支团队的力量在这片江湖里拼杀,十几个人在一起还有什么可怕的,拿着大刀片子往前冲即可。"

财经作家郑作时为此感慨,"这一团队和马云之间建立了超越利益之上的联系——既然几万元的月薪都可以放弃,那还有什么力量可以让他们分开。"

关系再好的团队,由于朝夕相处,难免还是有磕磕碰碰的地方。从创业一开始,马云团队就定下了一些原则,从某种意义上说,这些原则是马云团队最终并肩走得足够远的保证。

这些原则中,与团队有关的最重要的一条是解决矛盾的原则:从一开始,马云和他的创业伙伴就定下原则说,团队中任何两个人发生矛盾,必须由他们自己互相面对面地解决。只有在双方都认为对方无法说服自己的情况下,才引入第三者作为评判。

简单、开放议事原则的提出和确立,对于阿里巴巴团队建设至关重要。它使阿里巴巴基本杜绝了"办公室政治",大大减少了交流沟通成本,减少了内耗,大大增强了团队的凝聚力和战斗力。

不要小看这个原则,对一个创业团队来说,矛盾是不可避免的,但如何解决矛盾是一个问题,在马云团队看来,"办公室政治"在于矛盾的不断累积。

如果没有这个原则存在,没有这个原则长期坚持而自然形成的简单开放的价值观,阿里巴巴的十八罗汉打天下的故事很有可能不能圆满,至少华星时代的创始人风波很难过去。

2000 年,成功拿到高盛等 500 万美元的风投后,阿里巴巴从湖畔花园拥挤的居民楼搬到华星大厦宽敞的办公楼,随着空间环境的变化,阿里巴巴创业者们的心态也发生了微妙的变化。

搬到华星之后,随着公司正规化建设的开始,划分部门、明确分工都是自然而然的事,而有了部门就得有负责人,于是提干就是顺其自然的事。在 18 位创始人中,第一批提干的有三人：孙彤宇、张英和彭蕾，职务都是部门经理。于是原来的 18 位创业者分成了两拨：4 个官和 14 个兵。从北京 EDI 时代起，这支团队就习惯了只有一个头，那就是马云，其他人都是平等的兵。湖畔花园时代也是如此。到了华星时代，这种人们已经习惯了的现状突然改变了。

搬到华星大厦不久的一个晚上，马、张、孙、彭之外的十几个创始人来到一家名为名流的咖啡馆聚餐。大家开始说好不谈工作只叙旧，但谈着谈着就说到公司说到工作，所有的不解、疑惑和怨气都发泄出来了，一直谈到半夜。团队里的老大哥楼文胜首先倡议：说了这么多，屁股一拍就走，于事无补，我们应该写出来送给马云。大家纷纷响应。于是由楼文胜执笔，大伙儿补充，整整写了一大张纸。

散伙之后，楼文胜回家将这份东西整理成一封写给马云的长信，然后发给了马云。第二天傍晚，马云收到信后立即把 18 位创始人召集到一起，大家围着圆桌坐下后，马云说："今天大家不用回去了，既然你们有那么多怨恨，很多人有委屈，现在当事人都在，都说出来，一个个骂过来，想骂就骂，所有都摊在桌面上，不谈完别走！"

那天的会从晚上 9 点开到凌晨 5 点多。那是一次彻底的宣泄，也是一次彻底的灵魂洗礼。会上许多人情绪激动，许多人痛哭失声。整整一夜，这些跟随马云浴血奋战了少则两年多则五年的老战友，吵过、喊过、哭过之后，一切疑虑都已消散，一切误解都已消除，一切疙瘩都已消解。

华星时代创始人风波的导火索是那封写给马云的信。事后十八罗汉之一的吴泳铭说："我们能写出来告诉马云，说明我们是一支很好的团队。"如果那 14 位创始人不这样做，而是任其发展，让误解和矛盾蔓延下去，那么 18 位创始人团队的分崩离析是早晚的事儿。

(资料来源：林军. 沸腾十五年 中国互联网 1995~2009[M]. 北京：中信出版社，2009. 246-248)

案例点评：

搭建一支优秀的创业团队对于任何创业者来说，都是一项至关重要的工作，它决定着创业的成败。每个成功的创业团队都各有其独特的地方，但是总有一些共性的东西存在，比如坚定的信念、忠诚和信任、合理的管理制度以及良好的沟通等。

思考讨论题：

1. 马云创业团队是个什么类型的团队？其特点有哪些？
2. 马云团队是如何处理和解决内部冲突的？
3. 你从这个案例中学到了什么？

实训课堂

马化腾创业团队

基本案情：

1998 年，马化腾创办腾讯，最开始是两个人，除他自己外，另一个是他在深圳大学的同学张志东，两个人同在计算机系。马化腾和张志东创办公司一个月后，腾讯的第三个创始人曾李青加入。曾李青是深圳互联网的开拓性人物之一，是深圳乃至全国第一个宽带小区的推动者。到年底，许晨晔和陈一丹也加入了进来。

他们5个人凑了50万元，其中马化腾出资23.75万元，占了47.5%的股份；张志东出资10万元，占了20%的股份；曾李青出资6.25万元，占了12.5%的股份；其他两个人各出资5万元，分别占了10%的股份。经过几次稀释，最后他们上市所持有的股份比例只有当初的1/3的样子，但即便这样，他们每个人的身价都以10亿元为计量单位。为避免彼此争夺权力，马化腾在创立腾讯之初就和四个伙伴约定清楚：各展所长、各管一摊。

腾讯的5个创始人，首席执行官马化腾非常聪明，性格温和，注重用户体验。

首席技术官张志东是个计算机天才，QQ的架构设计多年后还能适用。他还是个工作狂，经常加班到很晚。说话总带微笑，但讨论技术问题时会有些偏执。

首席运营官曾李青是腾讯第三大个人股东，是腾讯5个创始人中最好玩、最开放、最具激情和感召力的一个。

首席信息官许晨晔和曾李青是深圳电信数据分局的同事，他和马化腾同为深圳大学计算机系的同学。许晨晔是一个非常随和又有自己观点、但不轻易表达的人，是有名的"好好先生"，是腾讯5人决策能形成合理成熟决策体系的平衡器。

首席行政官陈一丹，是马化腾在深圳中学的同学，也毕业于深圳大学，专业是化学，持有律师执照，非常严谨，同时又是一个非常张扬的人，他能在任何时候激起大家激情的状态。

选择一个团队而不是一个人单枪匹马的创业，在1998年已经成为一种共识，但像马化腾这样，选择性格完全不同，各有自己特长的人组成一个创业团队是很少见的，而且更重要的是，马化腾很好地设计了创业团队的责、权、利，能力越大，责任越大，权力越大，收益也就越大。

（资料来源：林军. 沸腾十五年 中国互联网1995—2009[M]. 北京：中信出版社，2009.）

思考讨论题：

1. 进一步搜寻资料，试分析马化腾团队创业成功的原因？
2. 假如你要创业，你想做什么？你会选择哪些成员来组成创业团队？

分析要点：

1. 了解创业团队组建原则和过程以及股权分配原则。
2. 了解创业团队的组成要素以及高效创业团队的特点。

复习思考题

一、基本概念

创业领袖　创业团队　股权　团队文化

二、判断题(正确打"√"，错误打"×")

1. 只有在创业前或企业创建阶段参与进来的人员才是创业团队成员。　　　　（　　）

2. 创业团队内部冲突应尽量避免。　　　　　　　　　　　　　　（　　）

3. 科学的激励工作需要奖励和惩罚并举。　　　　　　　　　　　（　　）

三、单项选择题

1. 创业团队组建原则包括（　　）。

    A. 精简高效原则　　　　　　　　B. 分享原则　　　　　　　C. 动态开放原则

    D. 互补原则　　　　　　　　　　E. 上述答案都正确

2. 在进行股权分配时，创业者应遵循的重要原则包括（　　）。

    A. 平均分配股权　　　　　　　　　　B. 遵循贡献决定权利原则分配股权

    C. 控制权与决策权分离　　　　　　　D. 只依据出资额分配股权

3. 创业团队激励误区包括（　　）。

    A. 既讲物质奖励，又讲精神奖励　　B. 奖惩并举

    C. 团队成员均分收益　　　　　　　D. 奖惩适度

四、简答题

1. 创业领袖的特质有哪些？

2. 高效创业团队的特点有哪些？

3. 创业团队的组建过程包括哪些步骤？

五、论述题

如何正确认识和处理创业团队内部冲突？

阅读推荐与网络链接

[1]　孙洪义. 创新创业基础[M]. 北京：机械工业出版社，2016.

[2]　Adam Bornstein，Jordan Bornstein. 如何成为伟大的企业领袖？检视你是否具备这 22 个特质[J]. 创业邦，2016.

[3]　Jeffry A Timmons, Jr Stephen Spinelli. 创业学[M]. 周伟民，吕长春，译. 4 版. 北京：人民邮电出版社，2005.

[4]　苏世彬. 创业管理[M]. 北京：高等教育出版社，2015.

[5]　阳飞扬. 从零开始学创业[M]. 北京：北京联合出版公司，2015.

[6]　郑海航. 创业领袖[J]. 当代经理人，2005(07)：主编寄语.

[7]　David Javich. 杰出领导者 10 大特质[J]. 孙博宁，译. 创业邦，2010(2):72-73.

[8]　费再飞. 创业！创业！创业改变命运的 5 堂课[M]. 北京：清华大学出版社，2015.

[9]　徐明. 创新与创业管理学：理论与实践[M]. 大连：东北财经大学出版社，2016.

[10]　[美]盖伊·川崎. 创业的艺术 2.0：创业者必读手册[M]. 刘悦，段歆玥，等，译. 北京：电子工业出版社，2016.

[11]　张玉利，薛红志，陈寒松. 创业管理[M]. 3 版. 北京：机械工业出版社，2013.

全国高等院校"十三五"贯穿式＋立体化创新规划教材

[12] 乔·蒂德，约翰·贝赞特. 创新管理：技术变革、市场变革和组织变革的整合[M]. 4 版. 陈劲，译. 北京：中国人民大学出版社，2012.

[13] 赛音德力根，闫莉菲. 大学生创新创业教育[M]. 北京：中国传媒大学出版社，2015.

[14] 张玉利，陈寒松，薛红志等. 创业管理(基础版)[M]. 4 版. 北京：机械工业出版社，2017.

[15] 孙陶然. 创业36条军规[M]. 北京：中信出版社，2015.

[16] 王延荣. 创新与创业管理[M]. 北京：机械工业出版社，2015.

[17] [美]科特(Kotter J P). 变革的力量：领导与管理的差异[M]. 方小军，张小强，译. 北京：华夏出版社，1997.

随身课堂

创业团队.PPTX

创业领袖.MP4

创业团队管理.MP4

创业团队组建.MP4

第六章 商业模式设计

学习要点及目标

- 熟悉商业模式的构成要素。
- 了解商业模式的基本类型。
- 了解商业模式的设计方法。
- 掌握商业模式的设计工具。

核心概念

商业模式 精益创业 商业画布

引导案例

大众点评网的商业模式

2003 年 4 月，大众点评网成立于上海，其作为国内最大的生活信息服务指南网站之一，也是全球最早建立的第三方独立消费点评网站之一。大众点评网致力于为网友提供全国各地餐饮、购物、旅游等生活服务领域的商户信息和推荐消费优惠活动，并同步推出发布消费评价、增添商户信息的互动平台。2005 年，在互联网获得成功后，大众点评开始踏入移动互联网领域，并先后于 2009 年底和 2010 年初推出苹果和安卓系统的大众点评手机客户端。该手机客户端的特点是：操作简单、功能实用、好玩。大众点评手机客户端的数据内容与大众点评网站实时同步。目前，进驻大众点评的商户数量将近 200 万家，用户点评信息数量超过 2000 万条，提供的商品和服务覆盖全国两三千个大中小城市。大众点评网是典型的生活服务类团购网站，包括美食、休闲娱乐、电影、生活服务、酒店旅游、丽人结婚等类别。现在大众点评网的团购业务已经占据大众点评网所有业务的 80%以上。在国内，第三方点评模式由大众点评首创，并发挥到其网络团购业务。除了继续保持吃喝玩乐等传统生活服务领域的强劲优势外，大众点评网已着手在婚庆、酒店点评等垂直领域开展网络团购业务。与时光网、格瓦拉等完成对接数据之后，大众点评网已成为提供影院线上选座服务覆盖最广的平台。而在酒店旅游领域，大众点评也选择与携程、艺龙等 OTA 厂商进行数据对接，这样用户可以在大众点评上选择更多元化的旅游产品和服务。数据库营销业务是大众点评占据有利市场地位的另一利器。随着餐饮业信息和数据的不断填充和更新，大众点评的数据库日益庞大。越来越多的餐饮业服务商提出与大众点评网合作，要求分享各地餐馆名、简介、地址、电话、特色菜系、人均消费等信息。若将这些信息应用在其内部的销售系统，将大大提高销售效率。随后大众点评和渠道服务商合作，更是推出了独特的无线增值服务，更大范围地拓展了团购业务，巩固了市场地位。为更广泛触及线上线下市场长尾用户和开展业务合作，大众点评也与社交软件如手机 QQ、微信，手机厂商小米、三星，移动运营商中国联通以及宝马等公司达成了战略合作协议。2014年 2 月 19 日，大众点评引腾讯入股 20%股权，未来腾讯还有望增持 5%的股权，大众点评仍将保持独立性，并寻求上市。此举无疑为大众点评网站牢 O2O 入口增加了更大的筹码。

(资料来源：根据"赵青. 大众点评网商业模式分析[D]. 广州：广东外语外贸大学，2015." 和
"2011 孙洪义. 创新创业基础[M]. 北京：机械工业出版社，2011." 资料整理)

案例导学

在众多生活服务类团购网站竞争中，大众点评网依托良好的商业模式，多次被清客投资、China Venture 评选为最具投资价值的企业之一。有一个好的商业模式，成功就有了一半的保证。创业者如果不能清晰地设计自己的商业模式，创业失败风险会成倍增加。

第一节　商业模式的内涵

现在已经不是企业靠单一产品或者技术就能打天下的时代，也不是靠一两个小点子或者一次投机就能决出胜负的时代了。要想使企业有生存空间并能持续地赢利，必须依靠系统的安排、整体的力量，即商业模式的设计。作为企业存在的最基本要素，商业模式已经成为创业者和风险投资者嘴边的一个名词。所有人都确信，好的商业模式是企业成功的保障。未来企业的竞争，将是商业模式的竞争。

一、商业模式的含义和特征

商业模式通俗地说就是老板的"生意经、生意诀窍"，一个企业做生意赚钱的逻辑和故事。类似于商界常说的盈利模式但又有所区别，主要是商业模式更注重企业发展阶段的适配性，更加强调企业"可持续的、有保护机制的盈利和良性成长"。一个好的商业模式，比如某企业抓住了一个好的商机，也许他构建的商业模式是一个小炮艇，也是可以参加打仗而获利的；也许他构建的商业模式是大军舰(拥有更多的功能和更好的性能)，就可以获得更多的竞争优势；如果他打造的商业模式是航母，所向披靡攻无不克，那么他的企业就会变成行业领军企业，独占鳌头。

(一)商业模式含义

商业模式是一个比较新的名词，出现在 20 世纪 50 年代，在 20 世纪 90 年代后期开始流行，随着各种创业企业的不断兴起、风险投资模式的成熟，以及诸如 IT 和通信行业的服务价格迅速降低等创业环境的成熟，商业模式的概念不断流行。

商业模式是一个非常宽泛的概念，通常所说的跟商业模式有关的说法很多，包括运营模式、盈利模式、B2B 模式、B2C 模式、"鼠标加水泥"模式、广告收益模式等，不一而足。

商业模式的概念经历了从浅显易懂的盈利类，到设计企业体系的运营类，最后再到以价值为核心的价值类定义；关注问题也从最早的财务问题、运营类问题，到最后的价值类、营销类问题，从企业内部导向定义到企业内外部导向相结合的定义。从本质上说，价值类定义相比于盈利类和运营类定义，是一种更深层次的探讨研究，价值类定义可以更好地揭示商业模式的本质问题。

所以，商业模式就是创业者为实现客户价值最大化，把能使企业运行的内外各要素整合起来，形成一个完整的高效率的具有独特核心竞争力的运行系统，并通过最优实现形式满足客户需求、实现客户价值，同时使系统达成持续赢利目标的整体解决方案。

简单来讲，商业模式就是围绕着创造客户价值而发生的企业与企业之间、企业的部门之间，乃至与顾客之间、与渠道之间各种各样的交易关系和联结方式，是一种包含了一系列要素及其关系的概念性工具，用以阐明某个特定实体的商业逻辑。

一个商业模式的核心是产品，本质是通过产品为用户创造价值。无论最后做到多么大的一个商业模式，它的起点一定来自于你发现了用户有一个痛点，一种没有被发现或者被发现了还没有被满足的需求。一句话，商业模式是你能提供一个什么样的产品，给什么样的用户创造什么样的价值，在创造用户价值的过程中，用什么样的方法获得商业价值。

海尔总裁张瑞敏很是认同这样的见解，认为商业模式"说到底就是客户价值最大化，只要符合了这一点就没问题。如果脱离了客户价值最大化，搞各种复杂的模型和公式都没有用。商业模式是一个让客户和企业双赢的方式，不是一个模型"。

(二)商业模式的特征

1. 商业模式的一般特征

(1) 商业模式是一个整体的、系统的概念，而不仅仅是一个单一的组成因素。如收入模式(广告收入、会员费、服务费)、向客户提供的价值(在价格上竞争、在质量上竞争)、组织架构(自成体系的业务单元、整合的网络能力)等，这些都是商业模式的重要组成部分，但并非全部。

(2) 商业模式的组成部分之间，必须有内在联系，这个内在联系把各组成部分有机地关联起来，使它们互相支持，共同作用，形成一个良性的循环。

2. 优秀商业模式的特征

1) 顺应形势

许多商业模式之所以成功是因为它们正确地顺应了社会的大趋势。未来商业模式的建构必须考虑三种变化。一是知识社会。在成熟社会中，各种基本需求都在不同程度上实现了高度满足。因此，有关个人价值实现的话题就变得越发重要。二是茧式生活。在全球化的世界里，人们都在繁忙的环境和封闭的社会中寻求一个可喘息的机会。三是安全性。自然灾害、恐怖主义和政治不确定性都将继续引发人们对安全的需求。设计好的创业商业模

全国高等院校「十三五」贯穿式+立体化创新规划教材

式必须适应形势要求。

2) 创造优势

好的创业商业模式往往具有开创性，能构建品牌自身的竞争优势，形成核心竞争力。在医药行业，哈药集团在医药行业率先采用大广告投入，大品牌集群的发展模式，开创了医药行业的"哈药模式"。这种发展模式通过品牌药的大量广告投放促进品牌药销售，同时拉升了企业品牌知名度，而随着企业品牌知名度的上升，继而推动普药的销售。谭小芳老师认为，哈药集团通过这种被业界称为"哈药模式"的发展方式，赢得市场先机，跻身医药行业领军企业阵营。

3) 能提供独特价值

好的创业商业模式必须能够突出一个企业不同于其他企业的独特性，这种独特性可能是新的思想，也可能是产品和服务独特性的组合；要么使得客户能用更低的价格获得同样的利益，或者用同样价格获得更多的利益，进而赢得顾客、吸引投资者和创造利润。在国内互联网行业，每一个崛起的互联网品牌背后都有自己独特的创业商业模式支撑。传统门户背后是在线新闻，腾讯 QQ 背后是即时通信，盛大背后是游戏，百度背后是搜索，优酷背后是视频，阿里巴巴、淘宝、携程、当当背后是电子商务，前程无忧背后是招聘等。

小贴士 商业模式与盈利模式的关系

商业模式和盈利模式是两个不同概念，描述两个不同的对象，其所解决的问题也各不相同。商业模式指商业操作中整合了什么资源，对资源如何整合的逻辑设计，是解决如何创造社会价值的逻辑结构设计；盈利模式是在商业模式设计中，如何获取价值的问题，是解决在整个商业模式价值链中如何获利的逻辑结构设计。

商业模式是从大的方面，从整个价值链角度，从整个社会角度来描述一个商业操作的内在逻辑结构，而盈利模式则是在商业模式这样一个大的逻辑架构设计中从运作者的个体角度来描述一个商业操作的内在逻辑结构，两者是对一个商业操作的不同层面、不同角度的逻辑架构。

商业模式是起点，先有了商业模式的设计，才有盈利模式的设计，其内在的逻辑是：我们要获取价值，总要先去创造出价值然后再去分享到价值，商业模式重在创造出价值，盈利模式重在分享到(分抢到)价值，在这个逻辑链中，商业模式是前提条件。

无论是商业模式还是盈利模式最终都为了解决一个核心问题——获取商业价值，而商业模式和盈利模式的设计不过是解决同一个问题的两个关键性的逻辑链条而已，两者存在着承启的关系，一步步地实现获取商业价值的最终目标。

(资料来源：根据"Pyne. 商业模式与盈利模式[EB/OL]. http://blog.sinA. com.cn/s/blog_55893a0a0100gszp.html."资料整理)

4) 难以模仿的

企业通过对客户的悉心照顾、无与伦比的实施能力等，来提高企业的进入门槛，以确立自己的与众不同，从而保证利润来源不受侵犯。比如直销模式，人人都知道戴尔公司、安利公司是直销的标杆，但很难复制他们的模式，原因在于"直销"的背后，有一套完整的、极难复制的资源和生产流程。

5)　脚踏实地

脚踏实地就是实事求是，就是把创业商业模式建立在对客户行为的准确理解和假定上。比如，企业要做到量入为出、收支平衡。这个看似不言而喻的道理，要想年复一年、日复一日地做到，却并不容易。

二、商业模式的构成和逻辑

(一)商业模式的构成

商业模式是由不同要素组成的，不同的学者对于商业模式的构成要素有着不同的看法，其研究的深度、广度和详细程度也存在着许多差异分歧，故目前学术领域对商业模式的关键构成要素依然无法形成一致的意见。目前较为认同的主要观点有以下几种。

1. 四要素论

哈佛商学院教授克里斯滕森认为，商业模式构成要素包含四个方面的主要内容：客户价值主张、收入模式、关键资源及关键流程。关键资源是企业在创造价值流程中的基础，关键流程则贯穿于企业利用这些关键资源的过程，这两个方面相配合旨在为客户提供价值即满足客户价值主张。客户价值主张是指某种为客户创造价值的方法，这也是企业实现利润的直接方式。这一整套活动都是在企业能够盈利的基础上进行的，也就是在这一系列的活动中形成了企业自身的盈利模式。

2. 五要素论

栗学思归纳和总结了企业商业模式设计的五个要素，它们是价值需求、价值载体、价值传递、价值创造及战略控制活动的价值保护。价值需求是指企业的客户群；价值载体是指企业可以获取利润的、目标客户购买的产品或服务；价值创造是指企业生产、供应满足目标客户需要的产品或服务的一系列业务活动及其成本结构；价值传递是企业把产品和服务传递给目标客户的分销和传播活动；价值保护是指企业为防止竞争者掠夺本企业的目标客户而采取的防范措施。企业商业模式都是以其中一两个要素为核心的各要素不同形式的组合。

3. 六要素论

魏炜、朱武祥将商业模式中存在的体系划分成业务系统、定位、核心资源能力、收入模式、企业价值及现金流结构六大方面内容。其中，业务系统强调整个交易结构的构型、角色和关系；定位强调满足利益相关者需求的方式；收入模式强调与交易方的收支来源及收支方式；核心资源能力强调支撑交易结构的重要资源和能力；现金流结构强调在时间序列上现金流的比例关系；企业价值是商业模式构建和创新的目标与最终实现的结果。

4. 九要素论

亚历山大·奥斯特瓦德(Alexander Osterwalder)认为价值主张、价值结构、核心能力、目标顾客、分销渠道、伙伴网络、成本结构、收入模式与顾客关系是商业模式的九大构成要素。慕尔雅(Ash Maurya)对奥斯特瓦德的九要素论提出了自己的看法，认为它不适合大学生创业群体。他提出问题、解决方案、关键指标、独特卖点、门槛优势、渠道、客户群体分类、成本分析和收入分析九大要素，更适合想要创业的在校大学生和初创企业的人们分析与设计自己的商业模式。目前，九要素构成观点常常被用作商业模式构建的依据。

(二)商业模式的逻辑

从商业模式构成要素各个观点来看，提及最多的是价值主张、盈利模式、价值传递和价值获取，由此构成商业模式的核心。商业模式是以顾客为中心来解决一般价值创造问题的核心逻辑，必须将价值贯穿于商业模式之中。商业模式的这一逻辑性主要表现为层次递进的四个方面，如图6-1所示。

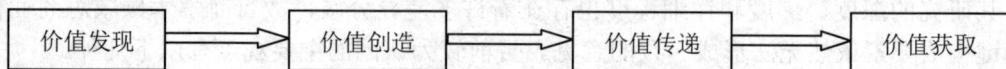

```
┌──────────┐      ┌──────────┐      ┌──────────┐      ┌──────────┐
│  价值发现  │ ───▶ │  价值创造  │ ───▶ │  价值传递  │ ───▶ │  价值获取  │
└──────────┘      └──────────┘      └──────────┘      └──────────┘
```

图 6-1　商业模式的逻辑

1. 价值发现，又称价值模式

是指企业深入洞察顾客价值，从而构建出既充分反映顾客需求、收入和成本变化以及竞争者的反应，又充分反映顾客价值主张的隐含假设。洞察价值由洞察需求、细分市场、顾客价值主张等部分组成。首先企业需要通过洞察来了解消费者的最根本性需求，及其他竞争对手是否有能力满足这些需求，并在组织结构、技术等方面提高满足顾客需求的可能性；其次是通过洞察需求找到自己有意满足或者能够满足的具体细分市场，最后通过发现细分市场中消费者的兴奋点，来确定自己的服务或者产品能够为顾客提供什么样的价值。

2. 价值创造，也称运营模式

是指企业为了实现顾客价值主张而设计并实施的一系列活动，包括价值网设计、定位和价值创造。企业首先通过设计价值网结构，明确价值网都包括哪些行动主体，理清不同行动主体在价值生成、分配、转移等方面的结构和关系；其次明确企业自身在该价值网中的位置；最后构建能够创造价值的运营系统，确定进行价值创造的关键运营活动。

3. 价值传递，也称营销模式

是指企业采用何种方式来向顾客传递价值，包括渠道和品牌等。通常商业模式创新也表现为电子商务渠道的创新。

4. 价值获取，也称盈利模式

是指企业如何将自身所提供的服务及产品变现，来支付必要的业务成本，并最终获得利润，这表示盈利模式是商业模式的重要组成部分。

第二节　商业模式的设计

商业模式是企业的立命之本，商业模式设计则是商业策略的一个组成部分。企业创立之初的商业模式也并不是一成不变的，应当随着市场需要、产业环境、竞争形势的变化而不断调整。更重要的是，商业模式并不是生来平等的，有的模式相对轻松、企业很快就扶摇直上；而有的模式则需要付出更多精力，每年增长却总是差强人意。因此选择、设计一个好的商业模式会事半功倍，也最需要成为企业战略管理的一项基本功而被高度重视。

一、商业模式设计的基本要求

一个好的商业模式要符合五个方面的标准：定位要准、市场要大、扩展要快、壁垒要高、风险要低。因此在进行设计时，就要重点从这五个方面入手。

(一)定位要准

市场定位的核心是要寻找到一个差异化的市场，为这个市场提供独有优势的产品。确立好的市场定位的关键是细分市场，并寻找到能够利用自身优势来满足该细分市场所需要的产品和服务。

在进行目标定位时，我们需要考虑五个最基本的问题：是否进行了差异化的市场分析？定位是否为目标市场和顾客创造了价值？是否确定了独特的市场定位？自身和竞品是否有明显差别？是否设计出了客户所需要的产品或服务？在设计产品或服务时，最关键的是满足了顾客哪些方面的需要？产品本身为客户创造了怎样的价值？顾客为什么愿意认可该价值而付费？这是产品设计的核心所在！也是定位分析之后的最重要成果。

总之，定位最重要的目的就是找到细分市场，为这个市场提供满足顾客需要的、有价值的、独有的产品，让顾客愿意为此付费。

(二)市场要大

当然，不是随意找一个细分市场提供所需的产品和服务就算一个优秀的市场定位，关键在于，要寻找一个快速、大规模、持续增长的市场，这是确定是否为优秀市场定位的一个关键标准。

在目标市场确立时，最需要关注的是四个问题：目标市场规模是否足够大？是否能满足目标客户重要的基本需求？是否能保证高速增长？如何保证持续性的增长？

(三)扩展要快

这是很多商业模式在设计时最容易被忽略的一个问题，也是决定该模式是快速增长还是平滑缓慢的最关键环节。收入是否快速扩展，是衡量商业模式能否迅速做大规模最关键的因素。

任何一个公司的收入规模根本上取决于客户数量及平均客户贡献两个因素。因此要想快速增长，就要设计能快速增加付费客户数量的各种策略，或者是提高平均客户贡献额。在设计客户收入扩展策略时，最需要考虑的是三个问题：获取新客户的方法和难易程度？定价策略是否有利于快速扩展客户和利润最大化？客户是否会持续消费？

商业模式从本质上讲就是如何从客户身上挣钱，如果想挣钱最快，要么客户数扩展速度最快，要么客户平均贡献额最高，两者兼备当然最佳。但从商业实践的角度来看，真正

全国高等院校「十三五」贯穿式＋立体化创新规划教材

起到关键作用的实际上是客户数量的扩展速度。因为如果不可大规模复制，从单一客户身上即使获得再高的收入也是枉然。

道理显而易见，能够大规模迅速扩展客户群的商业模式收入会持续高增长。要远超客户数量增长缓慢但平均客户收入很高的商业模式。因此新增客户速度是否快，客户能否快速大规模复制，是衡量商业模式能否迅速做大规模最关键的因素。

(四)壁垒要高

如果具备了上述三点，却发现有很高的行业壁垒无法攻破，那也只能黄粱一梦、望洋兴叹；或者谁都可以进入这个让人摩拳擦掌、前途无限的市场，那凭什么你会取得成功呢？

所以一定要扪心自问：为什么是你而不是别人？一厢情愿的投入是无法取得成功的，还必须确保目标市场更接受我们而不是别人。

换句话说：不仅我们要特别钟情于目标客户，目标客户也要特别青睐我们。好的商业模式一定要和自身的优势紧密结合。最好是自己独有的优势，构筑最好的竞争壁垒。

关于进入壁垒，我们要考虑五个方面的问题：进入该行业本身是否有壁垒？是否存在产业链的制约因素？如何解决？如何利用自身优势来构筑竞争壁垒？如何建立产业竞合关系？如何构筑价值链？

总之，自己进入时壁垒要低，进入后要能建立起高壁垒，让竞争者难以进入。这是考虑壁垒因素的重点所在。很多企业之所以发展到一定阶段就出现问题，就是没有考虑到后进者的壁垒，很容易被人赶超。

(五)风险要低

设计商业模式的最后一个环节，就是要综合评估可能面临的各种风险。在评估风险时，需要考虑五个方面：是否存在政策及法律风险？是否存在行业监管风险？是否存在行业竞争风险？是否有潜在的替代品威胁？是否已经存在价值链龙头？

这是考虑商业模式所面临风险时最需要注意的一点。你准备进入的行业不能有产业链主存在，即不能有价值链的龙头存在，因为优秀的商业模式应当具有发展成为龙头或链主的最大可能性，而不是在一开始发展就受制于人。

与传统的认识不同，我们评估风险的目的并不是回避所有风险。事实上，几乎所有重大的商业成功无不是冒着很多不确定的高风险取得的。正所谓"不入虎穴，焉得虎子"，与机会伴随而来的必然是相应的风险。

二、初创企业商业模式设计的工具——精益创业画布

埃里克·莱斯提出的精益创业理论为创业者提供了一种探索商业模式的工具。精益创业的核心是三个词：开发、测量和认知，它的核心思想是，创业者首先要集中资源开发符合核心价值的产品，即 MVP(最小型可行性产品)，然后通过不断的学习和有价值的用户反馈，对产品进行快速迭代优化，以期适应市场，最后将创业公司带入循序渐进的良性发展之中，这使创业者投入较少的资源就能够验证自己的想法。

慕尔雅以精益创业理论为指导，对奥斯特瓦德的"商业模式画布"进行了改造，提出

了适合类似大学生社会群体创业的"精益创业画布"设计框架。

(一)精益创业画布的基本要素(见图 6-2)

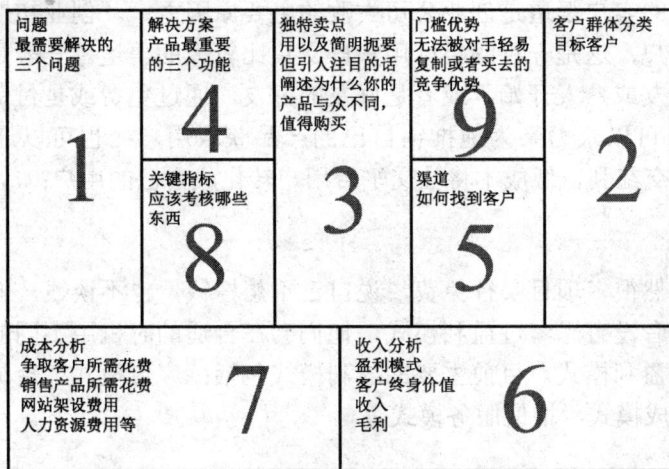

图 6-2　精益画布

1. 用户细分

创业一定要从用户细分开始，不仅要列出具体的细分，比如性别、年龄、收入、职业、行业等，而且要评估规模有多大，太大无处着力，太小无法使企业做得很大，投资人也不会太感兴趣。同时，应尽量细分目标客户群，重点列出种子用户，锁定潜在的早期使用者，通过他们获取客户需求痛点、提出解决方案。

2. 需求痛点

问题也即需求痛点，问题和客户群体的匹配是商业模式设计的核心。明确准备服务的目标客户群之后，要针对每个细分群体列出 1～3 个最大的痛点。想想那些让客户感到不安、沮丧、紧急或难受的事，再想想客户什么时候认为这个需要是最迫切的，你就可以寻找"让痛苦消失"的方案作为创业的指导。创业者不能想当然地认为这是用户的痛点，一定要去和种子用户交流，做一些小规模的实验去验证这个痛点确实存在。

3. 独特卖点

就是用一句简短有力的话去描述和别人有什么不同。也就是所谓"电梯演讲"的一句话，即在电梯中遇到一个投资人，用 30 秒时间来说明项目，用独特卖点来引起他的兴趣，进而有机会与他进一步交流。这是商业模式设计中最重要也是最难的部分。寻找独特卖点，最好方法是直接从要解决的头号问题出发找到独特卖点，也可以针对种子用户来做设计。

4. 解决方案

创业早期不要急着确定详细解决方案，而是利用有限资源，直击用户痛点，为种子用户提供最简单的解决方案。针对每个需求痛点，思考能提供的最简单的解决方案是什么，然后写出来，经过验证和测试反复修改，将解决方案不断完善。

5. 渠道

无法建立有效的客户渠道是创业公司失败的主要原因之一。创业初期，一般是先获取目标种子或天使用户，这是一种跟目标用户群交集比较大的渠道。一般是从身边的符合目标用户群要求的朋友或熟人开始，或者是好友的好友，通过免费或是付费方式，获取此类用户的成本较低。可以亲力亲为地推销自己的产品获取用户；也可以通过做口碑留住用户；也可以利用社交红利，低成本将社交平台用户转化成自己的用户；等等。

6. 收入分析

创业初期，虽然很多项目实行免费，说自己不想挣钱，也不谈钱，但这只是对外的宣扬，并不是说创业者没有思考过盈利模式，他们会在合适的时机用不同的方式让用户付费去实施验证自己的盈利模式。目前主要的盈利模式包括：广告模式、会员服务模式、游戏道具模式、收入分成模式、增值服务模式等。

7. 成本分析

任何产品从设计开发到用户使用过程中都会发生可能的费用，进行成本分析时，应重点关注产品发布前需要多少成本，用固定成本和变动成本来分析。然后把收入和成本分析结合起来，算出一个盈亏平衡点，以此预估需要花费多长时间、资金和精力达到盈亏平衡点，进一步检验自己的商业模式。

8. 关键指标

不管是什么类型的公司，总能找到几个关键指标来评估公司的经营状况。这些指标不仅能衡量公司的发展，也有助于找出客户生命周期中的重要时段。戴夫·麦克卢尔提出"海岛指标组"五个关键指标：获取、激活、留客、收入和口碑。如图6-3所示。

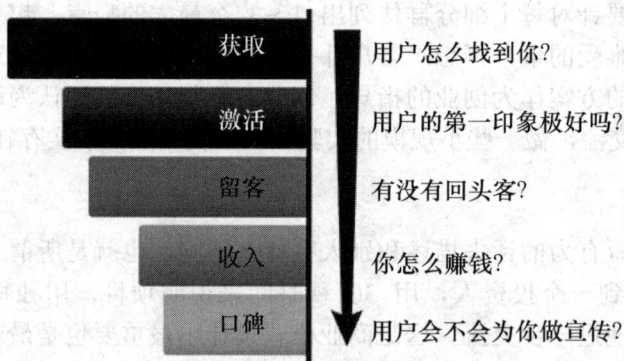

图6-3　海岛指标组五个关键指标

1)　获取

把普通访客转换成对产品感兴趣的潜在客户的过程。拿鲜花店来说，能把走过橱窗的人吸引到店铺内就是一次获取。

2)　激活

感兴趣的潜在客户对产品的第一印象感到满意。拿鲜花店来说，如果潜在客户走进店里之后发现乱糟糟的，跟在店门口的感觉完全不同，那这样的第一印象肯定无法让人满意。

3)　留客

评估的是产品的"回头率"或者是客户的投入程度。拿鲜花店来说，留客就是客人再次来到商店。

4)　收入

评估的是用户付钱的情况。买鲜花、购买或订阅产品等都属于收入，会不会在第一次访问时就掏钱则说不好。

5)　口碑

满意的用户会再推荐或者促成其他潜在用户来使用产品。这是一种比较高级的用户获取渠道。拿鲜花店来说，客人只需要跟自己的朋友推荐该鲜花店就算是树口碑了。

9. 门槛优势

也称竞争优势。构建竞争壁垒的方法有两种：第一种方法就是先让对手看不见、看不起、看不懂，然后让对手们学不会、拦不住、赶不上。要想使用这种方法，必须保证公司"内功"深厚。第二种方法就是颠覆式创新。有两种方法，一种是把贵的变便宜，收费的变免费；一种是复杂的变简单。这两种方法实际上都是从低端切入，创造一个新的、原来大企业看不上的市场，然后让很多低端用户进来，让很多原来不是用户的用户进来，然后慢慢地往上蚕食。这就是草根的逆袭。

(二)制作精益创业画布的步骤

1. 将初步计划写出来

这时候不要刻意追求能提供最好的问题解决方案，而是试着形成一整套完整的商业模式，并保证模式中的所有元素都能够相互配合。要做的事情如下。

①　迅速起草一张画布，在第一版画布上消耗时间最多不超过 15 分钟。

②　有些部分空着也没关系，要么马上写下来，要么就留空。

③　尽量短小精干，将商业模式的精华部分提炼出来，用一张纸来制作画布。

④　站在当下的角度来思考，想想下一步应该先测试哪些假设。

⑤　以客户为本，仅仅调整一下客户群体，商业模式就会产生翻天覆地的变化。

2. 找出 A 计划中风险最高的部分

莫瑞亚认为创业一般分三个阶段，如图 6-4 所示。第一阶段的核心是有没有要解决的关键问题，并能得出一套解决这些问题但又最为精简的对应方案，称之为"最简可行产品"；第二阶段的核心是提供的产品是不是客户想要的，并且愿意为此付费；第三阶段的核心是怎样才能加速发展壮大，通过验证商业模式的各个环节，改善商业模式的各个环节，以便加速执行优化方案。

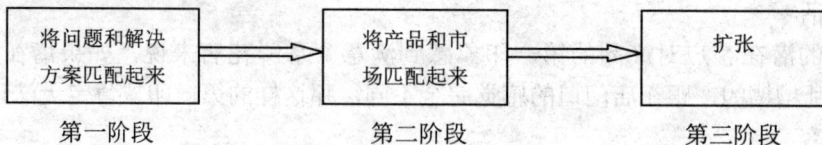

图 6-4　创业的三个阶段

3. 系统地测试计划

针对商业模式的每个环节进行参与式观察和深度访谈,有效地测试商业模式的可行性。

三、企业创新商业模式设计的工具——商业模式画布

(一)商业模式画布的基本要素

亚历山大·奥斯特瓦德(Alexander Osterwalder)和伊夫·皮尼厄(Yves Pigneur)认为,商业模式包含 9 种必备要素。

1. 价值主张

即企业通过其产品和服务能向消费者提供何种价值,看能否解决客户困扰或满足客户需求。也就是说,企业为了迎合特定客户细分群体的需求而提供可选的系列产品或服务。主要表现为:标准化、个性化的产品、服务或解决方案;宽、窄的产品范围。

应关注的问题如下。

(1) 应该向客户传递什么样的价值?

(2) 正在帮助客户解决哪一类问题?

(3) 正在满足哪些客户需求?

(4) 正在为细分客户群体提供哪些产品和服务?

2. 客户细分

即企业经过市场划分后所瞄准的客户群体。客户群体细分主要表现为:大众市场、利基市场、区隔化市场、多边化市场、多边平台市场。

应关注的问题如下。

(1) 正在为谁创造价值?

(2) 谁是重要客户?

3. 渠道通路

描绘企业用来接触并将价值主张传递给目标客户的各种途径。通道类型有:销售队伍、在线销售、自有店铺、合作伙伴店铺和批发商。

需要思考问题如下。

(1) 通过哪些渠道可以接触到网民们的客户细分群体?

(2) 如何接触他们?

(3) 渠道如何整合?

(4) 哪些渠道最有效？

(5) 哪些渠道成本效益最好？

(6) 如何把渠道与客户的接触和沟通过程进行整合？

4. 客户关系

描述企业与其客户之间所建立的联系，主要是信息沟通反馈。客户关系类型表现为：交易型关系、关系型关系、直接关系、间接关系等。

应该思考的问题：

(1) 客户细分群体希望建立和保持何种关系？

(2) 哪些关系已经建立了？

(3) 建立这些关系的成本如何？

(4) 如何把它们与商业模式的其余部分进行整合？

5. 收入来源

描述企业通过各种收入流来创造财务的途径。收入来源主要有：一次性收入和经常性收入。

思考的问题如下。

(1) 怎样的价值能让客户愿意付费？

(2) 客户现在付费购买什么？

(3) 客户是如何支付费用的？

(4) 客户更愿意如何支付费用？

(5) 每个收入来源占总收入的比例是多少？

6. 核心资源

描述企业运行其商业模式所需要的资源和能力。核心资源主要有：实体资产、知识资产、人力资源、金融资产。

思考的问题如下。

(1) 价值主张需要什么样的核心资源？

(2) 渠道通路需要什么样的核心资源？

(3) 客户需要什么样的核心资源？

(4) 收入需要什么样的核心资源？

7. 关键业务

描述为了确保其商业模式的可行，企业必须做的最重要的事情。关键业务一般分三类：设计和制造产品、构建平台或网络、提出问题解决的方案。

思考的问题如下。

(1) 价值主张需要哪些关键业务？

(2) 渠道通路需要哪些关键业务？

(3) 客户关系需要哪些关键业务？

(4) 收入需要哪些关键业务？

全国高等院校「十三五」贯穿式＋立体化创新规划教材

8. 重要伙伴

即企业为有效提供价值与其他企业形成的合作关系网络。合作关系主要有：上下游伙伴、竞争关系、互补关系、联盟伙伴、合资关系、非联盟合作关系。

思考的问题如下。

(1) 谁是重要伙伴？

(2) 谁是重要供应商？

(3) 正在从伙伴那里获取哪些核心资源？

(4) 合作伙伴都执行哪些关键业务？

9. 成本结构

即运行某一商业模式所引发的所有成本。成本结构有两种类型：成本驱动型成本结构和价值驱动型成本结构。前者侧重低价的价值主张，后者侧重增值型的价值主张和高度个性化服务。

思考的问题如下。

(1) 什么是商业模式中最重要的固定成本？

(2) 哪些核心资源花费最多？

(3) 那些关键业务花费最多？

一个有效的商业模式不是 9 个要素的简单罗列，要素之间存在着有机的联系，可以用商业模式画布这一工具来描述，如图 6-5 所示。

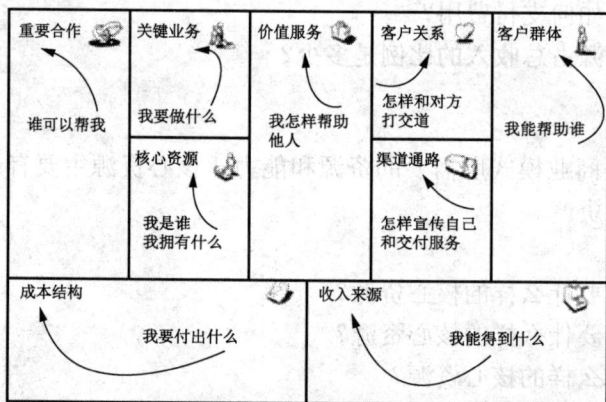

图 6-5　商业模式画布

根据九大要素间的逻辑关系，商业模式的设计可以分四步进行。

(1) 价值创造收入：提出价值主张、寻找客户细分、打通渠道通路、建立客户关系。

(2) 价值创造需要基础设施：衡量核心资源及能力、设计关键业务、寻找重要伙伴。

(3) 基础设施引发成本：确定成本结构。

(4) 差额即利润：根据成本结构、调整收益方式。

值得注意的是，因为客户关系决定于价值主张和渠道特性，核心能力和成本往往是关键业务确定后的结果，所以，九大要素中的客户关系、核心能力、成本 3 个要素难以形成商业模式创新。

(二)制作商业模式画布的步骤

制作商业模式画布，可以当作一次"商业模式画布"游戏。这种游戏将用于构建企业现有的商业模式和自身的评估，制定现有商业模式改进点以及讨论潜在的新兴商业模式。参与者可以根据各自方案和目标轻松加以调整。

1. 描绘客户细分市场

开始构建商业模式时，先让大家描绘企业所服务的客户细分市场。参与者根据客户细分群体的不同，将不同颜色的便利贴贴在画板上。每组客户代表着一个特定的群体(例如，鼠标垫的对象是个人用户和企业用户)，并描述他们的特定需求。

2. 参与者描述对价值主张的理解

让参与者描述企业对每个客户细分提供的价值主张的理解，即反映出每类客户细分的价值主张。参与者应当使用相同颜色的便利贴代表每个价值主张和对应的客户细分群体。如果每一个价值主张涉及两个差异很大的客户细分群体，那么应当分别使用这两个客户细分群体对应颜色的便利贴。

3. 参与者用便利贴完成各个模块任务

参与者使用便利贴将该企业商业模式中所有的剩余模块标识出来。相关客户细分群体始终坚持使用同一颜色的便利贴。

4. 评估商业模式的优劣势

映射出整个商业模式后，可以开始评估该商业模式的优劣势。也就是，将绿色(代表优势)和红色(代表劣势)的便利贴粘在商业模式中运行良好的模块和有问题的模块旁边。除了用绿色和红色标注优劣势，也可以在便利贴上标出"+"和"−"号分别标注优劣势。

5. 对现有商业模式进行改进。

基于某企业的商业模式的图形化表达方法，即参与者通过步骤 1～4 所产生的画布，选择对现有商业模式进行改进，或创建出另外一个全新的模式。在理想情况下，参与者使用一个或几个商业模式画布来体现改进的商业模式或新的替代模式。

第三节　商业模式的演变与创新

一、商业模式的演变

(一)商业模式的形成

商业模式不是凭空产生的，可能源于一个创意或者其他模式，寻求多种解决方案，经过筛选并按照商业模式画布的结构进行设计，经过检验修正，最终形成自己的商业模式，然后寻求商业模式发展的空间。商业模式结构形成分五步，可以称其为商业模式结构形成的"五步法"，如图 6-6 所示。

| 创意产生 | → | 结构设计 | → | 模式实验 | → | 评估修正 | → | 模式规模化 |

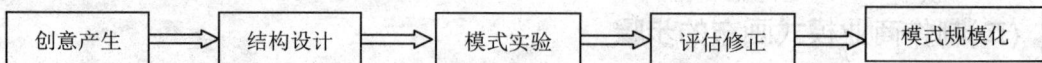

图 6-6　商业模式的形成

1. 商业模式的创意产生

创意产生是商业模式产生的基础，一个有创新精神的企业是模式创意产生的温床。新的商业模式可能始于一个创意，也可能是对已有模式进行重新思考，然后以创新思维的方式对已有的商业模式进行细微的调整，或者从根本上进行改进以创造全新的商业模式。商业模式创意源于企业家和管理者对商业机会的洞悉、对现有商业模式的认知以及对市场潜在需求的判断，善于把握机会的企业家成为商业模式的创造者和获利者。如戴尔、星巴克、沃尔玛、分众传媒等企业采用的都是全新的商业模式，并以此获得了巨大回报。

小贴士

商业模式创意
——未来主题餐厅的架构模型

在将来，主题餐厅可能成为"公共食堂"，厨房从家庭延伸到公共领域。忙于工作的广大白领、打工族、北漂、南漂们将从烦琐的私人厨房中解放出来，继而形成一个具有家庭化的、社群组织化的、松散型的社交生活组织，而"公共食堂"以连锁的形式，为这些消费群体提供主题式的餐饮服务。人们或许不需要买菜，而是只要在网上点击采购页面；饭店终端接收到订单完成采购静候客人的到来，饭店只要提供空间、餐具，以及并不多的辅助服务，大多数的工作由客人自己完成。人们在这里做菜、交流、娱乐，获得食物并交流生活。这样的饭店对于选址布局要求并不大，只要能够和居民区相近即可，同时饭店本身也不需要投入更多的人力资源——自助式的服务以及俱乐部运作模式可以节省人力；通过复制与布局完成餐厅的扩张。而另一方面，情感化、家庭化、社区化的顾客群体也由此确立——如此既满足了饭店的经营，同时也深层次满足了消费情感需求。

(资料来源：根据"人力地图地产猎头. 商业模式创意——主题餐厅[EB/OL]. http://blog.sina.com.cn/s/blog_5ec1a5df0100dlzz.html." 资料整理)

2. 商业模式的结构设计

结构设计就是围绕商业模式核心逻辑把创意描述成一个有完整的经营理念、组织内外部结构和流程，以及各部分如何进行配合的结构性蓝图。相比创意而言，商业模式的结构设计要复杂得多，它涉及顾客需求、关键业务、核心资源、供应商和合作伙伴、核心资源配置等各个要素。商业模式结构的形成经历了一个从创意到结构建立的过程，由于每个人的兴趣和视角不同，会存在多种模式的组合和冲撞，创业者必须通过共同认可的模式结构设计，并经过实验检验，才能形成一个好的商业模式结构。

3. 商业模式的实验验证

把一种结构通过一定范围的实验手段，对其可行性进行实验。商业模式画布(或精益创业画布)就是用来帮创业者建立、可视化、测试自身的商业模式的可行性，从而避免挥霍资金的工具。利用画布工具，创业者可以尽可能多展开自己设想的商业模式，并添加预估数字和计算结果。整个流程只需要 10～15 分钟，可以在各种不同方案中切换，验证它们的可行性。

4. 商业模式的评估修正

这是对模式的进一步完善，除验证模式的可行性外，还需要评估模式。商业模式评估可以帮创业者在众多的商业模式创意中挑选出最具潜力的模式，以保证企业经营目标和盈利目标的实现。所以，在整体运作商业模式之前，必须问自己几个关于价值主张和客户细分的问题。问自己的价值主张是否能满足目标客户的特定需求；问自己有多少人群或者公司有相似的需求，这可以很好测量出市场容量。问这项需求是否真的对客户非常重要，他们对这个产品或服务的预算是多少？这只是基本的模式评估。除此之外，还可以运用一般的评估方法，比如平衡计分法、雷达图示法、商业模式可行性分析框架、容器效应评估法，对各种商业模式创意进行评估。

5. 商业模式的规模化

企业将经过结构验证和完善的模式发展成为企业经营总的商业模式。商业模式是为了实现客户价值最大化，把能使企业运行的内外各要素整合起来，形成一个完整的高效率的具有独特核心竞争力的运行系统，并通过提供产品和服务使系统达成持续赢利目标的整体解决方案。商业模式的规模化就是将围绕顾客而建立的各个要素固化在一个价值网络内，形成相互的"嵌入"，打破了原有企业的边界，改变了价值实现的时空状态，使价值实现从直线平面变为立体网络，从而获得使模式主体企业获得更大范围的竞争优势。"成功=靠谱的产品+可行的商业模式"，找到一个合适的商业模式至关重要，它能避免在错误的方向上浪费资源。

(二)商业模式的演变

商业模式不是静态的，而是不断演变和发展的。企业所处的环境是不确定的，新创模式所获得的竞争优势将被企业进一步强化，为维护模式结构的稳定性，对抗其他竞争对手模式创新的挑战，企业倾向于通过各种手段来发展自己的商业模式。企业商业模式从新模式形成到旧模式解体的演变中：第一，任何企业的商业模式都始于对既有模式的"破坏"，是在竞争中产生和发展的。第二，企业的商业模式从建立起就时刻面临各种其他商业模式的挑战，随时可能解体。第三，企业可以通过商业模式的创新，从一个失去竞争力的旧模式走向一个富有竞争力的新模式，新模式瞬间又成为其他模式"破坏"的对象。企业就是在这样的环境中：一方面建立新的商业模式，一方面又要应对随时可能的已有模式解体(见图 6-7)。

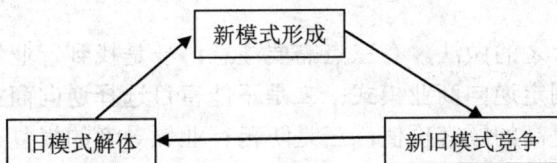

图 6-7　商业模式演变规律

全国高等院校「十三五」贯穿式+立体化创新规划教材

企业就是这样，不断通过商业模式创新来获得竞争优势，竞争者也不断地从模式的模仿创新中争夺利润，而且竞争者开始从表层的竞争活动延伸到深层的竞争活动。由于企业所处的环境是高度不确定的，新创模式所获得的竞争优势将被其他企业进一步弱化，为维护商业模式的稳定性，对抗其他竞争对手模式创新的挑战，企业必须通过各种手段来发展自己的商业模式。

二、商业模式的创新

商业模式创新主要是新创企业商业模式如何产生以及企业对现有商业模式的再设计，其核心问题就是发现和寻求新的模式创新的机会是否成立的问题，无论是新创模式还是在既有模式下的创新都是如此。商业模式创新和其他类型的创新如技术创新一样，它也会经历产生、扩散的过程，经历原始创新、被模仿、再创新的生命周期阶段。处于不同阶段的商业模式创新，其过程特点及设计是不一样的。

(一)商业模式的原始创新

如果以前所未有的商业模式为客户提供产品和服务，这种商业模式创新就是原始创新。它既可以发生在现存的企业中，也可以伴随着新生企业或者新一代企业家的成长而出现。

1. 构成要素创新

商业模式是由不同要素组成的，因而商业模式的创新可以看作是商业模式不同构成要素的创新。第二节我们讲过商业模式设计的精益创业画布工具，可以帮助创业者设计一个前所未有商业模式框架，但不意味着可以写下一个无敌的商业模式，它的作用是帮助追踪目前为止的所有"创业假设"。比如，有人认为 18～30 岁的城市青年(目标顾客)应该会喜欢购买宠物服饰打扮自己的宠物(价值主张)，然后开始试着执行这样的计划，在最低成本状态下想办法验证这种假设。每尝试一次，会得到更多市场信息，进而调整自己的商业模式，直到(价值获取)满意为止。

2. 系统性创新

商业模式创新包括向谁、何时、缘由、地点、如何做以及成本，这些为顾客提供产品和服务方面的修正，从整体出发对商业模式的创新和构建。商业模式描述的是企业各个部分怎样组合在一起的活动系统。商业模式创新往往伴随着产品、合作网络、价值主张等元素的创新，最终达到为企业利益相关者带来可预期的利润的效果。

3. 逆向思维创新

是一种反其道而行之的做法。有三点需要注意：一是找到行业领导者或行业主流商业模式的核心点，以此制定逆向商业模式；二是不能盲目选择逆向商业模式，选择的前提是能确保为消费者提供更高的顾客价值；三是防范行业领导者的报复行为，评估其可能的反制措施，并采取相应的举措。

(二)商业模式的模仿创新

并非所有的商业模式创新都是原始或者需要原始创新的。更多的情况是，模仿创新大行其道。模仿是商业模式创新的基础，几乎一切成功的商业模式都是在不断模仿基础上创新的。富有创新精神的企业家开创了新的商业模式和盈利机会，并赚得盆满钵满，极大地带动了一批模仿者和改进者。

1. 全盘复制

这个方法最为简单，就是对优秀企业的商业模式进行直接复制，全盘拿来为我所用。在那些中国星光熠熠的企业身上，几乎都可以找到国外与之对应的原型。流通领域里的苏宁、国美，与之对应的是国外的 Bestbuy 等家电连锁企业；互联网企业里的百度、搜狐、淘宝依稀可以看到谷歌、雅虎、亚马逊的影子。在同一行业的企业，尤其是同属一个子市场或拥有相同产品的企业，直接竞争对手更容易产生盛业模式的互相复制。

全盘复制需要注意两点：一是快速捕捉优秀商业模式信息，快速复制取得占先优势；二是不能死板硬套，针对企业或市场要进行细节调整。比如，当年一个叫 Myrice 的网站抄袭了网易的商业模式，用个人主页空间来吸引当时不到 600 万的上网用户。后来因为看不到商业前景，卖给了 Lycos。相反，网易则因为坚信商业模式可以不断完善，可以不断模仿别人的成功经验，可以将别人的模式融会贯通成为自己的独特商业模式，而造就了一个中国首富。

2. 借鉴提升

可以说，世界上全盘复制成功的案例少之又少，几乎所有成功的模仿都是与其他的商业模式和资源嫁接在一起，都被赋予了全新的形式或内容。腾讯就是在对其他商业模式不断模仿和嫁接中成长、成熟起来，成为中国最成功的互联网公司之一。模仿程度可以有不同，有的程度很高，如大家熟悉的搜狐、新浪、网易等三大门户网站，有的则需要或实际上进行了一定程度的变革。

商业模式借鉴提升要注意两点：一是企业能够迅速洞察消费者需求，在商业模式上迅速做出反应，从而抢占市场先机；二是通过不断改进工艺、再造流程等方法，提高产品效用，使顾客对其产品需求增强，同时随着成本不断降低，从而获取超额收益。

苹果公司商业模式创新

"我们不要去问消费者需要什么，我们要去创造消费者需要但表达不出来的需求。"乔布斯曾经每天都在强调自己的创新观点。如果将开发客户的潜在价值看成是一种简单的营销手段，那就大错特错了。他强调的是一种商业模式的创新。

乔布斯完美地演绎了这一创新。苹果在大获成功之前，也曾苦于无法找到更好的商业模式。技术从来都不是最难的，生产 iPad 和 iPhone 的技术手段，业界早已掌握。然而，苹果的创举在于，推出 iPad 之后，还推出音乐购买平台 iTunes，推出 iPhone 之后，还推出 Appstore 提供应用软件的有偿下载。

开发客户的潜在价值，赢在对商业模式的创新，那才是源源不断的价值回报。当然，想要最大化激发客户的潜在价值，必须坚持对客户价值进行管理。定期采集客户信息，了解和分析客户需求，然后才能有的放矢，设计出新的商业模式。

（资料来源：根据"沧海. 未来赢在商业模式创新[EB/OL].
http://blog.sina.com.cn/s/blog_553c6bdb0102ea8y.html."资料整理）

本章小结

(1) 商业模式是以企业创造价值为核心逻辑，描述的是企业各个要素组合在一起构成的一个系统。任何新型商业模式都是由多种要素按不同逻辑排列组合的，目前比较认可的是 9 要素组合。

(2) 商业模式画布和精益创业画布可以很好地帮助人们设计属于自己的商业模式，由于每个人的定位、兴趣点和视角不同，向各个要素中添加的内容不同，就会形成了不同的商业模式。

(3) 商业模式不是静态的，有一个从产生到发展的演变过程，并且会随着社会环境的变化尤其是技术进步和竞争加剧而不断创新。每个创业者都希望设计一个全新的商业模式去颠覆产业内现有的企业，但商业模式的原始创新是一个非常困难的事情，创业者可以通过对同行竞争者商业模式的全面模仿和借鉴提升，顺利地进入某个行业。

实训案例

"居泰隆"的商业模式

基本案情：

"居泰隆"是一家家居公司，采用的商业模式可概括为：建立一套"信息系统"，将家具供应商和销售商整合起来，以减少中间环节，降低流通成本。

具体来讲，通过内部的"产品建模中心"，对家具厂商的产品进行信息化建模，使家具产品适合通过"信息系统"在计算机上展示。这样，零售终端就不必像传统的家居大卖场那样，租用大面积的门店来展示家具，降低了家具零售环节庞大的展示成本。这使得"居泰隆"可以快速发展低成本的"连锁门店"。顾客的采购信息，汇集到"居泰隆"的门店(自营、合作、加盟)及网站，再通过"信息系统"传到厂商，实现需求多元化下的规模采购，又降低了采购成本。物流方面，由"第三方物流公司"负责统一配送，将货品配送到门店，再由门店负责配送到客户。最终，"居泰隆"通过家居用品销售的差价和合作伙伴(加盟门店、第三方物流公司)的佣金返点来获利。

对"居泰隆"而言，配送中心、产品建模中心、培训中心、网站等是"内部利益相关者"。至于物流公司、家具厂和顾客，无疑是"居泰隆"的"外部利益相关者"。门店由于既有加盟，又有参股，还有直营的，所以和"居泰隆"的培训中心等相比，属于外部利益相关者；而与客户、家具厂商等相比，又属于内部利益相关者。因此 "门店"属于

"类内部利益相关者"。这三种利益相关者的交易结构就形成了"企业边界"。

在居泰隆的交易结构中，只要关注到同一个"利益相关者"在内部、类内部和外部之间的动态变化，就会存在商业模式的演化和重构过程。

(资料来源：根据"BEEUI、商业模式创新的设计方法及成功案例[EB/OL].
http://www.beeui.com/p/2486.html."资料整理)

案例点评：

商业模式(结构)设计比较复杂，它涉及关键业务、核心资源、供应商和合作伙伴、核心资源配置等各个要素。结构设计要围绕商业模式核心逻辑(发现价值、创造价值、传递价值、价值获取)把创意描述成一个有完整的经营理念、组织内外部结构和流程以及各部分如何进行配合的结构性蓝图。

商业模式就是"利益相关者的交易结构"。好的商业模式(结构)设计，其秘诀就是要能创造更大的"商业模式价值"！交易价值越大、交易成本越低，商业模式的价值就越大！所以，在分析交易结构的过程中，界定清楚内部、类内部和外部利益相关者，是设计商业模式并且判断一个商业模式价值创造能力的前提。

思考讨论题：

1. 什么是利益相关者？"居泰隆"的利益相关者有哪些？
2. 商业模式形成具体有哪几个步骤？
3. 如何衡量商业模式的价值？

实训课堂

一个大学生创业者的"白日梦"项目

基本案情：

周六的时候，我去上海，组织了一场缘创派(ycpai.com)的线下活动。在与上海的不同行业、不同方向的创业者交流时，遇到了一位复旦大学研二的学生。他向我介绍了他的项目，讲了半天，我没有听懂。然后他又仔细地讲了一遍，我大概明白他的意思了。他的意思是：现在的大学生很迷茫，所以准备做一个网站，用时间线的方式让现在的大学生记录下自己的梦想，记录自己所做的事情。为了方便起见，我给他的项目起了一个名称——"白日梦"。

他问："我怎么才能找到种子用户呢？"我没有直接回答这个问题，而是问："你解决用户什么痛点问题呢？"他说："很多大学生在上学期间很迷茫啊。"我又问："那你的解决方案是什么呢？"他说："让大家记录下来自己的梦想，回头看啊。"我说："感觉你的解决方案不够有吸引力！没有解决用户的问题。"接下来，我简单地帮他分析了一下这个用户的需求，看看能不能找到一个有效解决用户问题的方案。

最近我经常看《逻辑思维》这个节目。在最近的一期节目中，老罗提到一个人最有效的成长方式是拜师傅学徒。比如文艺复兴时期的艺术巨匠都在作坊里面跟着师傅成长起来的。而在大的 IT 公司比如微软，Mentor 机制是最好的带新人机制。那能不能用"拜师傅"这个解决方案来解决某些大学生的迷茫问题呢？

如果这是一个方案，那我们就知道如何去构建整个产品和运营了。首先，任何从原大学毕业几年，有过工作经验的校友都可以成为指导在校生的"师傅"。只需要找到一些愿意分享个人职业成长经验的学长，那就有了"师傅"用户群。接下来，把"拜师傅"作为一个产品的卖点，针对在校生做相应的推广。让那些认为自己迷茫的学生到这个网站来拜师傅。找到这样的种子用户并不难，线上的渠道包括学校论坛、QQ 群等，线下的渠道包括学校的黑板报等。在产品方面，就需要制定某种拜师的流程，让"师傅"能够感受到荣誉，让徒弟能够获得真正的指导。是一对一，还是一对多，如何保证双方有足够的交互，这些通过系统的规则来得到实施。

讲完这些，这位研二的创业者问我："你是怎么思考创业中的这些问题的呢？"我说："这不是我的逻辑，这是精益创业的思维。任何互联网创业项目，最好要按照精益创业的思路思考你的项目，基本上就相当于商业计划书了。精益创业的画布可以帮助你很好地梳理这些问题。"

（资料来源：根据"superyan. 一个大学生创业者的'白日梦'"项目[EB/OL].
http://blog.csdn.net/superyan/article/details/15338225." 资料整理）

实训题：

1. 假如你做这样一个项目，如果用精益创业画布来把各个选项都填写一遍的话，应该如何填写？

2. 用精益创业画布工具，编辑和完善自己的一个创业想法。

复习思考题

一、基本概念

商业模式　核心资源　价值主张　关键业务

二、判断题(正确打"√"，错误打"×")

1. 商业模式就是公司通过什么途径或方式来赚钱。　　　　　　　　　　　　（　　）

2. 企业只有创新的不可复制的商业模式，才能确保在竞争当中取胜。　　　　（　　）

3. 商业模式画布更适合既有企业或者已经开始创业的企业。　　　　　　　　（　　）

三、单项选择题

1. 优秀商业模式的特征不包含（　　　）

　　A. 顺应形势　　　　B. 创造优势　　　　　C. 系统性

　　D. 难以模仿　　　　E. 脚踏实地　　　　　F. 提供独特价值

2. 亚历山大·奥斯特瓦德的商业模式构成要素不包括（　　　）。

　　A. 核心资源　　　　B. 核心战略　　　　　C. 重要伙伴　　　　D. 客户细分

3. 商业模式结构形成的"五步法"的第一步是(　　)?
   A. 结构设计　　　B. 创意产生　　　C. 模式实验
   D. 评估和修正　　E. 模式规模化

四、简答题

1. 商业模式的逻辑性是什么?
2. 如何通过模仿设计你的商业模式?
3. 想要创业的大学生如何设计自己独一无二的商业模式?
4. 怎样理解商业模式形成的过程?

阅读推荐与网络链接

[1]　张玉利, 陈寒松, 薛红志, 等. 创业管理[M]. 北京: 机械工业出版社, 2017.

[2]　孙洪义. 创新创业基础[M]. 北京: 机械工业出版社, 2016.

[3]　唐誉泽. 创见未来[M]. 北京: 经济管理出版社, 2017.

[4]　陈又星, 吴金椿, 夏亮. 创业基础[M]. 北京: 高等教育出版社, 2016.

[5]　鲁百年. 创新设计思维[M]. 北京: 清华大学出版社, 2017.

[6]　王可越, 税琳琳, 姜浩. 设计思维创新导向[M]. 北京: 清华大学出版社, 2017.

[7]　张玉利, 李华晶, 薛扬. 创新与创业基础[M]. 北京: 高等教育出版社, 2017.

[8]　[比利时]亚历山大·奥斯特瓦德(Alexander Osterwalder), 伊夫·皮尼厄(Yves Pigneur). 商业模式新生代[M]. 北京: 机械工业出版社, 2017.

[9]　张玉利, 杨俊. 创业管理(行动版)[M]. 北京: 机械工业出版社, 2017.

[10]　刘平, 李海玲, 贾峤. 大学生创业基础[M]. 北京: 机械工业出版社, 2013.

[11]　商业模式新生代. 商业画布游戏[EB/OL]. http://blog.sina.com.cn/s/blog_74ba07630100wpr1.html.

[12]　Superyan. 一个大学生创业者"白日梦"项目[EB/OL]. http://blog.csdn.net/superyan/article/details/15338225.

随身课堂

商业模式.PPTX　　商业模式.MP4　　商业模式概念.MP4　　商业模式画布.MP4

全国高等院校"十三五"贯穿式+立体化创新规划教材

第七章　创业风险防范

学习要点及目标

- 了解创业风险的概念。
- 了解创业风险的评估方法。
- 掌握创业风险规避方法。

核心概念

创业风险

引导案例

创业传奇

2001 年 4 月 25 日，浙江工业大学之江学院环境意识设计专业 0703 班陈得俊获 "浙江优秀青年" 称号。在校期间，陈得俊学习努力，曾获得多项校内外奖励。从 2009 年 11 月起陆续创办了三家企业，目前的营业额已达 4 千多万，是在校大学生创业的典范。

2009 年 11 月，他在学校旁边租了一个 200 平方米左右的公寓，开起了他的第一间工作室——一廊艺术机构，出售绘画、书法、家具雕塑、陶艺等家居装饰品。2010 年 10 月他开了第三家公司——杭州拜哈(By Heart)设计有限公司。仅仅半年的时间，公司产值已达 2 千多万，三家公司的营业额超过了 4 千万，同时还积极录用应届毕业生成为公司员工，完成了创业带动就业的目标。

在创业过程中，遇到个人无法完成的任务，他便借助团队的力量来共同完成。公司的生意一直不错，但在开拓业务时还是遇到了问题。公司接到的业务多是普通住宅，陈得俊觉得，要进一步开拓高端商业区的业务，但是不久，便遇到了十分棘手的问题——资金链短缺！"没有办法就要想办法，有时候人的能力就是逼出来的。" 他动容地说，"有些人只把想法当成梦想，使劲在吹梦想有多么美好，那他就永远只能是一个梦，越想离你越远。" 对于大学生来说，经济基础是最大的问题，所以创业是需要鼓足很大的勇气。遇到困难时，学校的老师都总是热情地给予帮助与指导，过硬的专业知识背景、良好的人际关系和坦诚的为人处世之道，让陈得俊赢得了多方的支持和帮助，使他拥有了现在的成功。

成功之后，他也不忘初心，依靠自己的实践经验，在同学们遇到专业和创业中的问题时给予帮助、指点，把自己的经验没有保留地分享给大家，成为同学心中的 "创业导师"。

(资料来源：根据 "吴剑，王雷. 大学生就业创业指导咨询案例教程[M].
北京：科学出版社，2015." 资料整理)

创业有成功，也有失败。成功，获得较大的经济利益和做老板的自由；失败，蒙受经济上和精神上的打击。创业过程中，风险无处不在，尤其是创业初期更是风险种类繁多。创业风险高，失败率高，但是针对风险进行有效评估，采取有效的风险防范是可以降低风险的发生，减少损失，成功创业。

第一节 创业风险概述

创业是什么？直白地说，就是创办自己的事业，从而获得成功的活动。创业能够获得较大的经济利益，但是同时也存在着巨大的风险。据统计，发达国家中小高新技术企业创业的失败率高达 70%。也就是说，20%~30%的创业公司的巨大成功是以 70%~80%的企业失败作为代价的。而服务行业的开店创业者 5 年内的创业失败率更是高达 95%，可见创业失败率之高，风险之大。国外有句谚语："除了死亡、税收外，没有什么是确定的。"企业在创业的过程中，这句话就成了："除了风险外，没有什么是确定的。"

一、创业风险的内涵和特征

(一)创业风险的含义

风险是什么？不同的学者有不同的解释。多数人认为风险就是不确定性，企业在经营活动中收益与损失之间的不确定性。这里的收益与损失不仅仅包括经济利益，还包括雇用员工、企业文化等通常所说的无形资产。也就是说损失是客观存在的，只不过这种损失是不可预测的，何时何地对哪项收益会有损失都是未知的。所以，我们认为创业风险就是指由于创业活动中的不确定性，而导致创业偏离预期目标的可能性及其后果。

(二)创业风险的特征

1. 客观存在性

创业风险是一种客观存在，不论是创业企业的初创期、成功期，还是中小企业、跨国企业，都无法避免风险的发生。与自然灾害和意外事故相比，企业可以在一定范围内改变经营过程中的风险，降低风险的发生概率和损失，但却无法彻底消除风险。这种客观存在性决定了我们要正确对待创业风险，积极认识、研究创业风险，以减少风险带来的各种损失。

2. 不确定性

风险发生是必然的，但时间、空间、损失程度以及风险的内容却有着很强的不确定性。企业经营活动过程中有可能遇到各种各样的风险，有些是像自然灾害等无法预测，有些是经营风险，这些风险在不同时间、不同空间、发生何种灾害、灾害后果的大小上，都

全国高等院校『十三五』贯穿式＋立体化创新规划教材

有可能影响风险给企业带来损失的内容、形式以及大小。风险的不确定性给我们研究风险带来了一定的困难，但这也成为我们研究风险的动力。

3. 可测性

风险的不确定性一定程度上使我们认为风险是不可预知的，但随机现象的发生也是有一定概率的，所以，在一定时期内某些风险发生的概率和损失是可以预测的、有一定规律的，因此，通过运用科学手段对风险进行统计分析，风险可以被我们认识并防范和管理。

4. 损益相关性

创业风险带来的不一定都是损失，也有可能是正面影响。创业者面临的风险与其经营活动密切相关，同一风险对不同创业者会产生不同的损益，不同风险给创业者带来的损益也不同，同一创业者由于决策和策略不同，风险带来的结果也会不同。我们要在风险中尽量减少给企业带来的损失，扩大其正面影响。

(三)创业风险的来源

创业环境的不确定性，创业机会与创业企业的复杂性，创业者、创业团队与创业投资者的能力与实力的有限性，是创业风险的根本来源。研究表明，由于创业的过程往往是将某一构想或技术转化为具体的产品或服务的过程，在这一过程中，存在着几个基本的、相互联系的缺口，它们是上述不确定性、复杂性和有限性的主要来源，也就是说，创业风险在给定的宏观条件下，往往就直接来源于这些缺口。

1. 融资缺口

融资缺口存在于学术支持和商业支持之间，是研究基金和投资基金之间存在的断层。其中，研究基金通常来自个人、政府机构或公司研究机构，它既支持概念的创建，还支持概念可行性的最初证实；投资基金则将概念转化为有市场的产品原型(这种产品原型有令人满意的性能，对其生产成本有足够的了解并且能够识别其是否有足够的市场)。创业者可以证明其构想的可行性，但往往没有足够的资金将其实现商品化，从而给创业带来一定的风险。通常，只有极少数基金愿意鼓励创业者跨越这个缺口，如富有的个人专门进行早期项目的风险投资，以及政府资助计划等。

2. 研究缺口

研究缺口主要存在于仅凭个人兴趣所做的研究判断和基于市场潜力的商业判断之间。当一个创业者最初证明一个特定的科学突破或技术突破可能成为商业产品基础时，他仅仅停留在自己满意的论证程度上。然而，这种程度的论证后来不可行了，在将预想的产品真正转化为商业化产品(大量生产的产品)的过程中，即具备有效的性能、低廉的成本和高质量的产品，在从市场竞争中生存下来的过程中，需要大量复杂而且可能耗资巨大的研究工作(有时需要几年时间)，从而形成创业风险。

3. 信息和信任缺口

信息和信任缺口存在于技术专家和管理者(投资者)之间。也就是说，在创业中，存在两种不同类型的人：一是技术专家；二是管理者(投资者)。这两种人接受不同的教育，对创业有不同的预期、信息来源和表达方式。技术专家知道哪些内容在科学上是有趣的，哪些内容在技术层上是可行的，哪些内容根本就是无法实现的。在失败类案例中，技术专家要承担的风险一般表现在学术上、声誉上受到影响，以及没有金钱上的回报。管理者(投资者)通常比较了解将新产品引进市场的程序，但当涉及具体项目的技术部分时，他们不得不相信技术专家，可以说管理者(投资者)是在拿别人的钱冒险。如果技术专家和管理者(投资者)不能充分信任对方，或者不能够进行有效的交流，那么这一缺口将会变得更深，带来更大的风险。

4. 资源缺口

资源与创业者之间的关系就如颜料和画笔与艺术家之间的关系。没有了颜料和画笔，艺术家即使有了构思也无从实现。创业也是如此。没有所需的资源，创业者将一筹莫展，创业也就无从谈起。在大多数情况下，创业者不一定也不可能拥有所需的全部资源，这就形成了资源缺口。如果创业者没有能力弥补相应的资源缺口，要么创业无法起步，要么在创业中受制于人。

5. 管理缺口

管理缺口是指创业者并不一定是出色的企业家，不一定具备出色的管理才能。进行创业活动主要有两种：一是创业者利用某一新技术进行创业，他可能是技术方面的专业人才，但却不一定具备专业的管理才能，从而形成管理缺口；二是创业者往往有某种"奇思妙想"，可能是新的商业点子，但在战略规划上不具备出色的才能，或不擅长管理具体的事务，从而形成管理缺口。

二、创业风险的类型

创业在整个企业成长过程中都充满了各种各样的不确定性，所有的不确定性都是风险的来源，所以企业是一个风险集中的组织。创业活动中所面临的风险多种多样，不同风险有着不同的性质和特点，要对创业风险进行有效管理，就要对风险进行分类，以便针对不同的风险使用不同的管理方法。

(一)项目选择风险

初创企业一般都面临项目选择风险。创业项目选择是创业的第一步，也是最困难的一步。创业项目的选择没有通用方法，只有经过大量的实例研究后，发现的一般性原则，也就是创业项目的选择遵循：要满足市场需求，要讲求有一定的回报率，要发展国家鼓励和支持的项目，要选择自己熟悉并拥有优势资源的项目。

创业企业在创业起步时期一般缺乏资金，要吸引投资者投资，项目的选择就尤其重要。具有市场前景、新颖的项目不仅能够更好地获得投资，还能使竞争对手看不懂企业项目，等竞争者明白了，企业也已经有一定的知名度和市场占有量，就能够有充足的时间应对对手复制的打击。

全国高等院校『十三五』贯穿式+立体化创新规划教材

(二)信誉风险

诚实守信不仅是做人的标准，企业也一样要遵守。市场经济是最讲信誉的，良好的信誉是一个企业在市场立足的根本。一个信誉不好的企业，其产品质量和服务再好，也很难获取消费者的信任，使其在生存发展中存在更多的不确定性。所以企业信誉风险问题是每个企业都应高度重视的问题，企业应当从自身做起，注重自身信誉，建立良好的社会关系和信誉市场，促进社会良性发展。

企业信誉风险指企业在经营管理过程中，由于管理不善或操作不当，使企业的信用和名声在市场、社会上的威信下降，对企业的经营造成不良影响的风险。在经营过程中，企业受客观环境的不确定性因素和企业自身行为的影响，会遭受到各种各样的信誉风险。根据有关调查显示，我国企业信誉风险主要有：拖欠贷款、货款、税款、违约、价格欺诈、制造假冒伪劣产品、商标侵权、专利技术侵权，披露虚假信息等。这些信誉风险的产生都对企业的生存和发展有着或大或小的影响。

企业信誉风险一般分为企业内部信誉风险和企业外部信誉风险。

企业内部信誉风险主要是指企业内部各部门之间以及上下级之间产生的信誉风险。企业内部信誉风险直接关系到企业的生机和活力，并进而影响到企业外部信誉。

企业外部信誉风险主要是指企业和社会上与企业有联系的各个方面在经济往来过程中所产生的信誉风险。这是企业生存的根本，也是企业需要主要解决的信誉风险问题。企业外部信誉风险主要有企业产品信誉风险、企业服务信誉风险、企业财务信誉风险、企业法律信誉风险、企业社会责任信誉风险等。

(三)创业融资风险

创业企业一般都有资金问题，资金的注入可以帮助解决企业在各个发展时期渡过难关。创业企业有很多种融资渠道，创业者应当勇敢尝试，使企业更好地发展。但是没有哪种融资渠道是十全十美的，任何方式的融资都存在风险，所以创业企业融资风险一般分为创业企业融资战略不当引发的融资风险；创业企业融资活动不计成本引发的融资风险；创业企业融资对象选择不当引发的融资风险；创业企业过分依赖专家造成的融资风险。

1. 融资战略不当引发的融资风险

制定融资战略时，应紧密结合创业企业的情况确定融资规模，既不能太少，也不能太多，否则会给创业企业带来很多不确定因素。初创企业需要有充足的资金，以保证企业顺利度过成长的关键期，否则"如果我们一开始就有资金"就会成为企业破产的理由。超过企业需要的融资会使企业在宽松的财务环境中放松财务预算的约束，在不知不觉中陷入融资困境，进而走向破产。

融资也要把握好时机，既不能过早，也不能过晚，切合实际的融资能够帮助企业解决资金问题，没有把握好时机，会通过增加成本或放弃控股权等给企业的发展带来不确定性。企业创业初期需要的资金量巨大，资金供给量不仅要充足，而且必须及时，所以创业企业必须未雨绸缪，尽早考虑融资问题。融资过早，会使创始人的股权被不必要的削弱，也会抛弃保持节俭的财务纪律。

2. 融资活动不计成本引发的融资风险

大多数企业获得资金是最兴奋的事，但兴奋之后会发现他们为此可能付出了太多，出现了"得不偿失"的结果。

融资过程充满了压力，而且投资者对公司的"审慎调查"通常会耽误几个月的时间，最终获得投资的时间有可能是半年或一年以上，在这期间公司管理者的精力无法顾及开展业务，就会出现现金流和公司业绩受影响的问题。即使是融资成功后，其后续成本也是很多的，公司上市成本——给律师、承销商、会计师、印刷厂以及市场监管者的各种费用——将达到融资的 15%～20%。在融资过程中，时间和金钱的要求都是不可避免的。

另外，融资过程中信息泄露风险也是存在的。在筹资过程中，必须向不同的人介绍公司情况，包括公司的专业技术人员，管理层的能力和弱点，股份、收益，公司的竞争及市场战略以及公司的财务状况，这些都必须透露给创业者根本不熟悉甚至不信任的人。所以，在做出融资决定时，一定会有信息泄露的风险。

3. 融资对象选择不当引发的融资风险

在实践中，投资者的规模大小并不是企业选择投资者的首要标准，对自己专业领域是否熟悉才是创业者筛选投资者的重要标准。

行业中地位高、资金规模雄厚的公司往往引来更多地关注，但实际上，随着风险投资行业种类的增加以及其他一些原因，大公司并不一定适合每个创业者。因此，要抛开对投资者规模和地位的偏见，找那些懂技术、了解市场、有专业人员并在竞争市场上显示出超群智慧的资金支持者，融资的成功率才会高。

4. 过分依赖专家造成的融资风险

在融资过程中，创业者有时会非常注重投资顾问或是律师的意见，但实例告诉我们，综合考虑专家的建议有助于融资的顺利完成，但过分依赖专家也会给融资带来风险。

融资多少、融资渠道、融资方式、融资条件等方面的决策都会影响公司的经营管理，融资顾问并非都善于企业的经营发展，而融资结果是要创业者自己来承担，而不是融资专家。

融资有多种运作方式，法律文件都能够清楚地说明交易各方的条件、责任和权力。在法律和合同的一些细节问题会在筹资的最后过程出现，这些方面往往会使创业者可能最后一无所获，更甚者可能对公司带来巨大的灾难。律师不论多么尽职多么有能力，并不能确定什么样的条款是企业所不能接受的，创业者不能仅仅依靠律师和顾问解决这些关系企业生死存亡的问题。

(四)资金链断裂风险

创业企业自身资本结构不合理或企业发展战略不当而造成的流动资金不足，形成资金链断裂风险。

资金链是指维系企业正常生产经营运转所需要的基本循环资金链条，是企业现金流在某一时点上的静态反映。资金链断裂，是指企业发生债务危机，进而不能偿还到期债务，所以资金链断裂表现为一种瞬间现象。企业在生产经营活动中的资金循环要经历采购、生

全国高等院校「十三五」贯穿式＋立体化创新规划教材

产、销售、分配等诸多环节，不论哪个环节出现问题都会带来资金链断裂的风险。

企业营运资金不足、信用风险、结算方式不合理以及投资失误都有可能造成资金链断裂。

(五)人力资源风险

企业人力资源风险是指在企业的各种经营活动中，由于人力资源的原因而导致经营后果与经营目标相偏离的潜在可能性，即经营后果的不确定性。人力资源风险存在于生存发展的任何时期。

创业企业人力资源风险主要有创业者风险、创业团队风险、核心员工流动风险。

创业者风险主要是创业者个人因素造成的风险。创业者个人能力和素质在创业初期会对创业活动能否顺利进行产生重要的作用。

创业初期，创业团队的成员往往都是朋友，但是经过一段时间的磨合后，团队就需要经历一个痛苦的"洗牌"过程。创业团队如果没有共同的愿景和目标，不能塑造和谐的创业团队关系，没有或不能很好地遵行团队规范和应该严守的纪律，团队角色配置不合理等等因素，都会造成创业团队风险。

核心员工流动也是人力资源风险的一个主要问题。核心员工是指拥有专门技术、掌握核心业务、控制关键资源、具有特殊经营才能、对企业的经营发展会产生深远影响的员工。核心员工的流失将会使企业的有形资产和无形资产遭受损失，削弱企业核心竞争力；也会使企业追加招聘、培训新员工以及寻求新客户的成本。

(六)技术风险

当今社会，科学技术飞速发展，形成了众多的高新技术企业。独特的技术成为这些企业赖以生存的核心。因此，加强对专有知识与技能的保护，努力跟紧世界高新技术发展的潮流，防范技术风险，成为创业企业的重要内容之一。技术风险主要有：自有知识产权的保护、避免对他人知识产权的侵犯、科技成果转化中的风险、制造与工艺风险等几个方面。

自有知识产权是创业企业主要的利润来源，拥有自有知识产权才能打造企业独特的核心能力。创业企业要保护好自己的知识产权，避免技术上的风险可以选择法律保护和自我保护的方法。对商标、专利等工业产权进行注册，寻求法律保护；通过对专有技术进行保密的方式进行自我保护。

在保护自身自有知识产权的同时，也应该避免侵犯他人自有知识产权，以防陷入技术方面的纠纷。在购买他人专有技术时，要明确界定其授权范围，要了解在本地区、本专业领域内是否还有其他的被授权者等，在防止侵害他人利益的同时，也要保护自己的合法权益。

科研成果是很多高新技术创业企业起家的基础。科技成果能否转化为市场所认可的商品，是创业企业面临的重大风险。科技成果的转化是以科研成果为起点，经过技术开发、商品开发、产业开发和市场开发，使之进入市场，并取得收益的过程。科技成果能否商品化、产业化是当今世界各国共同关注的问题之一。

第二节　创业风险评估

一、创业风险评估的方法

风险评估是指在对创业企业面临的现实以及潜在的风险加以判断、归类并鉴定风险性质的基础上，通过对所收集的损失材料加以分析、衡量，以便合理地制定和选择恰当的风险控制方案。把风险发生的概率、损失的程度与其他综合因素结合起来考虑，确定发生风险的可能性以及危害程度，通过比较管理风险所支付的费用，决定是否需要采取风险防控措施，以及采取到什么程度，从而提高企业风险管理的科学性。

本书主要介绍几种比较重要的风险评估方法：SWOT 分析法、ATA 事故树分析法、模糊综合评价法、层次分析法(AHP)等。

(一)SWOT 分析法

SWOT 分析法是指列出企业有可能面临的各种风险，并将这些风险与创业活动联系起来考察，以发现各种潜在的危险。通过将风险的优势、劣势、机会和威胁等内容逐条列举出来，按照矩阵的形式排列，运用系统分析的思想，将风险的各种因素结合起来进行分析，从而做出相应的决策。创业风险涉及创业企业的所有资源，包括实物、金融、无形资产等，尽可能列出创业企业需要的其他设施、条件，以及企业的宏观环境(自然、社会、政治、法律和经济等)和微观环境(投资者、消费者、供应商、政府部门和竞争者等)。通过对上述因素的分析，明确企业面临的机会及威胁，发现企业的优势与劣势，采取相应对策。

(二)ATA 事故树分析法

事故树分析(Accident Tree Analysis，ATA)法又称故障树分析法，是从要分析的特定事故或故障(顶上事件)开始，层层分析其发生的原因，直到找出事故的基本原因(底事件)为止。这些底事件又称为基本事件，它们的数据已知或者已经有统计或实验的结果。该分析法能够对各种危险进行辨识和评价，不仅能分析出危险直接原因，还能够分析出事故的潜在原因。它描述事故的因果关系直观明了、思路清晰、逻辑性强，既可用于定性分析，又可用于定量分析。利用逻辑关系、因果关系以及事物发展的规律性等，运用逻辑推理，对创业中涉及的主要风险事件，按时间顺序和事件的成功或失败因素组合在一起，确定系统最后的状态，发现风险产生的原因及条件。本方法有利于对各种系统性危险进行识别和评价，了解创业过程中风险的动态变化。

(三)模糊综合评价法

由于在创业过程中，随机事件是否发生存在不确定性，也就是风险的不确定性，在这种不确定的状态下，基于模糊数学的隶属度理论把定性评价转化为定量评价的模糊综合评价法就被广泛地应用于风险评估。模糊综合评价法即用模糊数学对受到多种因素制约的事物或对象做出一个总体的评价，再分别确定各因素的权重和隶属度向量，获得模糊评判矩

全国高等院校「十三五」贯穿式＋立体化创新规划教材

阵，最后进行归一化的模糊运算并得到模糊评价的综合结果。它具有结果清晰、系统性强的特点，能较好地解决模糊的、难以量化及非确定性情境下企业风险识别及评价问题。

(四)层次分析法(AHP)

层次分析法(Analytic Hierarcy Process，简称 AHP)，是将决策过程的元素分解为目标、准则、措施等层次结构，利用定性与定量相结合的决策分析方法。首先为决策确定总体目标，通过调查、问讯、现场考察等途径弄清规划决策所涉及的范围、所要采取的措施方案和政策、实现目标的准则、策略和各种约束条件。建立一个多层次的结构，按目标的不同和实现功能的差异，将决策分为几个等次结构。确定结构中相邻的元素之间的相关程度。通过构建判断矩阵及矩阵运算的数学方法，确定各层所有因素相对于上层次因素的重要权重，然后通过计算排序，排出各种因素的重要程度，最终做出决策，提出方案选择及确定处理风险的方法和行动方案避免损失时间、精力和资源(见图7-1)。

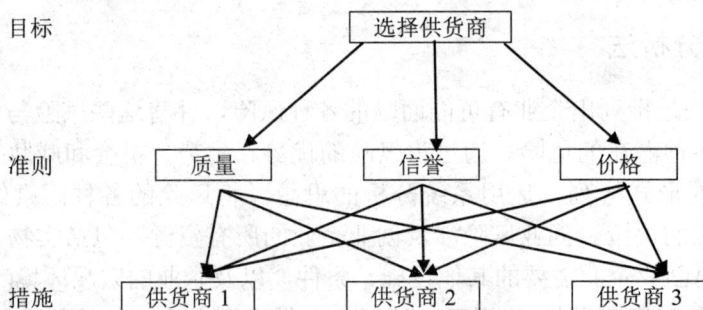
图 7-1　选择供货商的一般结构

二、创业风险预警

创业风险预警是研究企业预防风险、有效进行风险控制，通过风险预警分析，最终增强企业应变力和竞争力。企业的生存发展过程中，处处是风险，如果不注重风险预警和控制，可能到发现的时候已经晚了，使得企业失败。建立风险预警机制首要的是树立风险意识，创业者的风险观念最为重要。就像温水煮青蛙的实验，青蛙在慢慢上升的水中游泳时，反应也慢慢变得迟钝，当它终于发现水温过高要被烫死时，青蛙已经没有了逃生的体能了。很多企业也是在不知不觉间、并不是突发事件而导致失败的，这就反映出他们并没有注意到周围环境的变化，没有风险意识。

这里我们主要介绍两种风险预警。

(一)人力资源风险预警

前文介绍了，创业企业人力资源风险主要有创业者风险、创业团队风险、核心员工流动风险。

1. 创业者风险预警

创业企业的初创期，创业者往往和企业是一体的，创业者的性格决定了创业企业的命运。当创业者追求的目标发生变化时，创业团队就应当引起警觉；当创业者感情用事，做出错误决定时，创业团队应采取相应的预防措施；当企业发展进入成长期，企业规模扩大，创业者的管理方式失灵，企业决策机制并没有随之改变时，创业团队应警觉，改变相应的决策机制。创业者的决策风险实际上是和企业的决策机制紧密相关的。

2. 创业团队风险预警

一个人的经历和能力是有限的，因此创业企业多为一个团队。创业团队的存在是必要的，同时也会具有一定的风险，所以创业团队也需要风险预警。创业团队成员会随着企业的发展而产生变化，主要创业者要根据企业发展情况和团队成员的情况保持足够的警觉。创业初期，企业团队成员之间需要相互磨合，在价值观、目标、拥有股份多少等方面分歧将直接影响初创企业的生存和发展；团队成员的某些潜在因素(素质高低、品德高低)将对企业产生巨大的破坏力；创业团队是否具有动态的发展意识，也是创业者选择团队需要警觉的。认识到原有团队成员会随着时间的发展而离开，新的团队成员会在需要的时候进入，这是主要创业者必须有的心理准备。

3. 核心员工流动风险预警

新创企业的发展过程中，一定会面临核心员工离开的风险。一些案例中可以看出，核心员工的离开有可能给企业带来很大的损失。有些核心员工的离开是可以预警的。员工离开企业一般就是这么几种情况：员工不满足现有的工资待遇、在企业里没有发展空间、不适应企业文化氛围或是与其他员工关系不好等，企业管理者可以根据相应的情况予以解决，以降低员工流失风险造成的损失。

(二)企业财务风险预警

企业在发展的各个时期，资金都是一个重要问题。初创企业在融资方面的渠道来源较少，在财务方面更容易犯错误，企业需要面临的财务风险较为重要。

1. 现金风险预警

现金能够保障企业的正常运转，在日常经营活动中，没有足够的现金，可能让企业瘫痪甚至倒闭。企业的流动资金是企业日常经营活动的主要凭借，所以企业要经常性的评估企业现金状况，按月或季度编制现金流量表。根据现金流量表的情况对现金支出和流入进行风险预警。

2. 财务风险预警

企业发展过程中，大部分资金已经不是当初创业时的贷款或是其他来源，更多的是依靠市场融资获得。这时更要把握好企业财务预警，在融资过程中要注意融资来源与融资实际获得的时间预计，否则将因为融资失败导致企业经营失败；在企业发展过程中，也要注重内部财务管理制度的建立和完善，杜绝不良资金的流通和使用，定期对财务状况进行审核检查。企业可以通过综合评价指标体系来判别财务风险(见图 7-2)。

```
                                      ┌── 资产负债率
                        ┌── 偿债能力 ──┼── 流动比率
                        │             └── 速动比率
企业综合评价指标体系 ────┼── 运营能力 ──┬── 应收账款周转率
                        │             └── 存货周转率
                        │             ┌── 资本金利润率
                        └── 盈利能力 ──┼── 销售利润率
                                      └── 成本费用利润率
```

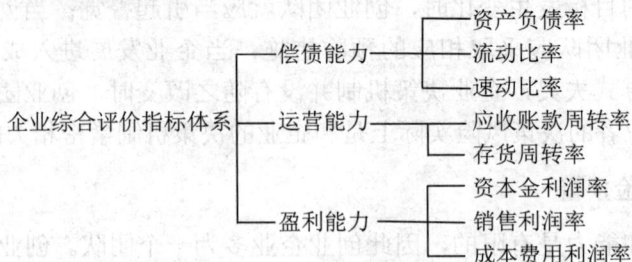

图 7-2 企业综合评价指标体系

第三节 创业风险防范

一、创业准备阶段的风险与防范

创业准备阶段是指在打算创业到创业启动的这个阶段。这个阶段是从产生创业动机开始，到创业企业正式开始运行为止。

(一)创业准备阶段风险来源

创业准备阶段损失的风险达到60%以上。主要风险来源如下。

1. 创业项目选择和泄露

创业准备阶段项目选择是很重要的，同时选择好了项目后，由于创意或者创业计划内容的泄露，被人模仿甚至是捷足先登，都会导致创业企业在准备阶段就意味着失败。市场竞争的环境下，创业项目或创业计划的泄露，有可能是市场经济发展所致，也有可能是创业团队"内部人员"导致，这些事件往往会给创业企业带来致命风险。

2. 仓促上阵

低估创业准备阶段所需要的时间和缺乏创业经验等原因的仓促上阵，都有可能导致创业企业在准备阶段遇到风险。创业企业在盈利之前，必须完成大量工作：寻找厂房、装修门面、安装设备、购置存货、联系客户、办理各种证件和手续、了解政府相关政策等，这些都是需要很多时间准备的；初次创业者往往在很多领域都缺乏经验，比如销售、采购、融资、财务、设计、营销、生产等，由于缺少经验有时会犯一些低级错误，而这些低级错误很有可能给企业造成致命打击。

3. 计划不明

创业企业要想在市场上立足，准备计划必须充分。机会是留给有准备的人的。创业准备阶段必须是有计划、有目地完成工作。资金的准备和分配是很重要的，创业企业必须要充分估计好前期开支(包括成本)、中期是否能够获得融资、经营过程中保证足够的流动资金等，资金的回流有时能够帮助企业渡过难关。企业选址时，房屋租金、社区环境、目标客户的地理关系、供货商的位置、物流成本等都是需要考虑的，尤其对于服务、餐饮业选址必须慎重。

4. 对市场环境和竞争对手缺乏了解

市场经济环境中,任何一个行业都有竞争,任何一家企业都有竞争对手。在决定进入某个市场时,必须全面详细了解考察市场情况。创业者应当对市场环境和竞争对手做充分的调查,了解自身的优势和劣势,确定自身的竞争力所在。有些看似很好的产品,市场反应冷淡;有些不怎么样的产品却市场热卖。市场具有很大的偶然性,一定要充分了解过后再应用于自身企业。

(二)创业准备阶段风险防范

1. 严格筛选项目

创业者首先应当选择自己熟悉的、地域相对邻近的行业,便于沟通和联络。其次,对项目的内外环境进行信息分析、数据评估,做深入的可行性研究。评估的主要内容是针对具有商业价值的创意和创新目标,侧重于市场的竞争趋势和增长潜力。创业准备期的技术风险和市场风险远远高于其他阶段,因此要慎重选择创业项目。

2. 有效保护商业机密

创业者在向潜在投资者介绍项目时,一定要注意对创意的保护。虽然创意十分难以保护,但要通过一些有效的方法进行保护,以确保创业中的利益。可以通过商标注册、专利申请、版权保护、保密协议等等方式进行保护。要想真正的保护创意、技术不被窃取,最好的办法就是尽快实施创业计划。越快、越多、越好地解决准备阶段的障碍,实施创意,就越有可能阻止创意和技术被抄袭。

3. 选择好创业伙伴

创业伙伴要选择熟悉了解的人,但是要把朋友关系、家族关系处理好。大家相互了解,不会为相互适应花时间,但一定要注意选择朋友关系的伙伴就不要加入家族成员,选择家族关系的伙伴就不要选择朋友加入,以免在发展过程中产生意见分歧。伙伴中要有一个领军人物,当大家意见不一时,能够拍板定调,防止大家议而不决,没有明确的目标。领军人物最好就是第一大股东,当领军人物不是第一大股东时,有时会导致领军人物与第一大股东的战争,使得要么是领军人物取代第一大股东,要么是领军者带领核心成员离开,这都将引起创业团队的分裂,导致创业失败。

4. 密切关注资金风险和技术风险

创业准备阶段最大的风险就是资金风险和技术风险。资金就像是企业的营养,缺少了营养,任何企业都无法生存。所以,创业者要尽早考虑好融资方法,建立融资渠道,减少风险。创业准备阶段的技术是处于概念设计阶段,技术的可行性几乎无法辨别和确定,因此,准备期的企业即使获得了资金支持,也往往会因为技术问题而失败。

5. 设法分散和转嫁风险

风险是不可避免的,但是可以分散和转嫁。创业起始阶段的工作是非常艰辛而且耗费时间的,创业者不要高估自己的能力期望独自解决问题,要积极主动地寻求合作和支持,

全国高等院校"十三五"贯穿式+立体化创新规划教材

才能够有利于风险的分散。转移风险最好的办法就是投保，将企业的财产和责任、员工的健康、职工失业等都去保险公司投保，转嫁相关风险。买保险是用小投入换大保障，个体创业者一定不能够忽略。

二、创业起步阶段的风险与防范

创业起步阶段也可以称为创业中级阶段。这一阶段企业的技术风险已经下降，产品和服务进入开发阶段，拥有了一个粗线条、不完整不成熟的管理队伍，开始有了一定的顾客，费用在增加但是收入较少。到阶段末期，企业的产品定型，开始实施市场开拓计划，管理队伍的建设也已基本完成，资金的需求量增加，需要创业投资。

(一)创业起步阶段风险来源

1. 孤军奋战

创业者需要同客户打交道，和政府部门打交道，和合作伙伴打交道，所以有一个良好的社会网络、社会资源的支持是创业者成功的关键。如果创业者不能获得股东、家人、银行、供货商等关键人物的支持，就是在孤军奋战。在现代社会，孤军奋战会使得创业者在创业过程中疲于奔命，也不会获得成功。

2. 目标游离

明确的创业目标是成功的第一步。有了目标，努力就有了方向，切不能由于创业起步后繁忙的工作和挫折而丧失信心与目标，导致创业中途夭折。试想马云在最初推广互联网想法时，如果不是目标明确，过程坚定，即使面临再大的困难也从未动摇过，又怎么能够获得今天的成功。

3. 长期缺乏启动资金

创业之初资金是十分有限的，如果初期资金筹备不足，或者是在准备阶段开支过高，融资又迟迟未到，就使得起步阶段的企业流动资金长期不足，必然会影响企业的发展成长，甚至导致失败。

4. 管理混乱

起步阶段繁忙的事务使得创业者头晕脑涨，无法保持头脑清晰和理智，或者创业者本身缺乏管理能力，导致企业管理混乱，无章可循，则必然带来企业内部混乱，员工涣散，致使企业失败。

5. 缺乏市场

起步阶段的企业资金风险增大，技术风险降低，但市场风险逐步加大。产品的市场投入要不断地接受检验和反馈，如果企业对市场规模估计过高，销量和营业额肯定上不去，无法达到预期目标，亏损导致入不敷出，企业是无法生存的。

(二)创业起步阶段风险防范

1. 抓好人、财两个关键

要抓好人和财两个关键点，就需要建立有效的规章制度。一套完善的规章制度是创业企业能够生存和发展的根本。最基础的管理制度是人事管理制度。要制定并实施招聘制度、考勤制度、考核制度、奖惩条例、薪资方案等制度，遵守法律法规，保护商业机密，有效防范核心员工流失。要建立健全财务管理制度，制定报销、现金流量、预算、核算和控制成本制度，编制财务计划，加强财务监控。

2. 降低市场风险

起步阶段的市场风险逐步显现和加大。创业者要开展市场调研，广泛收集客户对产品各项功能的意见和建议，邀请行业协会、政府部门或是专家进行咨询，通过市场调研对产品的技术进行改进，建立市场风险应对策略和运行机制。

3. 探索简洁实用的商业模式

很多初创企业起步期根本没有精力制订完善的企业战略计划，最关键的就是怎样在竞争激烈的市场中生存下来，所以这就需要有一套简单实用的商业模式：公司如何整合各种要素，建立完整有效的运行系统，创造市场价值并形成持续盈利。这些都是说起来简单做起来难，关键在于要先做起来然后再慢慢调整。创业企业要存活，就是要在市场中摸爬滚打，想尽一切办法让企业生存下去。

4. 对经营业务不断调整巩固

现代企业的经营活动要在复杂多变的内外部环境条件下，解决企业经营目标与企业内外部环境条件的动态平衡问题。内部条件决定企业经营活动所能取得的预期效果的可能性；外部条件反映市场竞争、技术、需求的变动趋势，决定了企业的经营方向和利润来源。创业企业在起步阶段要根据内外部条件的变化对经营业务不断调整，才能在市场中生存下来并进一步发展。

小贴士

创业初期对企业发展的重要意义

中小企业的主要特点就是高开业率和高废业率。根据调查显示，中关村平均每天有7家企业诞生，但同时有3家企业面临倒闭。据中关村海淀数字园区管理服务中心的统计，2001年新批企业2401家，同年注销企业907家，而2002年新批企业2236家，同年注销企业达到1167家。

对于无数的创业企业来说，首先要保证能在市场中生存，然后才能不断壮大。创业初期，企业的生存远远大于发展需要。按照企业生命周期理论，企业的创业初期阶段直接关系到企业的生存，并且最容易遭遇挫折和失败，所以对于中小企业来说，能否在创业初期存活下来，是企业存在和发展的前提。

(资料来源：魏和平.25%初创企业会倒闭 怎样才能在中关村成功创业[N],中国青年报，2004-8-30.)

三、创业成长阶段的风险与防范

创业成长阶段是指经过创业准备和起步阶段的不断努力，企业开始真正产生商业价值，业绩、利润开始维持在一个较为稳定和较为满意的水平，创业者的初始目标基本达到。这个阶段，企业产品日益成熟，企业盈利增加，有能力进行市场开拓及产品升级开发，技术已不再是主要风险。此时，市场风险、管理风险日益凸显。

(一)创业成长阶段风险来源

1. 管理风险

成长阶段的创业企业最大的风险就是管理风险。进入成长期后，企业迅速发展，很多风险投资基金也开始积极主动投资，但是这个阶段管理幅度和人员增加、生产规模扩大、市场区域拓展，这些都使得管理难度增加。控制成本、保障质量、管理渠道、树立品牌等都涌现出来，管理的风险变得最大。这些问题如果不能及时解决，都将影响到企业的发展。如果说创业过程是企业根据危机进行管理，那么创业成功后就是管理造成了危机。

2. 盲目冒进

创业企业取得一定成效后，很多企业容易被各种因素冲昏头脑，觉得无所不能，不切实际的盲目扩大经营和多元化发展，开拓超出实力的市场。但盲目扩大和对新领域的不熟悉，将会出现投资失误，侵蚀企业的利润，不断拓展新业务也将使资金链断裂导致破产。

3. 小富即安

小富即安，甚至是贪图享乐。企业进入成长期，各项业务基本走上正轨，这时便开始出现吃喝享乐、一掷千金，有的甚至可能是赌博、嫖娼。这根本就是无底洞，不仅消磨了创业者的意志和精力，还可能导致事业中途失败。有些创业者讲究排场、挥霍浪费，大把花钱；有些则是盲目投资，缺乏科学论证，盲目投入巨额资金，这些都将使得企业在成长期由于资金链断裂或是其他原因失败。

4. 家庭压力

家人在创业者的创业过程中起到了重要的作用。在创业初步成功后，家人往往无法做到像创业初期那般全力支持，而希望其更多地关心家庭、尽到责任，而创业者却在这个时期更加的忙碌，根本无法顾及家庭，尤其是有家庭的女性创业者，家庭的压力开始增多。

(二)创业成长阶段风险防范

1. 尝试授权，学会解脱

企业成功后，管理问题多而复杂和员工渴望分享权力都导致创业者要考虑开始授权。创业者需要授权但不能分权。授权是在企业内分派任务，所分派的任务是实施一项已经指定的决策，但所授予的权力对全局没有影响；当分派的任务是制定决策也就是决定要实施的内容时，就是分权。授权使员工对所要完成的任务产生义务感，分权容易产生离心力，员工自作主张，使创业者失去对企业的控制。一般而言，创业者需要审批销售计划、财务计划、生产计划，而销售人员的管理、生产排班、客户拜访计划等就可以授权给中层管理人员。

2. 完善组织机构，规范决策

创业初期，企业往往只是针对市场机会做出反应，而不是自己创造机会。创业者是被环境左右、被机会驱使的，而不是左右环境、驾驭机会；企业的行为是被动的，而不是主动的、有预见性的。创业成功后，企业为了更好地发展，必须建立完善的组织构架来有效地执行决策，有计划地完成目标。创业者或企业应当通过其他组织来搭建完善组织架构，最大限度地稳定企业的经营。同时还需要完善、健全企业的管理制度和规章。

3. 建立风险责任机制，趋利避害

建立创业企业风险责任机制，就是根据企业的控制规划和实施方案，确定相应的责任主体，做到风险管理工作各司其职，各自负责。通过分析，主动预测风险可能带来的负面影响，积极预防相关风险，学会减少风险和转移风险。同时建立健全完善的风险控制和报告制度，企业内部的风险管理要严格按照既定目标要求和具体标准做到相应的监控与管理。

4. 完善激励机制，凝聚人才

人才是企业发展的关键。企业初步成功后，应当有一套完整有效的激励机制，既能保障老员工和合伙人的利益，又能吸引新员工，凝聚优秀的人才，使企业稳步发展。激励机制要严格执行，让员工感到激励机制确实有效并且是其奋斗的动力。除了激励机制，良好的企业前景对于优秀人才也具有很强的吸引力和凝聚力，所以企业应当维护和提升经营业绩，营造未来前景。

5. 发展核心竞争力，战略制胜

保持核心竞争力是企业持续发展的关键。只有不断发展核心竞争力才能在市场竞争中保持优势，保有企业活力。根据 2000 年《中国企业家》调查显示，我国中小企业核心竞争力主要体现在市场营销能力上。失去市场或市场狭小都会导致创业失败。竞争优势会随着时间而逐渐丧失，如果不采取有效措施企业就会逐渐衰退甚至破产，这个措施就是企业发展战略。只有建立了正确的发展战略，并实施成功的行动，企业才能保持竞争优势，不断扩大利润，永葆青春。

本章小结

(1) 创业风险是无处不在的，他会出现在整个创业过程中。

(2) 在创业过程中，通过风险预警要对有可能发生的风险进行评估，通过风险评估，对相应的风险进行管理，才能使企业度过风险。

(3) 创业阶段分为准备阶段、起步阶段和成长阶段，不同阶段所出现的风险种类略有不同，风险防范也不同。

实训案例

共享充电宝首现出局者

基本案情：

在当代人们的生活中，共享经济遍地开花，日常出行有 Uber、滴滴顺风车、共享单车；住宿共享有 Airbnb、小猪短租、蚂蚁短租；美食共享有回家吃饭、觅食、叮咪等。越来越多的企业都驶入了共享经济的蓝海。

2017 年 3 月份开始，小电、街电、Hi 电、来电等共享充电宝企业发展起来，数据显示，共有四十多家机构入局，行业发展迅速。但是，共享充电宝的投资热潮似乎来也匆匆去也匆匆，风起的短短几个月，已经出现了第一家出局者，这似乎意味着，备受资本青睐的共享充电宝行业进入洗牌期，开始加速淘汰。

10 月 11 日，杭州共享充电宝企业乐电 LeDian 正式宣布，停止运营共享充电宝业务，并已收回所有充电宝设备，提醒用户及时提现押金。截至今年 3 月，乐电在杭州的固定场所铺设了近 200 台可移动型充电宝，覆盖范围包含公交站、商场、KTV、酒店等。乐电的每台设备设置 9 个仓门，仓门内放置的充电宝自带了适用于苹果和安卓手机的数据线。据了解，乐电的运营公司——杭州兔兔帮科技有限公司(下称"兔兔帮")运营情况并不稳定，法定代表人发生了 3 轮变更，业务由最初的大学生兼职平台转变为充电宝。

融资停滞、变相裁员甚至预备跑路，共享充电宝行业看起来风声鹤唳。然而，这恰恰是行业加速洗牌的表现，与这些企业相对的是，行业内一类坚守商业规则的企业还在稳稳地发展，洗牌正在加速，最终留下的才是精华。

关于充电宝的生意，更像是一场转瞬即逝的烟火，重要的是能否抓住这一刻的绚烂。毫无疑问，这一刻的需求是旺盛的。但同时竞争也是残酷的，共享单车逐渐沉寂，共享充电宝的战争才刚刚打响。

(资料来源：根据"云掌财经. 共享充电宝首现出局者:乐电宣布停止运营[EB/OL]. 2017-10-15. http://www.orz520.com/a/economy/2017/1015/6282831.html? from=haosou_news."资料整理)

案例点评：

"市场对谁都是公平的，只有了解现在的市场并能成功把握未来市场的企业领袖，才能真正获得成功和财富——威克·比尔。"创业项目是创业的第一步，创业项目的选择是基于一定业务经营环境和业绩的假设。对于创业企业而言，只有产品在市场上有一定的需求、被市场认可，才能顺利完成创业。

思考讨论题：

1. 项目选择要遵循哪些原则？

2. 如何规避创业起步期项目选择风险？

实训课堂

老干妈配方遭泄密

基本案情：

2016 年 5 月，贵阳南明老干妈风味食品有限责任公司因其生产车间工作人员发现本地另一家食品加工企业生产的一款产品与老干妈同款产品相似度极高，老干妈公司怀疑公司重大商业机密可能遭到窃取。11 月 8 日，老干妈公司向贵阳市公安局南明分局经侦大队报案。

接到报案后，南明经侦大队侦查人员将这款疑似产品送司法鉴定中心，鉴定结果为该产品含有"老干妈牌"同类产品制造技术中不为公众所知悉的技术。

经多方排查，侦查人员将注意力最终锁定到老干妈公司离职人员贾某身上。贾某于 2003 年至 2015 年 4 月期间历任老干妈公司质量部技术员、工程师等职，掌握老干妈公司专有技术、生产工艺等核心机密。贾某在其任职期间，与老干妈公司签订了《竞业限制与保密协议》，约定在工作期间及离职后需保守公司的商业秘密，且不能从事业务类似及存在直接竞争关系的经营活动。但根据大量证据证明，贾某在离开老干妈后，将公司的相关核心机密透露给了新的任职公司。目前，嫌疑人贾某因涉嫌侵犯商业秘密，已被刑事拘留。

(资料来源：根据"80 后励志网.老干妈配方遭泄密，食品行业的商业机密该如何保护？[EB/OL].
2017-05-12. http://www.201980.com/zhupao80/anli/23051.html."资料整理)

实训题：

1. 如何防止企业核心员工的流失？
2. 企业成长期如何防范风险？

复习思考题

一、基本概念

创业风险　创业风险评估　创业风险预警　创业成长阶段

二、判断题(正确打"√"，错误打"×")

1. 创业风险是客观存在的。　　　　　　　　　　　　　　　　　　　　　　　（　　）
2. 创业企业只要采取多种融资渠道，就能够避免融资风险。　　　　　　　　　（　　）
3. 企业成长阶段已经是稳定的发展阶段，不需要风险防范。　　　　　　　　　（　　）

三、单项选择题

1. 创业风险的特征不包括(　　)。

　　A. 客观存在性　　　　B. 损益相关性　　　　C. 系统性
　　D. 不确定性　　　　　E. 可测性

全国高等院校"十三五"贯穿式+立体化创新规划教材

2. 创业融资风险不包括(　　)。

    A. 创业企业融资战略不当引发的融资风险

    B. 创业企业融资活动不计成本引发的融资风险

    C. 资金链断裂引发的融资风险

    D. 创业企业融资对象选择不当引发的融资风险

    E. 创业企业过分依赖专家造成的融资风险核心资源

四、简答题

1. 创业风险的类型包括哪些？

2. 可以通过哪些方式进行风险评估？

3. 人力资源风险预警主要有哪几类？

4. 创业起步阶段需要做好哪些风险防范？

阅读推荐与网络链接

[1] 陈震红，董俊武. 创业风险的来源和分类[J]. 财会月刊，2003(24).

[2] 刘亚娟. 创业风险管理[M]. 北京：中国劳动社会保障出版社，2011.

[3] 张竹筠，付首清. 创业风险[M]. 北京：科学出版社，2004.

[4] 刘湘云. 初创企业风险管理[M]. 上海：上海财经大学出版社，2016.

[5] 吴剑，王雷. 大学生就业创业指导咨询案例教程[M] 北京：科学出版社，2015.

[6] 王锋. 大学生创业风险与防范策略探析[J]. 吉首大学学报：社会科学版，2011，32(6).

[7] 范瑶. 民企风险预警[J]. 中国中小企业，2005(1).

[8] 裴康. 企业风险评估的整合测评法研究[D]. 南京：河海大学，2007.

[9] 李时椿，常建坤. 创业学：理论、过程与实务[M]. 北京：中国人民大学出版社，2011.

[10] 蔡旖旎. 中小企业创业初期的风险规避[D]. 北京：对外经济贸易大学，2006.

[11] 80 后励志网. 老干妈配方遭泄密，食品行业的商业机密该如何保护？[EB/OL]. https://www.201980.com/zhupao80/anli/ 23051.html.

[12] 云掌财经. 共享充电宝首现出局者：乐电宣布停止运营[EB/OL]. 2017-10-15. http://www.orz520.com/a/economy/2017/1015/6282831.html？from=haosou_news.

随身课堂

创业风险防范.PPTX　　创业风险.MP4　　创业风险防范.MP4　　创业风险预警.MP4

第八章 创业资源与创业融资

学习要点及目标

- 了解创业资源的内涵与种类及获取途径；掌握创业资源的整合模式。
- 了解创业融资的主要渠道及差异。
- 掌握创业融资选择策略。

核心概念

创业资源　创业融资

引导案例

"大疆"无人机

2003 年，汪滔到香港科技大学就读电子与计算机工程学系。在上大学的头三年，汪滔一直没找到自己的人生目标，直到大四准备毕业课题时，汪滔才决定把遥控直升机的飞行控制系统作为自己的毕业设计题目，他找了两位同学说服老师同意他们的研究方向，而他们要解决的核心问题是让航模能够自由地悬停。拿着学校给的经费 1.8 万元港币，汪滔他们忙乎了大半年，然而在最终的演示阶段，本应悬停在空中的飞机却掉了下来，失败的毕业设计得了一个 C，这个很差的成绩甚至让他失去了去欧盟名校继续深造的机会。幸运的是，汪滔的领导才能以及对技术的理解能力得到了电子与计算机工程学系李泽湘教授的认可，使他得以在香港科技大学继续攻读研究生课程。读书的同时，他拉着一起做毕业课题的两位同学在深圳创立了大疆创新科技公司，开始专注于直升机飞行控制系统的研发生产。他们在一套三居室的公寓中办公，汪滔将他在大学获得的奖学金的剩余部分全部拿出来搞研究。大疆科技向中国高校和国有电力公司等客户售出了价值 6000 美元的零部件，这些零部件被焊接在他们的 DIY 无人机支架上。这些产品的销售让汪滔可以养活一个小团队，而他和香港科技大学的几个同学则依靠他们剩余的大学奖学金生活。汪滔回忆说："我当时也不知道市场规模究竟会有多大。我们的想法也很简单，开发一款产品，能养活一个 10～20 人的团队就行了。"

大疆创业的道路不是一帆风顺的。2006 年年底，公司出现危机。汪滔获得了家族亲友大约 9 万美元的投资。在拿到融资之后，汪滔继续开发产品，并开始向国外业余爱好者销售，这些人从德国和新西兰等国家给他发来电子邮件。有一次在美国，汪涛看到《连线》杂志主编安德森创办了无人机爱好者的留言板 DIY Drones，上面的一些用户提出无人机应该从单旋翼设计走向四旋翼设计转变，因为四旋翼飞行器价格更便宜，也更容易进行编程。于是，大疆科技开始开发具有自动驾驶功能的更为先进的飞行控制器，开发完成以后，汪滔带着它们到一些小型贸易展上推销，比如 2011 年在印第安纳州曼西市举办的无线电遥控直升机大会。正是在曼西市，汪滔结识了科林•奎恩，他当时经营着一家从事航拍业务的创业公司，正在寻找一种通过无人机拍摄稳定视频的办法，并给汪滔发过电子邮件，询问大疆科技是否有解决这个难题的办法。汪滔当时从事的研究恰恰是奎恩所需要的，即新型平衡环。

到 2012 年底，大疆科技已经拥有了一款完整无人机所需要的一切元素：软件、螺旋桨、支架、平衡环以及遥控器。最终，该公司在 2013 年 1 月份发布"幻影"，这是第一款随时可以起飞的预装四旋翼飞行器：它在开箱一小时内就能飞行，而且第一次坠落不会造成解体。得益于简洁和易用的特性，"幻影"撬动了非专业无人机市场。现在，大疆科技已经发展成为一家年营收 5 亿美元、净利润 1.4 亿美元的创新科技公司。

(资料来源：根据"80后励志网. 大疆汪滔的创业故事，7年时间做到无人机销量全球一半[EB/OL]. https://www.201980.com/lzgushi/chuangye/16643.html."查阅整理)

案例导学

"大疆"无人机的案例，体现了创业者在拥有核心创新技术基础上，利用手边资源的各种属性，开发新机会，解决新问题，并不断地向前发展。这种资源的利用和整合大多不是事前仔细计划好的，往往是具体情况具体分析、"摸着石头过河"的产物。创业者需要做的是发现有价值的外部资源，利用现有资源撬动外部资源，从而使得新创企业得以生存发展。

第一节　创业资源

在当前竞争日趋激烈、国际环境瞬息万变的市场经济中，资源的争夺也愈加激烈，初创企业由于其自身的独特性，很难找到足够的资源来支持自身的发展。现实的观察统计也表明，许多创业者能够识别创业机会，但在创业过程中却很难将创业机会转化为成功的创业企业，这其中有很大的原因就是创业者在创业活动中缺乏充足的创业资源的支持。因此，创业成功的关键不仅要有优秀的创业团队和合适的创业机会，充足的创业资源的支持也是创业成功必要的关键因素之一。

一、创业资源的概念、分类和作用

(一)创业资源的概念

资源作为创业活动顺利开展的关键因素之一，学者们从不同的角度对其概念进行了界定。从经济学的角度看，资源是生产过程中所使用的投入；从管理学的角度看，资源是基于信息和知识的各种生产要素的集合，通常将其分为有形资源和无形资源；从组织战略的角度看，资源是为了实现组织目标而使用的所有的有形资源和无形资源的集合。创业资源是创业理论中最基础的概念，学者们根据不同的研究目标，在创业理论发展的过程中，就创业研究领域对创业资源的定义也各有不同，其主要定义如表 8-1 所示。

从表 8-1 可以看出，在创业资源的定义上目前并没有达成共识。但对于创业者而言，只要是对其项目和企业的发展有所帮助的要素，都是创业资源。因此，广义来讲，创业资源是能够支持创业者进行创业活动的一切东西，是涵盖新创企业在创造价值的过程中需要的一切支持性资产，既包括有形资产，也包括无形资产。狭义而言，创业资源是促使创业者启动创业活动的关键优势资源。

表 8-1　创业资源定义

国内外学者	创业资源定义
Wemerfelt	创业过程中投入的全部有形和无形资源
Hall	无形资源可以细化为两种形态，即技能和资产
Dollinger	所有创业企业在创业活动中投入的要素和要素的组合
林嵩、张巧、林强	能够促进企业生存和稳定发展，企业控制或可支配的所有要素和要素组合，包括技术、专利、知识、能力、组织属性等
刘霞	企业投入到创业过程中的各类资产、能力、信息与知识的统称
余绍忠	可以促进企业生存和发展、实现组织战略目标与愿景，为企业所拥有或能够控制的各类要素和要素组合
冯碧云	创业者全部的有形资源和无形资源是在有限的条件下通过自身差异化能力获得的，这种能力会对整个创业过程产生影响，不断推动企业的发展和战略目标的实现

(二)创业资源分类

创业资源的分类视角有很多。按照不同的分类标准，国内外学者对创业资源的组成要素做了大量的研究工作。从表 8-2 创业资源分类可以看出，国内外学者对创业资源划分并没有达成一致公认的分类框架。关于创业资源分类的主要观点如表 8-2 所示。

表 8-2　创业资源分类

国内外学者	分类视角	划分类型
林强、林嵩等	企业战略规划过程中资源要素的参与程度	直接资源和间接资源。直接资源包括财务资源、经营管理资源、市场资源、人才资源；间接资源包括政策资源、信息资源、科技资源
HittlrelanD.Hoskisson	创业资源的存在方式	有形资源、无形资源
Barney 等	创业资源的重要性	人力和技术资源、财务资源和生产经营性资源
Tirnmons	资源基础	核心资源、基础资源、其他资源
Wilson	资源的来源情况	内部资源和外部资源
Newbert	资源性质	财务资源、物质资源、人力资源、知识资源、组织资源
林强	对企业成长的作用	要素资源和环境资源
余绍忠	对创业绩效的影响	资金资源、人才资源、管理资源、信息资源、科技资源、政策资源

全国高等院校「十三五」贯穿式＋立体化创新规划教材

(三)人力、技术及资金在创业中的作用

尽管创业资源的划分目前并没有公认的标准，但创业者获取创业资源的最终目的是为了组织这些资源并以此实现创业机会，提高创业绩效和获得创业成功，这一点是毋庸置疑的。无论哪种资源，无论是否直接参与企业的生产，它们的存在都会对创业绩效产生积极的影响，但其影响程度不同。

1. 人力和技术资源是决定性资源

创业团队自身的人力资源是创业期最为关键的因素。因为，创业者及其团队的洞察力、知识、能力、经验及社会关系影响到整个创业过程的开始与成功，同时，在企业新创时期，专门的知识技能往往掌握在创业者等少数人手中，因而此时的技术资源在事实上和人力资源紧密结合，并且上述两种资源可能成为企业竞争优势的重要来源。拥有技术和人力这两样核心资源，就有办法获得财务资源了。

同时，也有研究者指出，在创业初期，技术资源是最关键的创业资源之一。其主要原因有三：一是创业技术决定了创业产品的市场竞争力和获利能力；二是创业技术决定了所需创业资本的大小，对于一些在技术上非根本创新的新创企业来说，创业资本只要保持较小的规模就可以维持企业的正常运营；三是就创业阶段而言，新创企业是否掌握"核心技术"或"根部技术"，是否拥有技术的所有权，决定着创业成本以及能否在市场中取得成功。技术资源对依托高科技进行创业的企业而言更为关键。

2. 资金是不可缺少的创业条件

有无资金，决定着创业行动能否及时展开。创业资金储备的多少，制约着创业规模的大小与进展速度。资金资源对于任何一个企业都非常重要，充足的资金将有助于加速新创企业的发展。新创企业无论是进行产品研发还是生产、宣传和销售，都需要大量的资金。而且，新创企业往往由于资产不足而缺乏抵押能力，很难从银行得到足够的贷款，这更使得资金资源成为企业高速发展的瓶颈。因此，如何有效地吸收资金资源是每个创业者都极为关注的问题。

没有资金，显然无法推动创业项目起步。不少创业者受困于缺少创立企业和起步项目所需的资金。即便一些企业已开始起步，也常常受困于创业资金的短缺。因此，资金是创业不可缺少的资源条件。

小贴士　创业者的社会资本

社会资本是相对于物质资本和人力资本的一种无形资源形式，是建立在信任和合作基础上的社会关系网络，更多地着眼于一种社会关系，一种文化环境。它以社会关系中的信任、规范和网络为载体，既包括社会关系中的制度、规范和网络化等组织结构特征，又包括公民所拥有的信任、威望、社会声誉等人格网络特征。创业者的社会资本和其识别创业机会、开辟新途径、创造新产品或服务、创立新组织并解决社会问题等是紧密联系在一起的。创业者社会资本是个人拥有的社会资本的一种，表明创业者拥有什么样的社会关系；它依附于创业者个体，以创业者为中心构成网络体系；它建立在企业群

体范式上，由信誉、规范所引导，由创业者与新组织之外的社会成员、创业者与社会组织以及创业者与新组织内部成员所构成，是创业者动员内部和外部资源的能力。社会资本会对创业者的创业机会识别、交易费用、个人特质等产生重要影响，而这些变量又直接影响创业活动的绩效。

二、创业资源的获取途径

创业资源与创业者的关系就如同颜料、画笔和艺术家的关系那样。如果创业者获取不到创业所需的资源，创业机会将变得毫无意义。创业资源作为创业活动开展的必要条件，在创业过程中应当积极拓展其获取渠道。Kirzner 和 Casson 也认为，创业机会的存在本质上是部分创业者能够发现特定资源的价值，因此，从这一角度看待创业机会就应把落脚点放在创业资源的获取上。当然，创业资源的获取需要特定的技术和思维分析方式，这也正反映了创业教育有其存在的合理性和必要性。

一般来讲，创业之初，创业所需的各项资源往往只能依靠创业者通过自身努力获取。但随着企业的成长和不断扩张，创业者很快就会发现，通过自身努力获取的资源远远不能支持企业的发展，为了使企业能够继续发展，创业者应通过多种途径获取所需的各种创业资源。当然，创业资源的种类不同，获取的途径也不同。因此，创业资源的获取不能一概而论。这里主要选取创业过程中的影响程度较大的人力、技术及资金资源为代表进行讲述。

(一)获取人力资源的途径

这里的人力资源不仅仅是指企业成立以后招募的员工，更主要的是指创业者及其团队拥有的知识、技能、经验、人际关系、社会网络等。创业者，尤其是对于大学生创业者而言，不仅仅是资金的缺乏，更重要的还有意识、知识、信息与技能的不足与缺乏。因此，创业前应尽可能参加一些相关的社会实践活动，这个过程中既能增长关于市场的知识，还可以锻炼组织能力。当然，也可以考虑先进入一个企业为别人工作，通过打工的经历学习相关行业知识，了解企业运作的经验，学习开拓市场的方法，认识盈利模式，建立客户资源渠道等。

(二)获取技术资源的途径

创业项目起步时获取所依赖技术的途径有：吸引技术持有者加入创业团队；购买他人的成熟技术，并进行技术市场寿命分析等；购买他人的前景型技术，再通过后续完善开发，使之达到商业化要求；同时购买技术和技术持有者；自己研发，但这种方式需要时间长，耗资大。同时还应该随时关注各高校实验室、老师或者学生的相关研发成果，定期去国家专利局去查阅各种申请专利，养成及时关注科技信息，浏览各种科技报道，留意科技成果，从中发现具有巨大商机的技术的良好习惯。政府机构、同行创业者或同行企业、专业信息机构、图书馆、大学研究机构、新闻媒体、会议及互联网等，都是获取相关技术信息的渠道，可以根据自身的实际情况与以上各种方式的特点，选择一种或多种方式。

(三)获取外部资金资源的途径

获取财力资源，是创业顺利进行的有效保障。对于外部资金的获取，一般可通过以下途径获得：依靠亲朋好友筹集资金；抵押或银行贷款；政府扶持资金；互联网平台融资；所有权融资，包括吸引新的拥有资金的创业同盟者加入创业团队，吸引现有企业以股东身份向新企业投资、参与创业活动，以及吸引企业孵化器或创业投资者的股权资金投入等。创业融资作为创业基础的重要环节，本章第二节内容将会对融资途径、方式等进行具体论述。

三、创业资源的整合

相关统计表明，大部分创业者的失败都与资源的整合和融资环节的不协调相关。因此，从这个角度来看，创业也被认为是创业者感知机会后的资源整合行为，遵循从感知机会到组建创业团队、并获取创业必需资源的逻辑。创业管理大师熊彼特说过，创业者的功能就是实现新组合。因此，创业资源的整合是创业者实现成功创业必须斟酌的问题。在美国，Enterpreneur 一词专指在没有多少资源的情况下，积极进取，锐意创新，发现机会、把握机会并实现机会价值的创业者。也就是说，创业者一开始创业不可能也没有必要拥有他所需的全部资源，为克服资源和经验不足等"新创缺陷"，新创企业往往需要从创业网络中汲取和整合各种创业资源。同时，资源管理理论也认为，资源整合能够对新创企业的资源和能力进行补充与丰富，并促使新创企业更好地适应环境的变化，因而能推动新创企业向前发展，提高新创企业绩效。

(一)资源整合的作用

资源整合是指企业获取所需的资源后，将其进行绑定聚合以形成和改变能力的过程。即使创业前资源准备足够充分，也不可能预见到创业中所有的问题。而且，大部分创业者开始创业时都存在资源贫乏、经验不足的状况，任何一个创业者都不可能在想出了所有问题的答案后再创业。因此，从创业视角看，创业不必等到将所有的资源准备齐全，创业需在把握机会的前提下通过整合资源实现。资源整合对企业的发展起到至关重要的作用，是资源开发过程中的关键环节，对资源缺乏新创企业的作用尤为明显。创业者需要做的是发现有价值的外部资源，利用现有资源撬动外部资源，使得新创企业得以生存发展，这就是资源整合的作用。

(二)资源整合的一般过程

创业过程实际上也就是创业者建立、整合和拓展资源的过程。在这个过程中，创业者需要平衡、取舍，需要对创建企业所需的资源进行识别、控制、利用和开拓。

1. 创业资源识别

创业者首先要明白自己的资源整合能力以及企业所拥有的最初资源。创业资源中也存在假象，即不适合企业发展的方面，这就要求创业者具有辨别真伪的能力，不能对所有资源都是来者不拒。与此同时，要厘清哪些是战略性资源、哪些是一般性资源。之后，还要对资源的数量、质量、可利用程度进行分析。要做到这些，通常要求创业者具备一定的行业知识和社会关系网络。

资源识别方式分为两种：自下而上和自上而下。自下而上是指创业者拥有详细、具体的商业计划，依据商业计划对资源进行识别，从而把资源整合在一起创造价值；自上而下是指创业者首先勾勒出组织愿景以及这一愿景如何实现，而后识别自身所拥有的资源和环境中能提供的所需资源，以此实现组织愿景。

2. 创业资源控制

实际上，所有成功的创业者在新创企业成长的各个阶段，都会做到用尽可能少的资源推进企业向前发展。同时，对他们而言，资源的所有权并不是关键，关键的是对其他人的资源的控制、影响程度。资源控制的范围通常包括自有资源和外部资源。自有资源大多存在于创业者和创业团队当中，如教育背景、声誉、行业知识、资金和社会网络等。其中，团队成员中的人脉和技术对企业的成功举足轻重。外部资源通常可以通过购买和并购获得。资源购买主要通过市场购入所需资源；资源并购则是通过股权收购或者资产收购，将企业的外部资源内部化。

为了提高创业绩效，创业者需要尽可能利用手头资源和自身能力去获取并控制那些尚无法得到的资源。如可以通过资源联盟的形式，联合其他组织对一些难以或无法自行开发的资源共同开发。

3. 创业资源利用

在完成了对资源的获取和控制后，创业者需要不断挖掘、利用创业资源。首先就是资源配置。由于资源在未整合之前大多是零碎的、散乱的，要发挥其价值、产生最佳效益，就必须运用科学方法对各种类型资源进行细化、配置和激活，将有价值的资源有机融合起来，使之具有较强的系统性和价值性。其次是利用资源优势来赢得市场。创业者需要协调各种资源之间的关系，匹配有用的资源、剥离无用的资源，使资源相互匹配、相互增强、相互补充，使之转化为企业内部的独特优势，从而为企业赢得市场，提高创业绩效。

4. 创业资源开拓

创业资源的开拓是在协调资源的基础上，进一步开发潜在资源为己所用；是将以前没有建立起联系的资源建立联系，不仅整合已有资源，而且还将新获取的资源与已有的资源进行充分整合。因此，对资源的开拓不仅是实现财富的创造，而且是在已有资源的基础上拓展企业资源库，进一步识别企业自有和外部资源，拓展资源的范围和功能，从而为下一步的资源识别、获取、配置和利用奠定基础。这也是企业持续竞争优势的源泉。

总之，创业资源识别、控制、利用和开拓这四个子过程相互依存、相互联系。资源识别是创业资源整合的起始阶段；资源控制是创业者根据原有计划和资源识别结果，尽可能利用手头资源和自身能力去获取并控制那些尚无法得到的资源，从而为资源的配置和利用奠定基础；资源利用要按需分配，将资源放到企业最需要的位置上，使之转化为企业内部的独特优势，同时应避免资源沉淀；资源开拓则为下一轮的循环奠定基础。

全国高等院校「十三五」贯穿式＋立体化创新规划教材

(三)创业资源整合模式

创业资源整合是通过对不同来源、不同层次、不同结构、不同内容的资源，进行选择、汲取、配置、激活和有机融合，从而形成新的核心资源体系的过程，是一个复杂的动态过程。基于对初创企业资源整合实践的分析和总结，学者们提出了创造性整合、杠杆、拼凑、步步为营四种被普遍接受的资源整合模式。

1. 创造性整合

创造性整合，是指在资源束缚条件下，创业者为了解决新问题、实现新机会，发现已有资源的新用途，利用新途径创造出新的独特服务和价值。事实上，创业者可以通过在已有元素中加入一些新元素从而形成在资源利用方面的创新行为，进而取得令人惊奇的成果。

2. 杠杆

杠杆，是指当企业内生资源不足或短期内难以获取，而外部资源存在闲置或浪费时，企业通过核心能力构建资源杠杆，以快速撬动外部资源为己所用的方式。这里的杠杆可以是资金、资产、时间、能力、关系和品牌。对创业者而言，教育背景、相关经验、个性品质、专业技能、信誉、资格等个人的能力和素质最容易产生杠杆效应。杠杆效应能以最小的付出或投入来获取最多的收获效益，而且，杆杆资源效应体现在以下几个方面：比别人更加延长地使用资源；更充分地利用别人没有意识到的资源；利用他人或者其他企业的资源来完成自己创业的目的；将一种资源补足另一种资源，从而产生更高的价值；利用一种资源获得其他资源。

3. 拼凑

拼凑，是指通过对手头有限资源的创造性整合和利用，因陋就简、自力更生进行创业。事实上，潜在创业者并不是真正的"一无所有"，而是因为不敏感或能力不足而对自己手头拥有的东西视而不见。其实，不少成功创业者都是创业资源方面的拼凑高手，他们善于用发现的眼光，洞悉身边各种资源的属性，然后将它们创造性地整合起来。这种整合有时是突如其来的情况下摸索前行的结果。

4. 步步为营

"步步为营"是美国学者杰弗里·康沃尔在其专著《步步为营：白手起家的艺术》中提出的资源利用的重要方式。他指出，步步为营经济实用，它不仅适用于小企业，还适用于高成长企业和高潜力企业。具体到创业资源整合实践中，"步步为营"是指创业者分多个阶段投入资源，并在每个阶段投入最有限的资源。这样，创业者一方面要有能力设法将资源的使用降到最低以至成本降到最低，另一方面创业者还要能够自主、自立、自强以便减少对外部环境的依赖。这实质上体现的是一种能力，一旦具备这种能力，创业者也即在向成功步步靠拢。

第二节 创 业 融 资

资金是企业经济活动的推动力。它如同润滑剂，不足或欠缺终会导致企业熄火。创业融资难一直是困扰新创企业的一大瓶颈，作为广泛存在的一个问题，创业者如何获得创业资本、社会资本出路问题也受到学术界的高度关注。同时，创业融资作为资源整合动态过程中的重要环节，有必要从资源整合的视角进行系统考虑。

一、融资概念

创业融资是指创业者为了生存和发展的需要，筹集资本和运用资本的活动，包括新创企业从创意种子期到创业生产期发生的一系列融资行为。

创业融资的研究对象是创业企业的融资行为。企业初创期由于缺乏盈余能力而需要不断地投入资金以维持其正常的运转。事实也证明，初创企业很难靠自有资金来解决各种突发的困境，这就需要从外部筹措。当企业步入正常发展轨道，为在竞争中立足，又会面临扩大规模、上效益、创新等任务，此时的融资又会被提上议事日程。因此，企业从最初建立，到发展、壮大整个过程中都要经历一个融资、投资、再融资的循环过程，创业融资伴随新创企业发展的整个过程。

二、融资渠道

据有关数据显示，85%的初次创业者都存在资金不足的问题。但资金不足并不表示就不可以创业，因为创业者可以有很多途径获得资金。创业融资渠道即创业者筹集创业资金的途径，或者称为企业经营所需资金的来源。尽管可供使用的外部经济资源很多，但由于每一次融资行为都有其自身的特征，而且创业融资渠道也存在各自的限制条件，这些都将决定企业在创业融资过程中能够或应该采取什么样的融资渠道。

(一)私人资本融资

1. 自我融资

个人积蓄也称自我融资。这是企业创建初期的一个重要的资金来源。研究者发现，70%的创业者依靠自己的资金为新企业提供融资。即使是具有高成长潜力的企业，在很大程度上都依赖创建者的存款提供最初的资金。例如，蒙牛的创业资金就是几个创始人卖掉股票凑的。

对创业者来说，资金永远是稀缺资源，依靠自有资金起步永远是最稳妥的方法。在创业前期，绝大部分企业是自筹资金。贷款人和投资者在投资前会确认自身已投入资金多少。但这样提供的资金毕竟有限，一般情况下积蓄仅能维持初期基本的开销。所以，个人积蓄只是创业融资短效的途径，对创新企业的作用十分有限。

全国高等院校「十三五」贯穿式＋立体化创新规划教材

2. 向亲朋好友筹措资金

对于创业者来说，亲朋好友是他们选择的第二个融资渠道，也是常见的启动资金来源。当陷于资金困境时，人们首先想到同时也是最先能向自己伸出援助之手的，是家人、亲戚和朋友。世界银行所属的国际金融公司(IFC)对北京、成都、顺德、温州 4 个地区的私营企业做过调查，结果显示：我国的私营中小企业在初始创业阶段几乎完全依靠自筹资金，90%以上的初始资金都由主要的业主、创业团队成员及家庭提供，银行、其他金融机构贷款所占的比重很小。创业者和亲属朋友之间的亲情和友爱关系使他们相互之间易于接触，这样就有助于克服不熟悉的投资者所面临的不确定性；但弊端也是显而易见的，即容易出现纠纷。如往往存在手续不完善的情况，较少有物质抵押而且信誉难保。对此，聪明的创业者在利用这种途径融资时一定会认真考虑一系列潜在问题，达成书面协议，将所有的融资细节如金额、偿还方式、利率、还款日期、抵押品以及万一企业破产后的偿还方式等都要注明。同时，要向亲朋好友明确传递公司的目标，确保他们明白自己的资金将用于公司的日常经营。而且，要经常与亲朋好友交换对潜在问题的看法，尽早消除彼此之间的顾虑，这样将有助于减少以后产生的问题。总之，向亲朋好友借钱时，一定要进行周全考虑，小心谨慎，因为亲友是无可替代的。

3. 天使投资

天使投资是创业资金的另一来源。天使投资(Angel Investment)是个人或非正式机构出资协助原创项目或小型初创企业对其进行一次性前期投资的一种投资形式。被投资的原创项目或小型初创企业一般拥有某种专门技术或独特概念，这是其受天使投资青睐的前提。

天使投资具有以下特征：投资金额一般较小，而且是一次性投入，对风险企业的审查也并不严格，更多的是基于投资人的主观判断或者是由个人的好恶所决定；很多天使投资人本身是企业家，了解创业者面对的难处，是起步公司的最佳融资对象；天使投资人不但可以带来资金，同时也可以带来关系网络，如天使投资人往往积极参与被投资企业的战略决策和战略设计，为企业提供咨询服务等。

(二)机构资本融资

1. 风险投资

风险投资(Venture Capital，VC)，VC 是典型的股权融资形式，与其他股权融资方式不同，VC 更看重企业发展的未来，因而对投资项目的考察是所有投资方式中最为客观和严格的。对中小企业而言，VC 为企业长远发展提供了市场化的资金支持，减少了创业者所承担的风险程度。要获得风险资本的支持，创业者需要直接向风险投资机构申请或通过从事此类业务的中介机构来获取，同时，创业项目应当有好的盈利预期和市场前景、准备充分的商业计划书、优秀的创业团队。

一般而言，无论选择天使投资或是风险投资的融资方式，比较恰当的股权结构是由创业者和他的团队拥有相对多数的股权比例，然后才是由天使投资人与风险投资人拥有次多的股权比例决定，最后剩余的少部分再邀请策略性企业投资人参与认股。这样的股权结构最有利于创业者与创业精神的发挥，尤其能使创业投入与创业利益最紧密地结合，创业成功的机会也就比较大。

2. 银行贷款

除了以自己或亲友的资本来启动创业项目，银行贷款也是中小企业最普遍尝试的融资渠道，但其成功率非常低，只有少数人得益于传统的银行贷款。相关统计显示中小企业从银行获得的贷款不足银行系统贷款总量的 10%。这是因为中小企业经营状况的高风险性与银行业的审慎原则显著冲突，银行在贷款过程中过于注重抵押物，因此中小企业从金融机构贷款数量均受到很大限制。所以对于新创业企业而言，可以选择由政府担保的小额贷款。但当企业发展到一定阶段，具有一定的信誉、资产或其他担保时，银行贷款也成为创业资金的主要来源之一。

3. 信用担保体系融资

新创企业融资难的一个重要问题就是信用不足。从 20 世纪 20 年代起，许多国家为了支持本国中小企业的发展，先后成立了为中小企业提供融资担保的信用机构。目前，全世界已有 48%的国家或地区建立了中小企业信用担保体系。我国从 1993 年开始设立专业性担保公司，担保公司由此作为一个独立行业出现。信用担保是指由专门的信用担保机构为中小企业向银行提供贷款保证服务，接受担保服务的中小企业向信用担保机构缴付一定担保费用的担保方式。信用担保是一种信誉证明和资产责任保证结合在一起的中介服务活动。它介于商业银行和企业之间，担保人对商业银行做出承诺，为企业提供担保，从而提高企业的资信等级。信用担保机构的建立对缓解我国中小企业融资难问题起到了积极的作用。

(三)政府创业扶持基金融资

近年来，国家大力倡导创新创业，各级政府出台了一系列相应的创业扶持政策，特别是针对大学生创业的扶持政策，如大学生创业税费减免、创业担保贷款和贴息、创业补贴等。各省、直辖市、自治区均有专门成立的大学生创业扶持基金，以及大学生创业大赛项目平台，除了提供奖金、大学生创业服务外，还为大学生提供创业信息、就业创业培训等。企业的注册、财务、税务、管理、运营等问题，均可以从中得到不同程度的解决。

(四)互联网平台融资

1. 互联网金融

利用互联网金融筹资方便快捷，几分钟就能到达账户。比如支付宝、微信和 P2P 借贷等，是目前互联网金融平台上比较火爆的借贷方式，但在 2013 年大量 P2P 公司跑路倒闭，对创业者而言，这些风险也需要考虑。

2. 众筹

是指用"团购+预购"的形式，向网友募集项目资金的模式。众筹利用互联网传播的特性，让个人可以对公众展示他们的创意，争取大家的关注和支持，进而获得资金援助。

全国高等院校「十三五」贯穿式+立体化创新规划教材

三、融资方式

资金是企业的血脉，充足的资金能使企业有效地运转。如果说融资途径是创业资金的来路，那融资方式则是创业者获得资金的具体形式和工具。融资方式体现了资本的属性和期限，而属性则指资本的股权或债权性质。因此，从这个角度来看，企业筹措资金的方式通常分为两种：一种是权益资本筹措，一种是债权资本筹措。

(一)权益资本筹措

权益资本又叫权益性资本，它是指投资者所投入的资本金。资本金合计包括企业各种投资主体注册的资本金的全部。通俗一点来讲，权益资本是股东对企业的个人投资。权益资本不像银行贷款那样需要支付利息，从而减少了企业的日后开支；从长远利角度看，创业者需要让出部分股权将其转移给外部投资人。

权益资本筹措包括三种：吸收直接投资、发行股票和留存收益。吸收直接投资是指企业直接吸收国家、法人、个人和外商等资金的一种筹资方式；发行股票是股份公司向出资人发行用以证明出资人的股本身份和权利的一种有效凭证而筹集资本；留存收益，顾名思义是企业存留在内部的盈利，根据《中华人民共和国公司法》和《企业会计制度》，留存收益都来源于企业在生产经营活动中所实现的净利润，包括企业按照国家法律的规定提取盈余公积以及利润或股利分配后的剩余部分。

(二)债权资本筹措

债权融资是指企业通过借钱的方式进行融资。借款有一定的期限，企业要向债权人偿还本息。这种融资方式适合解决企业营运资金短缺的问题。主要包括以下几种：银行信贷、债券融资、商业信用和融资租赁。银行信贷是债权融资的主要形式，是在一定的条件下取得银行发放的资金并且按期偿还本金的融资方式；债券融资则是企业向债权人支付利息、偿还本金以筹集资金的一种融资方式；商业信用是企业在正常的经营活动和商品交易中由于延期付款或预收账款所形成的企业常见的信贷关系；融资租赁是指出租人出资购买租赁物件，并租给企业使用，企业则分期向出租人支付租金，通过融资租赁，新创企业获得出资人提供的机器设备，避免了大规模的一次性投资，缓解了设备改造所产生的资金周转压力。

小贴士

股权融资与债权融资的区别

(1) 权利不同。债券持有人与发行人之间是债权债务关系，债券持有者只能按期获取利息及到期收回本金，无权参与公司的经营决策；股东则可以通过参加股东大会选举董事，对公司重大事项进行审议与表决，行使经营决策权和监督权。

(2) 发行目的及主体不同。发行债券是公司追加资金的需要，它属于公司的负债，不是资本金，而且发行债券的经济主体很多，如中央政府、地方政府、金融机构、公司企业等；发行股票则是股份公司创立和增加资本的需要，筹措的资金列入公司资本，发行主体只有股份有限公司。

(3) 期限不同。债券一般有规定的偿还期，期满时债务人必须按时归还本金，是一种有期证券。股票通常是无须偿还的，一旦入股，便不能从股份公司抽回本金，是一种无期证券。但是，股票持有者可以通过市场转让收回投资资金。

(4) 收益不同。债券通常有规定的票面利率，可获得固定的利息。股票的股息红利不固定，一般视公司经营情况而定。

(5) 风险不同。股票风险较大，债券风险相对较小。这是因为：第一，债券利息是公司的固定支出，属于费用范围；股票的股息红利是公司利润的一部分，公司只有营利才能支付，且支付顺序列在债券利息支付和纳税之后。第二，倘若公司破产，清理资产有余额偿还时，债券偿付在前，股票偿付在后。第三，在二级市场上，债券因其利率固定、期限固定，市场价格也较稳定；股票无固定期限和利率，市场价格波动频繁，涨跌幅度较大。

第三节 创业融资决策

创业融资难是创业者面临的主要问题之一，因为创业期的融资是企业长远生存发展的基础，不仅仅解决当前发展困境，还为长远发展打下坚实基础，如何制定科学合理的融资策略就成了创业者最为关心的问题。

创业融资实质上是新资源向新创企业的融通过程，融资的效率受企业内外各方面的影响，提高创业融资效率，创业者需要用资源整合理论去制定科学合理的融资策略，从而使得新创企业健康长远可持续发展。

一、融资决策制定(融资估算)

企业经营过程中，在不同阶段都会涉及融资问题。因此，创业者应根据初创企业在不同发展阶段的资本需求特征，结合创业计划和企业发展战略，做好融资方案策划，合理确定融资规模、资本需求数量、资金用途等。

(一)确定融资规模

即预测资金的需求量，只有确定了资金的需求量，才能更好地选择融资渠道，从而降低融资成本。同时，还可以防止融资量过高或过低，融资过多则会影响到资金的使用效率，融资过少则使融资作用难以发挥。在实际操作中，通常企业可以通过经验法和财务分析法两种方法来确定融资规模。

经验法即根据企业自身规模的大小、所处的发展阶段以及企业实力状况，先考虑企业自有资金，再考虑外部融资，最后结合不同融资方式的特点和优势，来确定融资规模。财务分析法则是根据企业的财务报表来判断企业的财务状况与经营管理状况，进而合理地确定企业的融资规模。其前提是企业必须将财务报表公开。

全国高等院校"十三五"贯穿式+立体化创新规划教材

(二)确定资金用途

不同的用途影响着资金能够回收的期限，不同用途的资金决定着企业应该筹集什么期限的资金，是长期还是短期。企业融资可能是为了日常的经营投入，也可能是为了增加固定资产，投资固定资产融资额大且融资期限长，而日常运营资金则周转比较快，企业能尽快还款。

(三)估算启动资金

创业计划再详备，创业项目再有价值，没有启动资金都是纸上谈兵。为了保证企业在启动阶段业务运转顺利，在业务经营达到收支平衡之前，创业者需要准备足够的资金以备支付各种费用，这些费用叫作启动资金。由于初创企业前期投入大，往往在几个月后才见盈利。因此，专家建议新企业在启动阶段，至少要备足 6 个月的各种预期费用。创业者最好对所有可能发生的意外情况都有所准备，并测算其总费用，做好启动资金估算。启动资金的类型、所包含的内容及明细如表 8-3 所示。

将表中的各项费用加在一起，即是创业前后所需要准备的启动资金。而为了在遇到意外和不测时能从容应对，必须准备比上述资金预算更为宽裕的资金。

表 8-3　创业企业启动资金表

启动资金	包含内容	明　细
固定资产投资	场地和建设	
	设备	机器、工具、车辆、办公家具等
流动资金	购买并储存原材料和成品	原材料和商品库存费用
	促销	广告、有奖销售、上门推销、活动表演等
	员工工资	创业者自身的工资、其他员工的工资
	租金	办公场所、仓库等租金费用
	保险费用	社会保险和商业保险等
	其他费用	电费、水费、交通费、办公用品费等
合法程序	开办费	办公费、验资费、装潢费、注册费、培训费、技术转让费(买专利)、营业执照费、加盟费等

(四)估算融资成本

融资成本是企业为筹集和使用资金而付出的代价，包括融资费用和资金使用费用。融资费用是企业在融资过程中发生的各种费用，如发行股票，债券支付印刷费、发行手续费、律师费、资信评估费、公证费、担保费、广告费等；资金使用费是指企业因使用资金而向其提供者支付的报酬，如股票融资向股东支付股息，银行贷款支付的利息，租赁融资涉及的租金等。上述融资成本都是能在财务上反映出来的显性成本。其实，企业在融资过程中，泄露机密信息可能会造成损失，由此产生的是风险成本。由于其难以衡量，因此被称为融资过程中的隐形成本。如表 8-4 所示对不同融资渠道的融资成本进行了比较。

表 8-4　不同融资渠道融资成本的比较

融资渠道	资金使用费	融资费用(资金的可获得性)	风险成本
自有资金	无	受制于现有财务状况	无
民间借贷	高	较易获得	低
银行借贷	一般	要求提供有效的担保与足够的抵押,并需要报送一系列有关借款人与担保人的材料,中小企业获得此类资金有一定的难度	较高
资本市场		严格的上市条件,较高的发行费用将大多数中小企业拒之门外	高

从表 8-4 不同融资渠道融资成本的比较中我们可以看出,企业依靠自有资金来满足企业的资金需求时,融资成本是最低的。如果自有资金无法满足经营需要时,就需要进行外部融资。不同企业承受融资成本的能力是不同的,但过高的融资成本对任何一家创业企业来说都是一个巨大的负担,而且会抵消企业的成长效应,因此创业融资决策应结合企业自身的赢利水平、发展战略及外部金融供给情况进行综合考虑,从而寻求一个较低的资金成本的融资策略。

当然除了上述成本,还有机会成本。机会成本也是隐性成本。机会成本是指把某种资源用于某种特定用途而放弃其他各种用途中的最高收益。如自有资金,企业在使用时不存在对外支付本息的问题,尽管在使用后企业也获得了相应的报酬。客观来讲,企业在进行融资决策时,也应将其纳入考虑范围。有时候还需要考虑沉没成本。沉没成本是指已经失去的收益或者付出的代价,不论采取什么方式和方法,均不能挽回的损失。沉没成本与机会成本的不同在于它属于非相关成本,有时是间接的,有时是直接的。由于沉没成本很多时候是在事后发生的,因此有时无法在决策时将其考虑在内,如果在决策时就把沉没成本考虑在内的话,恐怕会造成商机错失或者决策失误。

(五)测算营业收入和利润

作为企业的主要经营成果,营业收入关系企业的正常运转情况和企业竞争力的大小。营业收入测算的方法有很多,可以通过经验丰富的管理人员和销售人员分析市场变化,可以汇集推销员的综合判断,可以由专家组成预测小组根据个人反馈进行汇总之后做出综合预测,也可以对产品的供求和客户的消费取向进行调查,还可以针对影响产品销量的各种相关因素、利用它们与销售量的函数关系进行预测。

营业利润是企业的经营成果。它主要指主营业务利润和其他业务利润扣除期间费用之后的余额。相关计算公式为:

营业利润=营业收入-营业成本-营业税费-销售费用-管理费用-财务费用-
　　　　资产减值损失+公允价值变动净收益+投资净收益

营业利润率=(营业利润/营业收入)×100%

其中,营业利润率是企业通过生产经营获得利润的能力,营业利润率越高,企业的盈利能力越强。

全国高等院校『十三五』贯穿式+立体化创新规划教材

美国经济学家斯蒂格利茨对沉没成本的解释

假如你花 7 美元买了一张电影票，又怀疑这个电影是否值 7 美元。看了一会儿，你证实了自己的疑虑；这个影片确实很差。在这种情况下，你是否选择离开这家影院？在做这个决定时，你就应当忽略那 7 美元，它就是沉没成本，无论你离开影院与否，这 7 美元都不可能被收回了。由于沉没成本发生的延迟性，所以许多创业者在决策并进入实施阶段时，才发现以前的判断是错误的。这个时候，就不要再去考虑已经无法收回的沉没成本了，撤得越快损失越小。

二、创业融资决策

创业企业融资时，要考虑创业企业实际情况，合理制定融资决策。具体决策时主要考虑以下因素。

(一)融资渠道选择

1. 创业企业类型与融资渠道的匹配

从创业融资角度看，创业企业可分为制造业型、商业服务业型、高科技型以及社区型等几种类型。各类型的企业由于其自身具有的不同特点，其融资渠道的选择也应不同。

1) 制造业型创业企业

制造业型创业企业由于其经营的复杂性，其资金的需求也是比较多样和复杂的，既包括用于购买原材料、半成品和支付工资的流动资金，也包括购买设备和零配件的中长期贷款，甚至包括产品营销的各种费用以及卖方信贷。这些都需要外界和金融机构的金融服务。制造业型企业由于其资金需求量大，资金周转相对较慢，经营活动和资金使用涉及面也相对较宽，因此，风险也相应较大，融资难度也要大一些。一般而言，可供选择的融资渠道主要有银行贷款、租赁融资等。

2) 商业服务型创业企业

通常来讲，商业服务型创业企业的资金需求主要是库存商品所需的流动资金和用于促销活动的经营性开支。其资金需求特点是量小、频率高、借款周期短、借款随机性大。但其风险相对其他类型中小企业较小。因此中小型银行贷款或者网络融资应是其最佳选择。

3) 高科技型创业企业

高科技型创业企业的主要特点是"高风险、高收益"，这类型企业除了可以通过一般创业企业采用的融资渠道融资外，还可采用吸收风险投资公司投资、天使投资、科技型中小企业投资基金等进行创业。其中，风险投资公司的创业基金是有效支持高新技术产业最理想的融资渠道。风险投资公司与其所扶持的企业之间是控股或参股的关系，因此，可以从创业成功企业的股份的升值中较快地回收其创业投资。

4) 社区型创业企业

对于餐馆、美容美发、水果店、便利超市、家政服务等社区型创业企业，具有特殊性，它们具有一定的社会公益性，容易获得各项优惠政策，如税收政策、资金扶持政策等。对于该类型创业企业，首先应考虑争取获得政府的扶持资金。

2. 创业发展阶段与融资渠道的匹配

目前，学者普遍认为创业企业有四个发展阶段：种子期、启动期、成长期和成熟期。创业融资需求也具有阶段性特征，处于不同发展阶段的创业企业具有不同的风险特征和资金需求，同时不同融资渠道所能提供的资金数量以及所产生的风险程度也不同，因而适用的融资渠道也会不同。因此，在进行创业融资时，除了要考虑不同融资渠道的优缺点、融资成本外，还要考虑创业企业所处的发展阶段，将不同阶段的融资需求和融资渠道进行匹配，从而提高融资效率，使企业能够获得所需创业资金。

1) 种子期融资渠道选择

在种子期，企业规模较小，同时具有高度的不确定性，创业者所需资金主要用于对创意的实践或技术的商业化应用，而企业没有任何销售收入和盈利记录，风险程度非常高，风险承担能力有限。此时，创业者很难从外部筹集资金，创业者的自有资金、亲朋好友的借款、国家创业资金的资助可能是种子期采用较多的融资渠道。除此之外，天使投资者也常为处于起步阶段的企业提供资金，一些富有创意或特殊技术的项目很可能会受到天使投资者的青睐，因此，测算创业不同阶段的资金需求量，撰写好商业计划书，争取获得天使投资，也是创业企业这一阶段所采用的融资渠道之一。

2) 启动期融资渠道选择

在启动期，企业处于开拓阶段，其主要任务是进行科技成果的转化，使技术或创意变成商业化商品或服务，因此，资金需求量大而急迫。此时，由于企业成立时间短，业务记录有限，投资机构评估比较困难，因此，依靠传统投资机构和金融机构对其提供资金，难度很大。担保机构、风险投资机构是创业企业这一阶段的重要选择，创业企业可以进一步修改商业计划书使其不断完善，从而吸引包括天使投资在内的风险投资。

3) 成长期融资渠道选择

在成长期，企业已具备一定的规模，销售量迅速增长，然而企业仍希望不断增强自身的创新能力，从而获得更多的市场份额，因此，这一阶段仍需要大量的资金投入。由于此阶段已有一定的商誉和一定的资本积累，风险降低，因此可以获得外界认可。这一时期的融资渠道相对比较通畅，根据企业的具体情况可以考虑吸引风险投资，也可以选择银行贷款。

4) 成熟期融资渠道选择

进入成熟期，企业步入稳步发展的轨道，经营稳定，面临风险显著降低，获得外界的普遍认可，这一阶段的资金需求量相对稳定。因此，可以综合运用各种外界融资渠道，债券、股票等资本市场可以为企业提供丰富的资金来源。整个创业企业发展过程中的融资渠道可直观地从图8-1中看出来。

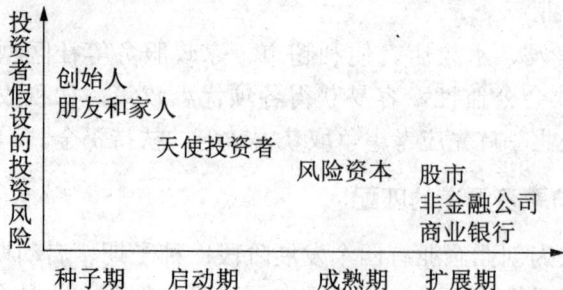

图 8-1　创业企业发展过程中的资金来源

(二)融资方式选择

资金按其使用期限可分为短期融资和长期融资。股权融资筹措的资金具有长期性和永久性。长期用途的融资适宜股权融资方式，而短期用途的融资最好采用债务融资方式，以免企业创始人的股权被过度稀释。

创业者一般极少采用只进行股权融资或只进行债务融资的方式。在绝大多数情况下，都是将债务融资和股权融资两者结合起来进行。例如，为了解决流动资金不足问题，创业企业可以选择银行借款等短期融资方式；为了进行研发活动和扩大固定资产规模等，则可以选择期限较长的融资工具，如银行长期贷款或者股权融资。针对新创企业经常采用的债务融资而言，短期借贷通常是营运资金所要求的，并由销售收入或其他收入来偿还；长期借贷主要用于购买产权或设备，并以购买的资产作为抵押品。

因此，新创企业在融资过程中可以实施融资组合化，合理、有效的融资组合不但能够分散、转移风险，而且能够降低企业的融资成本和债务负担。另外，创业者要经常分析宏观经济形势、货币及财政政策等情况，及时了解国内外利率、汇率等金融市场情况，预测影响融资的各种因素，以便寻求合适的融资机会，做出正确的融资决策。

因此，在融资过程中一定要了解基本的融资知识与技巧，选择适合自己的融资策略，无论哪一种创业类型的企业，快速、高效地筹集到资金，是创业成功至关重要的因素。

本章小结

(1) 尽管目前对创业资源的概念界定及具体分类并没有公认的标准，但创业者获取创业资源的最终目的是为了组织这些资源并实现创业机会，因此，获取创业资源之后还要学会进一步整合，从而提高创业绩效并获得创业成功。

(2) 新创企业融资难已经是业界共识。了解融资渠道和融资方式是进行创业融资的前提条件。

(3) 创业企业融资时，要考虑创业企业实际情况，合理制定融资决策。

实训案例

阿里巴巴的融资历程

基本案情：

1999 年，马云和他的创业团队集资 50 万元成立阿里巴巴。阿里巴巴成立初期，公司小到不能再小，18 个创业者往往是身兼数职。当阿里巴巴有一定名气后很快也面临资金瓶颈，这时以高盛为主的一批投资银行向阿里巴巴投资了 500 万美元。1999 年秋，日本软银总裁孙正义决定给阿里巴巴投资 3000 万美元，最终马云确定了 2000 万美元的软银投资，帮助其度过寒冬。2004 年 2 月 17 日，马云在北京宣布，阿里巴巴再获 8200 万美元的巨额战略投资。这笔投资是当时国内互联网金额最大的一笔私募投资。2005 年 8 月，雅虎、软银再向阿里巴巴投资数亿美元。之后，阿里巴巴创办淘宝网，创办支付宝，收购雅虎中国，创办阿里软件。2007 年 11 月 6 日，全球最大的 B2B 公司阿里巴巴在香港联交所正式挂牌上市，正式登上全球资本市场舞台，成功筹集到 15 亿美元的资金。阿里巴巴的上市，成为全球互联网业第二大规模融资。美国时间 2014 年 9 月 19 日，马云在纽交所敲钟，阿里巴巴正式登陆纽交所，股票代码 BABA。阿里巴巴此次上市成为全球最大规模 IPO。

(资料来源：根据"伏泓霖、商道：成就巨头企业的融资历程[DB/OL]. https://wenku.baidu.com/view/79f8c7b8ce2f0066f433225f.html."查阅整理)

案例点评：

案例中的阿里巴巴根据自身所处不同创业发展阶段的融资需求，以及不同融资渠道所能提供的资金数量以及所产生的风险程度等特点，将不同阶段的融资需求和融资渠道进行匹配，在创业企业发展的不同阶段采用了适合的融资渠道，从而提高融资效率，获得所需创业资金。

思考讨论题：

1. 阿里巴巴的融资渠道有哪些，其各有什么特点？
2. 创业发展阶段与融资渠道应如何匹配？

实训课堂

5 万元创业资金做起"鹅老板"

基本案情：

谢云浩，北京农学院动物医学专业大三学生，大兴区北章客村的"土著"。2014 年上半年恰逢北京农学院推出"创业六条"等一系列政策，鼓励在校学生运用所学创业，并将其与实践教学挂钩，与学分挂钩。谢云浩的"林下养鹅"项目获得 5 万元的创业基金，他拉着同宿舍的 6 个朋友凑了 10 万元，注册了公司，成为全校 17 个创业团队中的一员，而且免费使用两年的办公用房。短短一个月，他们便顺利拿到了企业营业执照，并入驻学校科技园内的北农学生创业中心。90 后在校生为啥会回家养鹅？这得从今年北京新增的 20 万亩林地说起。据北京园林局数据，2014 年新增的 20 多万亩林地，主要在本市现存的拆迁腾退地、沙荒地、废弃坑塘、城镇边角地、南水北调等重点水源保护区周边种植。谢云浩家所在的村子地处南六环，恰在第二道绿化隔离带附近，一年里，他家屋后也多了 400 多亩林地。2014 年春夏之交，还上大二的谢云浩周末路过林区，看到忙碌的养林工人在除草，效率不高而且林草浪费。联想到自己刚写完的"林下养殖"可行性报告，他把"可行"变成"行动"，申请了"林下养鹅"项目。林地可以养鸡、养鸭，为什么单单盯上了鹅呢？这时，小谢所学的动物医学知识就派上用场了：鹅的生长期短，体形肥大；林下食草，成本较低；青草滋养，鹅不易生病，鹅粪还能促进树苗生长。同时，利用林间空地养鹅，既提高了土地利用率，再加上远离村庄，还有利于防疫。这样一来，养鹅更具得天独厚的优势。另外，该项目还具有随季而动的优势。养殖期从 6 月到 10 月，买回雏鹅时刚好暑假，正好有时间在林子里放鹅。而返校上学时，可以雇用村里身兼护林工作的农民帮忙照看，支付 100 元的日薪。家人也给予了很大帮助。常年在村里有机蔬菜生产基地干活的谢父对鹅的品种颇有心得，选鹅苗时父亲帮忙把关；而一直照料 40 亩蔬菜大棚的谢妈妈，也承担了部分散养照看的任务。到 10 月出栏时，这群散养纯天然的鹅也不愁销路，以每公斤 16 元的价格顺利出手，项目首年核算毛利过万。

作为村里林下养鹅的第一人，谢云浩更大的野心是想"改良农业"，积累四五年的养殖经验，为村民们提供设备、咨询等专业服务。如果可能，还将发展生态旅游，继续摸索新农业的路子。

(资料来源："刘鹤，刘旭，90 后大学生获学校 5 万元创业资金做起'鹅老板'[N/OL]. 2015-1-5. http://www.cye.com.cn/daxueshengchuanye/daxueshengchuangyegushi/201501052268822.htm."

查阅整理)

思考讨论题：

1. 案例中谢云浩是如何进行相关创业资源整合的？
2. 案例中谢云浩主要采用了哪些创业融资渠道？

分析要点：

1. 了解资源整合的过程及资源整合模式。
2. 明确初创企业的企业类型及阶段性特征。

复习思考题

一、基本概念

创业资源 创造性资源整合 创业融资 融资成本 融资渠道

二、判断题(正确打"√"，错误打"×")

1. 创业过程实际上也就是创业者建立、整合和拓展资源的过程。　　　　　(　　)
2. 创业融资就是筹集创业启动资金。　　　　　　　　　　　　　　　　(　　)
3. 创业资源分为有形和无形的两种，知识和技术属于有形资源。　　　　(　　)

三、单项选择题

1. 下面关于创业资源的分类中，不正确的是(　　)。
   A. 按重要性分：核心资源、非核心资源
   B. 按性质分：人力资源、财务资源、物质资源、技术资源、组织资源
   C. 按参与程度分：有形资源、无形资源
   D. 按来源分：内部资源、外部资源
2. 下列(　　)不属于债权融资。
   A. 银行信贷　　　　　B. 债券融资　　　　　C. 商业信用
   D. 融资租赁　　　　　E. 吸收直接投资
3. 以下(　　)融资成本没有融资费用。
   A. 银行借款成本　　　　　　　B. 债券成本
   C. 留存收益成本　　　　　　　D. 商业信用

四、简答题

1. 资源整合的一般过程是什么？
2. 创业融资的渠道主要有哪些？
3. 创业融资过程中需要注意什么问题？

五、论述题

人们常说创业是白手起家、无中生有，对此你怎么看？

阅读推荐与网络链接

[1] 罗国锋，张超卓，吴兴海. 创新创业融资：天使. 风投与众筹[M]. 北京：经济管理出版社，2016.
[2] 赵淑敏，陈哲，胡金星. 创业融资[M]. 北京：清华大学出版社，2009.
[3] 国务税. 国务院关于促进创业投资持续健康发展的若干意见(国发[2016]53 号)[DB/OL]. http://www. gov. cn/zhengce/content/2016-09/20/content_5109936.htm.
[4] 国务税. 国务院关于创新重点领域投融资机制鼓励社会投资的指导意见(国发[2014]60 号)[DB/OL]. http://www. gov. cn/zhengce/content/2014-11/26/content_9260.htm.
[5] 国务税. 国务院关于积极推进"互联网+"行动的指导意见(国发[2015]40 号)[DB/OL]. http://www. gov. cn/zhengce/content/2015-07/04/content_10002.htm.
[6] 国务税. 国务院关于大力推进大众创业万众创新若干政策措施的意见(国发[2016]32 号)[DB/OL]. http://www. gov. cn/zhengce/content/2015-06/16/content_9855.htm.

[7] 国务税. 国务院关于进一步做好新形势下就业创业工作的意见(国发[2015]23 号)[DB/OL]. http://www.gov.cn/ xinwen/2015-05/01/content_2856034.htm.

[8] 倪克垒, 胡庄方. 大学生创业资源及获取途径分析[J]. 吉林省教育学院学报旬刊, 2015 (9) :140-141.

[9] 全国人民代表大会常务委员会. 中华人民共和国公司法[DB/OL]. http://www.npc.gov.cn/wxzl/gongbao/2014-03/21/content_1867695.htm.

[10] 最高人民法院. 关于适用《中华人民共和国公司法》若干问题的规定(四),法释[2017]16 号. http://www.court.gov.cn/zixun-xiangqing-57402.html.

[11] 陈震红,董俊武. 成功创业的关键:如何获取创业资源[J]. 科技创业,2003(9).

[12] 田欣. 资源束缚下的成功之道:创造性拼凑[J]. 企业管理,2009(5).

随身课堂

创业资源与创业融资.PPT　　创业融资.MP4　　创业资源.MP4

第九章　编制商业计划

引导案例

没有商业计划的初创公司只是一个"昂贵的爱好"

如果你有成功创业的经验，即使是最保守的投资人可能也不会担心你的下一个商业计划的质量。但是，对大多数人来说，千万别相信所谓的"硅谷神话"——把你价值百万美元的点子写在餐巾纸的背面，投资人就会蜂拥而至。

作为投资者和指导者，面对志向远大的企业家们，我的经验是，毁掉你的新创企业和信誉的最快办法之一就是递交一份糟糕的商业计划，甚至根本没有计划。如今，真的很难为没有商业计划书这件事找到借口，因为网络上就能找到例文，每家书店也都有商业计划方面的书籍，还有很多手机应用可以自动完成草拟过程。

一份好的商业计划不必像一本书那样长，也不一定要附上大量的财务报表。大多数我见过的好计划只有 25 页，它足以详尽地介绍你的商业计划的内容、时间、地点以及具体实施步骤。计划必须简要地回答每一个相关问题，所有你能想象到的来自你的团队、你的合伙人和投资人的问题。

事实上，组织和撰写报告的过程是你确定自己能够回答这些问题的最好途径。你想从开发商手里买一栋房子，或者自建住房，但是没有关于时间、价格和房屋特征的计划书，你觉得靠谱吗？我想不会。大多数投资人倾向于把没有计划书的初创企业当成一种"昂贵的爱好"。

虽然没有一种神奇的公式能让你按照一定的格式和顺序写出正式的商业计划，但是我推荐以下 10 个要点，你可以按照这个顺序陈述相关内容：经营概要、问题和解决办法、公司简介、市场机会、商业模式、竞争分析、市场推广及销售策略、管理团队、财务预测、退出策略。

省略其中一项或更多主题的商业计划是不完整的，仅提供部分计划就浪费了大好机会，无法给投资人留下深刻的印象。你只需要多做点额外工作就能让它变成一份专业的文件，包括封面、目录、标题和页码。不要试图使用技术术语、行话和缩略语来打动投资人。

如果你没时间写计划书，或者你的写作技巧不尽如人意，别担心，你可以找人帮忙。据我所知，没有一个总经理会自己起草全部合同，但是每个聪明人都有一个能为自己写东西的人，而且这个人对所有情况了如指掌。不能设法制定商业计划的企业家恐怕也管不好一家新公司。

当然，如果你还没有了解计划书的所有要素，现在就来学习一下吧。我的建议是进行自我检视，找到一位具有商业经验和专业知识的指导者或者合伙人，帮你制定一份具有可行性的商业计划。也许你的想法在技术上是正确的，但是如果没有商业计划，它可能就会胎死腹中，这是谁都不愿看到的。

虽然不能打包票，但是各种研究发现，一般来说，制订了优秀商业计划的企业家有更多机会获得投资，企业也更容易成功。在任何情况下，特别是在初创企业这个成功率低于50%的高风险领域，你必须占据先机。

（资料来源：via entrepreneur. 没有商业计划的初创公司只是一个"昂贵的爱好" [EB/OL].
http://www.cyzone.cn/a/20150127/269020.html.）

案例导学

正如文章的题目那样，没有商业计划的初创公司只是一个"昂贵的爱好"。商业计划书是大多数创业企业融资必备的敲门砖，好的商业计划会为企业融资顺利铺路，而编写商业计划书的过程也是企业审视、分析自身及产品的好机会。这样，我们不仅不必为这个"昂贵的爱好"买单，还可以使事情事半功倍，何乐而不为呢？

第一节　商业计划的目的和用途

著名教授盖伊·卡伟萨基曾说过："一旦他们将商业计划写到纸上，那些希望改变世界的天真想法就会变得实实在在且冲突不断。因此，文件本身的重要性远不如形成这个文件的过程。即使你并不试图去集资，也应当准备一份计划书。"由此看来，商业计划书是呈现出人们创业构想的载体，也是展现创业者如何实现创业过程的一份资料。

我们在撰写商业计划书之前先了解一下什么是商业计划书。

商业计划书是创业者在成立企业之前，就某一项具有市场前景的新产品或服务，向潜在投资者、风险投资公司、合作伙伴等游说以取得合作支持或风险投资的可行性商业报告，是用来描述创办一个新企业时所有的内部和外部要素的一份计划书。

一、编制商业计划的目的

由商业计划书的定义我们可以看到在创业过程中所涉及的对象可以分为三类：即创业团队内部、潜在的投资者等创业团队外部和其他相关者三个群体。也就是说我们的计划书总的来讲是为这三类对象服务的。围绕这三类对象，我们总结出撰写商业计划的目的，如表 9-1 所示。

表 9-1　商业计划的服务对象

分　类	目　的
企业内部	帮助创业团队梳理思路达成一致；使普通员工具有行动纲领，与企业目标保持方向一致
企业外部	吸引潜在投资者的注意；有助于一般合作伙伴了解企业，以至于能够顺利合作
其他	可以使学习借鉴者获得灵感，或者得到创业大赛评委的好评等

(一)梳理创业者的思路

在编写商业计划书的过程中，整个创业团队会针对公司的未来发展进行思考，最后达成一个共识。综合考虑各种因素，在创业开始之前梳理自己的思路，将自己脑海中的构思变成书面的形式可以让我们变得现实。这并不是一项简单的工作，它需要创业者花上数日乃至数月才能完成，还可以让创业者在各种冲突之中不断修改计划。计划书的本身远远不如创业者在制定计划书的过程中思维的碰撞。哪怕最后创业计划夭折，也一定是在这个制定计划的过程中由于各种的原因而使创业者明白自己的构想仍不够完善。

一份有明确愿景规划的商业计划对创业团队内部和普通员工都是十分重要的。它能将创业团队中各个成员有序地串联起来，同时也是创业团队沟通的"语言"和凝聚团队力量的重要工具。商业计划可以在企业内部出现矛盾和问题时成为大家的行动纲领，使大家朝着一致的目标前进。

(二)吸引投资者的目光

在创业团队成立的初期，一份含金量高的商业计划书能够吸引到更多的投资，从而引进更多的资金，而资金是一个企业运行不可或缺的原始动力。一份简洁直观的商业计划可以让投资者清晰地了解企业今后的发展前景，从而让投资者做出正确的判断。因此一份成功的商业计划书的作用是毋庸置疑的。

作为推销性文本，商业计划还有助于塑造创业团队的可靠性。举个例子，假设有一位投资者，在一次某大学主办的创业比赛中，投资者与多位创业者进行了非正式的接触和商谈，其中有两个项目他想做进一步的了解。联系第一位创业者，要求其提供商业计划书，第一位创业者犹豫了一会儿说，他没有准备正式的商业计划书，如果有时间的话他可以详细谈谈他的创业想法。投资者联系第二位创业者，要求其提供商业计划书，这一次，创业者说道，他非常愿意提交商业计划书，并且可以同时提供计划书的摘要和相应的 PPT 展示，对他的商业计划进行一个简要的概览和介绍。几分钟以后，第二位创业者的商业计划书和 PPT 已经发送到了投资者的邮箱，还谦虚地恳请提出宝贵意见并说明如果有时间的话他非

全国高等院校『十三五』贯穿式＋立体化创新规划教材

常愿意详细谈谈他的创业想法。投资者快速浏览计划书，内容中肯并切中要害，令人印象深刻。那么，这里要问一下，哪一位创业者更能吸引投资者的关注呢？在其他条件相同的情况下，显而易见是后者。其实，第二位创业者拥有商业计划书，并不只是意味着他提供了关于创业的具体信息，这还表明，他已经对创业的每个要素进行过认真思考，并且他也有足够的责任感愿意去花时间和精力投入到新创企业之中，以努力实现创业计划。

(三)获得其他相关者的帮助

其他相关者在这里可以是学习借鉴者或者是创业大赛的评委，也可以是一些提供帮助的咨询者。商业计划书务必要做到可以提供整个团队的核心构想和已有的资源，方便在这个前提下能够找到真正的相关者。在这一过程中要注意对核心商业机密的保护。

小贴士　商业计划书的保密

商业计划必须严格保密，严防落入竞争者手中。为了保密，有些企业会限制商业计划书的副本数量，对特定对象准备特定副本，并要求在不使用时将计划书放在文件柜或办公室锁好以确保安全。除此之外，大多数企业都会在其商业计划书封面上印刷"机密文件，未经许可，严禁复印"等字样。虽然这些措施难以阻止企业内不满员工的蓄意偷窃，但能避免因疏忽大意导致的计划副本丢失。如果新创企业提供的是高度敏感或专属的产品及服务，就更应该重视商业计划书的保密措施。企业界将这种初始商业计划的保密措施称为潜行模式(Stealth Mode)。

(资料来源：胡海波. 创业计划[M]. 厦门：厦门大学出版社，2011.)

二、编制商业计划的用途

(一)增加合作机会

商业计划的主要用途是递交给投资商，以便于他们能对企业或项目做出评判，从而使企业获得融资。商业计划书有相对固定的格式，它几乎包括投资商所有感兴趣的内容。

融资项目要获得投资商的青睐，良好的融资策划和财务包装，是融资过程中必不可少的环节，其中最重要的是应做好符合惯例高质量的商业计划书。目前中国企业在国际上融资成功率不高，不是项目本身不好，也不是项目投资回报不高，而是项目方商业计划书编写的草率与策划能力让投资商感到失望。

(二)降低错误概率

商业计划是整个企业的灵魂，商业计划的好坏，往往决定了投资交易的成败。对初创企业来说，商业计划的作用尤为重要。从企业成长经历、产品服务、组织人事、财务运营到融资方案。只有内容翔实、数据丰富、体系完整、装订精致的商业计划书才能吸引投资商，让他们看懂创业者的商业计划，才能使融资需求成为现实，商业计划的质量对创业者的项目融资至关重要。

虽然商业计划不能鉴别和消除这些不稳定的因素，但可使创业者在事件发生时有所准备，为避免致命的错误提供方向。一份合理的商业计划，可以使创业者少走弯路，节约时间和精力，更有效地实现预期的目标。制订计划本身是一种技能，需要制定者具有管理、销售、人事、财务、法律等多方面的相关知识。

(三)精准合理定位

商业计划的起草与商业本身一样是一个复杂的系统工程，不但要对行业、市场进行充分的研究，而且还要有很好的文字功底。对于一个初创或发展中的企业，专业的商业计划书既是寻找投资的必备材料，也是企业对自身的现状及未来发展战略全面思索和重新定位的过程。

有了商业计划，创业者就能对项目有更加清晰的认识，做到心中有数。具有战略思考和可操作性的商业计划是创业全过程的纲领性文件，是创业者决策保障的工具，是创业实践的战略设计和现实指导。

(四)有效管理控制

一份完美的商业计划可以增强创业者的自信，使创业者感到对企业更好管理、对经营更有把握。商业计划提供了企业全部的现状和未来发展的信息，商业计划使得创业者在创业实践中有章可循，而且一个好的商业计划书公布于众的时候，就会很容易吸引社会上的高端人才，可以获得很多优秀的人力资源。

(五)融资的重要渠道

资金是企业经营的血液，是创业的核心要素，是获得生存和发展的前提。商业计划的主要用途之一就是筹集资金。创业融资的一个重要途径，就是从审查商业计划开始。当确定了商业目标与商业动机之后，就必须考虑资金、人脉、市场等各种必备的商业条件，所以提出一份富有创意、规范的商业计划，对解决商业融资问题至关重要。

(六)经营的行动指南

创业者要想实现理想，施展抱负，离不开各方面的支持，商业计划就是对企业的各个方面进行筹划和安排，从而取得所需要的帮助。一份合理的商业计划，是对企业未来经营的构想，可以使创业者少走弯路，节约时间和精力，更有效地实现预期的目标。

第二节　商业计划的要求和内容

一、编制商业计划的要求

要编制一份内容真实、有效，并对以后的生产经营活动有帮助的商业计划，需要遵循一些基本的原则和要求。

(一)编制商业计划的基本要求

1. 信息的准确性、可靠性

如果想要编制一份较为全面完善的商业计划,一个很重要的工作就是要进行调研,并对所有的信息进行综合分析,以确定这些信息是否可以用来充实商业计划。所以,商业计划的首要要求就是信息的准确性和可靠性。企业的基本运作与商业计划密不可分,同时一份好的计划书也是企业管理的重要文件。我们身处在信息时代,创业者可以通过许多方式来搜集信息,真实可靠的信息不仅对商业计划的实用性做了保证,还可以让读者更加信服。

2. 内容的全面性、条理性

商业计划要尽可能全面地涵盖到各个方面以及创业者的思想。一份内容充实、详尽的计划是企业在真正经营前的一次现实的体验。如果企业想法有很多,商业计划就要对每一个项目做分析,再进行比较,从而得出最优方案。一般来讲,商业计划还是有一些固定的模式,尽可能按这些模式来,才不至于让潜在的投资人看计划书时找不到他重点关注的内容。将每个问题以及所需要的东西清晰有条理的展示出来,这也是编制商业计划的要求之一。

3. 叙述的简洁性、通俗性

商业计划内容的全面性与简洁性两者并不冲突。简洁性是指在叙述上语言应当平实,并且力求通俗流畅。一份商业计划一般是 25~35 页。商业计划书要简洁,最好开门见山,让投资者真正明白创业者需要的是什么。应尽量避免专业术语的使用以致读者看不懂。还有商业计划应该尽量做到美观大方,太多艳丽的图表和夸张的文字反而不会起到好的效果。

4. 计划的可接受性、实施性

商业计划其实就是对未来事项的一种预测。这种预测需要经过不断的评估来使其具有对将来行为的指导能力。在计划书中应明确自己身边可以利用的资源有哪些,分析出目前的定位和能够带来的价值。不管在计划书完成之前还是之后,创业者都应该通过市场调查、回访受查群众、调研竞争对手等方法,进行查漏补缺。通过这种经常性的研讨以及调查之后,计划书可能会出现这样或那样的不足,我们要不断调整计划,通过这个过程可以让计划书的可实施性大大增加,从而构造出可以让人更加信服的蓝图。

商业计划的编制过程可以用图 9-1 表示。

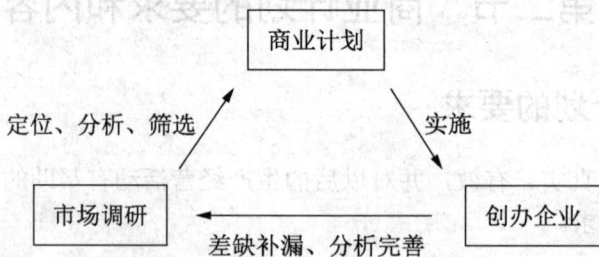

图 9-1　商业计划的编制过程

(二)编制商业计划的形式要求

商业计划形式上要符合以下几个基本要求。

1. 封面页

包括公司名称、地址、主要联系人姓名及联系方式等，如果公司已经设计好 LOGO，则应该在封面显示出来。

2. 目录

包括商业计划的所有内容及对应的页码。

3. 计划摘要及商业计划的主体部分

每个部分都要清晰条理地阐释清楚，这一部分应该是创业团队花时间和精力最多的地方。

4. 附录

这是除了商业计划的主体以外，创业团队认为需要说明的部分。比如：媒介关于公司产品的报道；公司产品的样品、图片及说明；详细的财务计划；创业团队主要人员的简介和简历等。这一部分在正文之后，通常是单独装订的。

二、商业计划书的内容

不同人对商业计划的编制有着不同的见解。但尽管如此，大多数人也认为商业计划应该包括一些最基本的内容。

(一)计划摘要

计划摘要是对整个商业计划最高度的概括，用最凝练的语言，浓缩计划书的精华。计划摘要是引路人，一般要在后面所有内容编制完毕后，再把主要结论性内容摘录于此，以求一目了然，在短时间内，给使用者留下深刻的印象。许多时候，投资人都是先浏览企业的计划摘要，认为计划可行时才索要企业的整个商业计划副本。因此，计划摘要如同推销产品的广告，编制人要反复推敲，力求精益求精，形式完美，语句清晰流畅而富有感染力，以引起投资人阅读商业计划全文的兴趣，特别要详细说明自身企业的不同之处以及企业获取成功的市场因素。

需要注意的有两点：第一，计划摘要虽然是商业计划第一页的内容，但其并非商业计划的引言或前言，而是整个计划的精华和灵魂。在撰写顺序上，是写完整个商业计划，再在其基础上提炼概括。第二，在撰写计划摘要时，要按照整个商业计划的顺序把每个部分都概括，缺一不可，尽量顺序一致。计划摘要一般是1~2页即可。

有专家建议，如果撰写商业计划是为了筹集资金，则不妨在计划摘要中明确拟筹集的资金数额、比例及性质，这样会更吸引投资者的关注，显得很有诚意，从而也更容易获得帮助。

全国高等院校「十三五」贯穿式＋立体化创新规划教材

(二)企业概况

企业概况是新创企业或者创业团队拟定企业总体情况的介绍。明确阐述创业背景和发展的立足点，是任何领域的商业计划都不可缺少的关键要素，企业概况的主要内容应该包括以下几个方面。

1. 简介

企业描述从简介开始，包括企业的名称，企业拥有的商标、品牌，创业原因和企业的基本信息，如创建者的姓名、企业的地址、联系方式等。

2. 企业愿景、使命和价值观

企业愿景(Corporate Vision)，是企业战略家对企业前景和发展方向一个高度概括的描述，是对企业未来发展方向的一种期望、一种预测、一种定位。企业愿景不只专属于企业负责人所有，企业内部每位成员都应参与构思，由团队讨论，获得组织一致的共识，来形成大家愿意全力以赴的未来方向，唯有这样，才能使得企业愿景更有价值，让企业更有竞争力。

企业使命(Corporate Mission)，是企业在社会经济发展中所应担当的角色和责任。是指企业的根本性质和存在的理由，说明企业的经营领域、经营思想，为企业目标的确立与战略的制定提供依据。企业在制定战略之前，必须先确定企业使命。

企业价值观(Corporate Values)，是企业在追求经营成功过程中所推崇的基本信念和奉行的目标。简而言之，企业的价值观就是企业决策者对企业性质、目标、经营方式的取向所做出的选择，是为员工所接受的共同观念。

为了便于理解，给大家列示了几大著名公司的愿景、使命、价值观，如表 9-2 所示。

表 9-2　几大著名公司的愿景、使命、价值观一览表

公　司	愿　景	使　命	价值观
苹果公司	让每人拥有一台计算机	藉推广公平的资料使用惯例，建立用户对互联网之信任和信心	提供大众强大的计算能力
迪士尼公司	使人们过得快活	成为全球的超级娱乐公司	极为注重一致性和细节刻画；通过创造性、梦幻和大胆的想象不断取得进步；严格控制、努力保持迪斯尼"魔力"的形象
福特公司	成为全球领先的提供汽车产品和服务的消费品公司	汽车要进入家庭，献身于为全世界人民提供个人活动能力的事业	客户满意至上，生产大多数人买得起的汽车

公 司	愿 景	使 命	价值观
华为公司	聚焦客户关注的挑战和压力，提供有竞争力的通信解决方案和服务，持续为客户创造最大价值	丰富人们的沟通和生活	核心价值观蕴涵在华为公司的愿景、使命和战略中
中国移动	创无限通信世界，做信息社会栋梁	成为卓越品质的创造者	正德厚生、臻于至善

以上是一些成功大企业的愿景、使命和核心价值观，对于初创企业来讲，可能还没有长时间的积累和沉淀来形成企业文化。但是对于一个初创企业的商业计划，在这一部分应该要说明企业目标和企业定位，比如：企业的性质、经营理念、财务目标、市场目标、企业文化、企业形象等。初创企业在这个部分还要说明企业的行业选择、业务范围以及经营思路等。

3. 企业的法律形式

商业计划书中要明确说明企业是有限责任公司、个人独资企业还是合伙企业等其他的法律形式。还要说明企业的所有权分配情况、注册资金等潜在投资人认为重要的情况。

4. 产品和服务

产品和服务应该简要写明产品的技术、特点和服务的种类，公司产品的专利性质，今后公司打算研发的产品情况和打算开拓的服务领域等。

5. 财务状况

要简单介绍一下企业目前的资金状况、来源，需要筹集的资金数额、比例、性质等，还需要介绍一下企业的财务人员和责任。

(三)产品和服务介绍

投资人最关心的问题之一就是企业的产品、技术或服务能否以及在多大程度上解决现实生活中的问题。或者，企业的产品(服务)能否帮助顾客节约开支，增加收入，这是市场销售业绩的基础。在这一部分，要对产品(服务)做出详细的说明，说明要准确，也要通俗易懂，使非专业人员的投资者也能明白。这一部分的主要内容就是要回答以下的问题：所研发的新产品或者新服务的基本价值是什么？即这个项目的价值体现在哪里？新产品或服务的受益群体的痛点在哪里？新产品或服务解决了人们怎样的问题？

(四)行业和市场分析

必须要明确的是，在做商业计划时，行业分析在市场分析的前面进行。这是因为行业分析在逻辑上位于目标市场分析和市场营销战略分析之前。对于初创企业来说，在没有进行更广泛的行业分析之前，就谈论企业打算进入某一个目标市场是不切实际的，就好像还没有打好地基，就直接在地面上盖摩天大厦一般。企业的目标市场是行业的一小部分，是企业在特定的时间里追逐和吸引消费者注意的那部分市场。创业者容易犯的错误是，没有把时间和精力关注于整个行业，而是只致力于更好地服务于某一个专门的细分市场。但实际上，区分行业分析和目标市场分析都相当重要，缺一不可。

1. 行业分析

行业分析可以从以下几个方面进行。

(1) 简要说明企业所涉及的行业。如果企业涉及两个或多个行业，则计划书中都要分别进行说明。

(2) 说明该行业的现状如何。这一部分尽可能用数字、图表等数学的方法来展示所要传达的信息，比如行业销售额、本行业的企业数目和从业人数、行业增长率、销售百分比等。要尽可能多地提供本地区和当地的信息，还要避免只提供相关产业的积极信息，这样不仅可以提高商业计划的可信度，还可以增加潜在投资者对企业的好感。

(3) 该行业的特征有哪些。这包括产业结构和竞争格局。只有认清了本行业的基本特征、竞争状况才能了解行业的现实情况，找到企业的发展方向，锁定企业的目标市场。

(4) 该行业的发展趋势和前景。在预测行业的发展趋势时，不仅要考虑到微观的行业环境变化和本行业的技术发展，还要考虑整个行业乃至整个社会经济的发展状况。并在此基础上对行业的前景做简短的说明和预测。

2. 市场分析

在商业计划中，行业分析之后通常是市场分析。行业分析关注的是企业所涉及的商业领域(如食品市场、女装市场、高科技产业等)，而市场分析是将产业细分，并瞄准企业所涉及的具体细分市场。市场分析要从以下几方面进行。

(1) 市场细分和目标市场选择。市场细分和目标市场选择是在商业计划行业分析的基础上，找到企业具体的目标市场，它可以是一个细分市场，有时也可以是两个或者多个，在做商业计划时，要对每一个细分市场都进行分析和说明。在这一部分创业者最好用一目了然的方法，比如图表或者数字，让读者明白在整个产业中目标市场是哪里，为什么要这样选择。

(2) 购买者行为。购买者行为就是专门对目标市场的消费者进行分析。只有对目标市场的消费者越了解，提供的产品和服务才越能满足他们的需求。在商业计划中，这一部分可以用调查问卷的形式对购买者行为进行分析。

(3) 竞争者分析。竞争者分析就是对企业所面临竞争的详细分析，这有助于了解竞争对手所处的位置，掌握企业在一个或多个领域获得竞争优势的机会。在商业计划中，这一部分可以用管理学中的一些方法对竞争者进行识别和分析。

(4) 销售额和市场份额预测。商业计划中市场分析的最后是销售额和市场份额的预测。有的商业计划中将这一部分放在了财务计划中进行分析。不管在商业计划的哪一部分进行展示，其核心都是怎样对企业的销售额和市场份额进行预测。可以提供几个办法给大家。第一种是联系行业中的首要行业协会，看他们有没有相关的销售数据。第二种是寻找一个可比企业，参考可比企业的销售数据，当然前提是可比企业愿意分享相关的信息。第三种是通过网络、报纸、杂志等找到有关所在行业内企业的文章，并从中找到相关数据。

第四种是运用乘数法计算得出一个合理结果。就是我们通常要估计产品用户总数、顾客支付的平均价格，以及可获得的市场份额来进行估算。当然，在商业计划的实际操作中，以上方法并不是单独使用，而是几种方法结合在一起使用的。

(五)市场营销策略

商业计划的市场分析部分与市场营销部分的区别是：市场分析的重点在于描述企业的目标市场，顾客、竞争者，潜在销售额和市场份额；而市场营销策略的重点在于介绍有助于企业销售产品的典型营销职能。主要包括以下几项。

(1) 总体营销策略。简单介绍企业为销售其产品和服务所采用的总体方法。

(2) 定价策略。这里要交代企业如何给产品和服务定价，主要有成本定价法和价值定价法。

(3) 渠道与销售策略。渠道与销售策略是要说明企业的产品和服务如何从生产者到达消费者手中，也就是由谁来完成销售。是通过中间商还是培育自己的销售力量。

(4) 促销策略。促销策略是企业打算具体用什么方法来销售自己的产品和服务。一般来说，促销方式有四种：广告、公共关系、人员推销和营业推广。在实际操作中，以上几种促销方式都是结合使用的，所以又称促销组合策略。

(六)生产情况分析(运营计划)

运营计划旨在使投资者了解产品的生产经营状况。这一部分应尽可能把新产品的生产制造及经营过程展示给投资者。同时，为了增大企业的评估价值，企业家应尽量使生产制造计划更加详细、真实。让投资者明白创业者已经掌握了开办和经营企业的所有细节。

(七)管理团队介绍

这一部分主要介绍企业的管理团队和企业结构。对一些重要材料，如关键人员的简历，应当置于整个商业计划的附录中。

(1) 管理团队。投资者非常看重管理团队。这部分主要是向投资者展示管理团队的分工、人事安排和管理团队的所有权及其分配，以增强投资信心。

(2) 公司结构。这一部分要介绍公司目前的组织结构，以及公司不断成长发展壮大后，公司的组织结构将会怎样。组织结构图是最有效的展示方法。

(八)财务分析与预测

这部分包括企业目前的财务状况分析和今后的发展预测，以及详细的投资计划。旨在使投资者据此判断企业未来经营的财务状况，进而判断其投资能否获得理想的回报，因而它是决定投资决策的关键因素之一。报表是财务分析最有利的工具，因此，预计的财务报表是商业计划书中财务分析的核心内容。具体有：资金明细表、预计利润表、预计资产负债表、预计现金流量表。

全国高等院校「十三五」贯穿式＋立体化创新规划教材

(九)风险分析

向投资者分析企业可能面临的各种风险隐患，风险的大小以及融资者将采取何种措施来降低或防范风险增加收益等。

融资者最好采取客观的态度，不能因为风险发生的可能性小而忽略不计，也不能为了增大获得投资的机会而故意缩小、隐瞒风险因素，而应该对企业所面临的各种风险都认真地加以分析，并针对每一种可能发生的风险提出相应的防范措施，这样才能取得投资者的信任。

(十)退出策略

任何企业发展到一定阶段，都存在创业者与投资人退出和投资回报的问题。这一部分需要描述创业者如何被取代，以及投资者退出策略，即他们如何收获资助创业企业所带来的利益。例如，出售业务、与其他企业合并、IPO，或者其他的重新募集资金的事件，使得其所有者和投资人有机会套现先前的投资。

第三节　编制商业计划的原则与技巧

一、编制商业计划的原则

一份好的商业计划必须呈现竞争优势与投资者的利益，同时也要具体可行，并提出尽可能多的客观数据来加以佐证。具体编写过程中应把握以下原则。

(一)客观实际原则

要编制一份较为完善的商业计划，需要创业者收集和利用大量的信息，并对所有信息进行综合分析，尤其是财务规划要尽量客观、实际，切勿凭自己的主观意愿进行估计。撰写商业计划之前要做充分的市场调研工作，为撰写提供真实可靠的依据，语言要客观公正，尽量用真实准确的数据说话，以提高商业计划的可信度和说服力。

(二)文字精练原则

一份有效的商业计划，应尽可能地简短明了。商业计划应该避免出现那些与主题无关的内容，要开门见山、直入主题并清晰明了地把自己的观点亮出来。风险投资家没有时间，也不愿意花过多的时间来阅读一些对他来说毫无意义的东西。文字精练，观点明确，较容易引起投资者的注意和兴趣，提高融资成功的概率。

(三)展示优势原则

编写商业计划的重要目的之一是为投资人或贷款方提供决策依据，借以融资。因此，商业计划中应呈现出具体的竞争优势，显示出经营者创造利润的强烈愿望，并明确指出投资者预期的报酬。但同时也应该详细地说明在投资过程中可能会遇到的风险或威胁，不能只强调优势和机遇而忽略潜在的不足与风险。

(四)内容完整原则

一份好的商业计划应尽可能地充实完善，为投资者展示一个完整的企业发展蓝图。通常一份完整的商业计划应该包括计划摘要、公司简介、市场分析、竞争分析、产品服务、市场营销、财务计划、风险分析、内部管理、附件资料等内容。

(五)前后一致原则

商业计划要简洁明了、系统完整，包括商业经营的各项策略要领，要尽量提供各项资讯及佐证资料，并使预估与论证相互呼应、前后一致，具有较强的逻辑性。如果商业计划书是几个人分工完成，初稿完成后，必须由一个人负责最后的编辑和定稿，对初稿内容进行整合，避免商业计划整体风格不一致，给投资者留下不好的印象。

二、编制商业计划的技巧

编制商业计划除了要掌握编制的要求和内容之外，还需要了解一些编制技巧，从而提高商业计划的可读性和吸引力。掌握一些商业计划的编制技巧，不仅可以使商业计划书更具易读性，还可以提高企业融资的概率。

(一)简洁易懂，直切主题

一份完整商业计划的页数最好控制在 25~35 页，语言应简明易懂，尽量让技术上的外行也能看懂，同时要避免与主题无关的内容，最好开门见山直接切入主题。

(二)条理清晰，详略得当，重点突出

条理清晰的结构是成功商业计划书最吸引投资者的部分，清楚的结构布局可以使投资者快速找到他们感兴趣的要点，提高其阅读兴趣。另外不同的阅读对象对商业项目的关注要点不一样，所以撰写商业计划书时不能套用固定模板，而应该根据不同的阅读对象进行动态调整，突出重点，尽可能将投资者想看的内容清晰地呈现在他们眼前。

(三)尽可能将计划摘要做得出色

商业计划的摘要相当于一本书的封面，出色的计划摘要可以提高整份商业计划的吸引力，博得投资者的眼球。

(四)注意格式和细节

在阅读之前，商业计划的装订与外观是给人的第一印象，所以一方面看上去要比较讲究，另一方面又不能给人浮华浪费的印象。不要过度使用文字处理工具，比如粗体字、斜体字、字体大小颜色等，否则会给人不够专业的印象。在商业计划的细节上，则更要体现

创业团队的素质，比如，在商业计划的封面和每一页的页眉或页脚上都印刷上设计精美的企业 LOGO，会体现出设计者的用心，同时会给人留下美好的印象。

(五)充分展示团队队伍

对于投资者来说，商业计划最重要的部分之一就是创业团队介绍，所以，应该对其进行详细介绍，可以首先介绍整个团队成员的构成及其各自的职责，然后再详细介绍每一位成员特有的才能和他们对公司做出的贡献。

(六)尽量使用第三人称编写

相对于频繁使用"我""我们"来说，使用第三人称"他""他们""他们的"具有更好的效果，这样会给投资人更专业和更客观的印象。

(七)借助外力完善商业计划

商业计划书草稿完成并获团队全体成员一致通过以后，可以交给专业顾问或咨询师进行修改或润色。因为他们有与投资者、银行或证券所打交道的丰富经验，对商业计划的内容该如何陈述十分清楚，他们的修改建议将使商业计划更加完善。

(八)阅读他人的商业计划

阅读他人商业计划可以在一定程度上帮助创业者提高自己的写作能力，在编制商业计划之前，阅读十几份他人的商业计划能起到很大的帮助作用。

(九)不断检查修正

好的商业计划的秘诀在于不断地修改，很少有人能够一气呵成。在修改过程中，应该认真征求创业团队以外人士及专业顾问意见，以增强计划的可读性和规范性。

小贴士

商业计划的十二大误区

过分的保密条款以及对不泄密协议的痴迷。一些硬邦邦的法律文书令人相当不愉快。如果创业者如此不信任，那应该到其他地方去寻求资金支持。

过于技术性的文件。商业计划应该以普通人的口吻来撰写，并避免使用任何术语和无休止的缩写。

焦点不够清晰。覆盖范围太大的计划书和试图同时做太多事情的公司是无法吸引投资者的。成功的创业者一般将注意力集中在一个有限的市场和产品线上。

荒谬的估值。估值应该基于投资者真正支付金额的合理估算。

个人经历。这些内容应该是诚实和完整的。它们可能是整个方案中最为重要的一部分。模糊或过于简短的简历会使投资者产生怀疑。

数字。这是关键之处。数字应该在一开始就以一种简单的形式出现。不要把它们埋在计划书的后面。

竞争。一个可靠的商业计划书含有很多关于竞争对手的详细情况，以及为什么这项方案具有真正的竞争优势。

不要期望完美的陈述。 如果一个投资者找的是没有缺点的计划，那他将永远没有投资对象。投资者比较喜欢具有已知问题的交易，因为这样的话，问题就可以得到解决。

巨大的附录和过多的数据表。 如果投资者真的对方案感兴趣，那所有的参考证据和背景材料都可以随后奉上。别让配料喧宾夺主。

让其他人执笔计划书。 顾问撰写的计划书和创业者的文笔有着明显的区别。它缺乏真实性。一定要请专家帮忙，但是要在自己完成了草稿之后。

确保计划书有电子版。 拿到他们的电邮地址，然后在网上寄出方案的基本要点即可。

难以置信的利润和回报。 声称公司将很快达到 35% 的营运利润率和 100% 的资本回报率，这样的计划书是不足取信的。带着现实和保守的态度，才能使创业者获得认真对待。

(资料来源：根据"李碧波. 商业计划书的 12 大误区[EB/OL].
http://www.cyzone.cn/a/20110124/183703.html."整理)

第四节　商业计划的推介

合理有效的商业计划推介，能使创业者少走弯路，节省时间和精力，并且有效实现预期目标。进行商业计划的推介，必须要有好的方法，优秀的推介方法能让局外人了解企业的形象和创业者的魅力，使创业者各方面受益：第一，把空想变成现实。由于缺少经验，创业者难免对前景盲目乐观。在这种情况下推介方法可以帮助创业者认准方向，减少企业投资风险。第二，获取所需要的帮助。创业者为了实现自己的理想，需要各方面的支持，而行之有效的推介方法就是成功地把企业想法推介出去，增强原有投资者的信心，使商业计划有用武之地。

一、商业计划的推介方法

(一)从创业者出发，拓宽推介途径

通过多种多样行之有效的推介途径，投资者和创业者之间可以达到共赢的目标，收到良好效果。作为大学生创业者，拓宽推介途径可采取的手段有如下几种。

(1) 参加招商会议，与投资者积极接触，使更多投资者了解创业项目的优势，从而将商业计划更好地推介出去。

(2) 通过中介机构和中介人牵线搭桥，将自己的创业项目推介出去。

(3) 在网络上加大推广力度，微信推送和微博推广等都有助于推广与介绍企业优势，而且通过网络大大提升了与投资人联系交流的效率。

(4) 参加各种形式的创新创业大赛，目前各种各样的创业大赛层出不穷，参加各种形

式的比赛，也不失为一种推介商业计划的好方法。

(二)于投资人处落脚，形成推介特色

再周详的商业计划书，只有推介到投资人手上，才可能获得理想的融资。而找到契合投资人的推介方法才能吸引到合适的投资人。一般情况下，投资人分为以下几类。

(1) 首先是专业的投资公司。此类投资在西方比较普遍，随着企业的国际化和跨国公司的发展，资金需求量也随之越变越大，专业的投资公司在国际上应运而生。而中国加入WTO之后，也涌现出越来越多这样的投资公司。

(2) 相对专业投资公司来说，其次是规模较小的投资基金。即只有公司雏形，规模较小，资金较少。尽管也是专业投资，但其资金财力逊于专业投资公司，所以其投入的资金额一般来说没有投资公司大，当然他的投资风险也相对较小。

(3) 除此之外需要关注非正式投资人，即某些具有雄厚财力的个人或群体。他们并不是在等待投资机会，而是被动地采取或参与投资行动。

这里再给大家一个小小的提醒。一般来说，非正式投资人的资金规模相对较小，但是对于创业企业来说，是较理想的争取对象。

二、商业计划的推介技巧

(一)基本技巧

1. 推介内容准备

创业者要认真准备推介内容。要针对不同的推介对象，准备他们比较关注的内容。创业者在做创业计划推介准备时，要注意训练自己言简意赅的表达能力，训练自己用一分钟来表达、阐述创业企业的性质与职能。

2. 演示商业计划

企业的目标市场、竞争等各方面的情况创业者可能已经在平时做过了很多的功课，但是如何利用好手中的幻灯片，并且能够把投资者感兴趣的内容讲出来，是创业者在推介项目时最关心的。幻灯片并不是要代创业者向人们展示商业计划，创业者和创业团队才是关键。幻灯片的作用只是提供一个总体的框架以及强调创业者发言内容的重点。因此幻灯片应该简明扼要，只包含主要标题和一些解释性语句即可。如表 9-3 所示是一份商业计划的幻灯片范例。

表9-3　商业计划幻灯片范例

幻灯片	关键内容	内容解释
封面	企业名称、创始人姓名	创始人的联系方式，演讲的日期，对听众表示感谢
第一张	概述	对产品和服务的简要介绍，演讲要点简介，该项目预计收益(社会收益、经济收益)
第二张	问题	说明亟待解决的问题是什么(顾客的痛点在哪里)？有多严重？最好能实证的方法(数字)说明

幻灯片	关键内容	内容解释
第三张	解决办法	说明公司的解决方案是什么？最好用实证的方法(数字)说明
第四张	行业和目标市场	说明本行业的现状，明确指出企业的目标市场在哪里
第五张	产品或服务(技术)	介绍企业的产品或服务，指出其与别人的独特之处
第六张	竞争	说明本企业直接、间接和未来竞争者，展示本企业的竞争优势
第七张	营销策略	简要说明企业的总体营销策略，具体解释产品的价格、渠道和促销组合
第八张	管理团队	介绍团队中每个人的背景、专长和在企业中发挥的关键作用
第九张	财务分析	说明未来企业的收入规划和现金流规划
第十张	资本需求、风险分析	说明企业的资金情况和融资需求，介绍企业可能遇到的风险和应对措施
第十一张	总结	总结企业和团队最大的优势，介绍企业的退出战略

当然，以上也只是一个推介商业计划幻灯片的简单模板，可以根据不同需要，自行调整。

3. 路演答辩技巧

演讲的第一条注意事项就是严格控制时间。如果是半个小时的发言时间，最后 5 分钟用来提问，那么就必须在 25 分钟之内结束演讲，不能超时。演讲时着装要得体，如果不确定自己到底该选择怎样的衣服，可以打电话咨询一下着装事宜。尽可能多地了解演讲场地的情况，尽量避免因不熟悉场地或紧张而引起项目介绍找不到重点、材料和演示工具准备不足、时间把握不好等问题。在演讲前，最好多带几份商业计划书备用，因为也许有听众是初次听计划，他很感兴趣，那么势必要看整份的商业计划。

4. 个人状态及演说技巧

在向投资者推介自己的创业项目时，要表现出自信积极的个人心态，展现出对自己项目的信心以及愿意为项目所付出的巨大努力的准备。在个人演讲时要精准地把控语速和时间，争取在最短的时间内讲出最有价值的内容。最后，演讲的内容要准确，特别是其中的一些分析性内容。回答投资者的问题要记着"四不要"：不要啰里啰唆；不要软弱回避；不要针锋相对；不要语无伦次，前后不搭。

5. 反复练习

反复演练，控制时间。激情、气场、语速、语调、手势动作等演讲基础技巧要勤多练习，把演讲内容烂熟在心里。在创业团队面前进行试讲，让他们帮忙计时，反馈演讲效果并及时改进。

6. 注意语言模式

大部分人都不是天生的演讲家，可是控制语速能让创业者讲解的更清晰。控制语速可

全国高等院校「十三五」贯穿式＋立体化创新规划教材

以减少犯错误，如果感觉语速很慢，但是对听众来说是可能语速恰到好处。少用形容词，用故事叙述。不要把问题说得太抽象，用翔实的数据、具体的事例和故事进行讲述，展示清晰的故事叙述能力。

(二)进阶技巧

1. 运用数据支持

运用数据，明确告诉投资者企业的目标用户是谁，项目将会怎么做，为什么在同行业中比其他创业者更优秀，同时再给投资者提供一份详细准确的财务预测。虽然说，数据略显枯燥，但是大家要记住的是，数据才是最准确、最吸引人的描述。

2. 表露个人素质

投资人首先需要创业者有聆听别人的能力，如果创业者认为自己的项目不可一世，听不进别人的意见，在推介自己的计划书和项目时只顾自己而不顾投资人的感受，这样创业者和创业者的项目都很难受到投资者的青睐。同时，创业者需要诚实地回答投资人的问题，不要偷奸耍滑，让投资人觉得创业者是可以信任的。

3. 捕捉投资者的兴趣

在推介商业计划之前，创业团队应该了解投资者的喜好，尽量多地搜集内部信息。比如，他们有自己的公众号吗？有博客吗？他们是关注长远目标还是关注当前的财务状况？他们关注创业者的什么特质等。再比如，有资料显示，关注 IT 的投资者一般都喜欢新产品和新服务。因此，我们要尽量了解投资者的兴趣，如果能在推介时利用好这些，可以给投资人留下深刻印象。如果创业团队在推介前无法得到这些信息，那么在推介的过程中注意观察，并及时做出调整。

4. 准备回答最刁钻的问题

在推介商业计划时，精明的投资者往往会提出各种比较刁钻的问题。在推介之前，创业团队最好就可能被问的问题提前做准备，尽量避免措手不及。但是如果投资者提出的问题真的是创业团队没有想到或没有妥善解决的问题，不要担心，只要记住一点：诚实回答即可。诚实是企业家最重要的品质之一，如果搪塞糊弄则可能会让之前留下的良好印象大打折扣。

本章小结

(1) 商业计划的目的和用途有很多，但是商业计划所涉及的对象有三类，即创业团队内部、潜在的投资者等创业团队外部和其他相关者三个群体。

(2) 虽然针对不同的读者，商业计划的形式有所不同，但是商业计划还是要包括计划摘要、企业概况、产品服务介绍、行业市场分析、市场营销策略、生产情况分析(运营计划）、管理团队介绍、财务分析预测、风险分析和退出策略等几个部分。

（3）　商业计划最主要的目的之一是要引起投资人的注意，所以，我们一定要记住商业推介的方式、方法和技巧都是为这个目的服务的。

实训案例

一页纸计划书

基本案情：

河北创业者李鹏的发酵罐气流能量回收项目在一次风投会上，引起了风投者的兴趣。风投人员和李鹏交流了半个多小时。究其原因，是李鹏的一份一页纸计划书吸引了风投者的目光。

公司简介：公司成立于 2005 年 8 月，主管节能节电业务，拥有自己的技术与知识产权，包括电机节电器技术、发酵罐排放气流压差发电等多项专利。

项目简介："发酵罐排放气流压差发电与能量回收"装置。发酵罐是药厂与化工企业普遍使用的生产工具，用量非常之大。因生产需要，发酵罐前端需要压气机给罐内压气，压气机功率一般在 2000～10 000 千瓦，必须 24 小时运转，每年电费在 900 万～4000 万元，若要满足发酵罐生产，就需要多台的压气机同时工作。所以，压气机耗电通常在这些企业的费用支出中占有很大一部分比重。此外，经发酵罐排放的气流仍含有大量的压力能，大部分浪费在减压阀上。若安装我公司研制的"发酵罐排放气流压差发电与能量回收"装置，可以回收压气机耗费电能的 1/3 左右。

同行简介：目前该技术国际统称 TRT，应用于钢厂的高炉煤气压力能量回收。主要的供货商有日本的川崎重工、三井造船，德国的 GHH，国内的陕西鼓风机厂。年销售额达到 20 亿以上。

进展简介：此项目关键技术成熟并已经掌握，我公司已与某制药集团达成购买试装与推广协议，项目完成时，预计可以在该集团完成 5000 万以上的销售。

优势简介：

（1）　公司已申请该项目的多项专利。

（2）　市场中先行一步，属市场空白阶段。

（3）　符合国家产业政策，该项目属于节能减排项目，原国家总理温家宝同志亲自担任节能减排小组组长，要求各地政府落实节能减排指标。

（4）　各地方政府有节能奖励，如三电办有 1/3 的投资补贴，制药集团可获得约 1600 万元政府补贴。

用户利益：

（1）　若全部安装该装置，一年可以节约电费 3000 万～36 000 万元，收回投资少于两年。

（2）　寿命在 30 年以上，可以为用户创造投资 15 倍以上价值。

（3）　降低原有噪声 20 分贝以上，符合环保要求。

（资料来源：李伟，张世辉. 创新创业教程[M]. 北京：清华大学出版社，2015.）

全国高等院校［十三五］贯穿式＋立体化创新规划教材

案例点评：

为什么李鹏的项目能吸引风投者的目光，他的"一页纸计划书"起到了巨大的作用。由此可以看出商业计划，尤其是计划摘要的重要。

思考讨论题：

1. 商业计划，尤其是计划摘要的重要性是什么？
2. 计划摘要应如何撰写？

实训课堂

张华的商业计划

基本案情：

张华原毕业于某名牌大学，经过多年的业余研究，他在室内环境污染治理方面取得了一项重要突破，这项技术如果在实际中得到应用，前景非常广阔。于是，张华辞去原来的工作，准备自己创业。但若干年的积蓄都用在了室内环境污染治理的研究上，在七拼八凑注册了一家公司后，已经无力再招聘员工、买实验材料了。无奈之下，张华想到了风险投资基金，希望通过引入合作伙伴的方式解决困境。为此，他写了一份简单的商业计划书，与一些风险投资机构或个人投资者接洽商谈，虽然张华反复强调他的技术多么先进，应用前景多好，但计划书中总数据没有提供，如市场需求量具体有多少？一年可以有多大的销售量？投资后年回报率有多高？就连招聘一些技术骨干也比较困难，这些人也总是对公司的前景缺乏信心。这时，曾经在张华注册公司时帮助过他的一位做管理咨询的朋友一句话点醒了他："你的那些技术有几个投资者搞得懂？你的商业计划书里什么都没有，怎么让别人相信你？投资者凭什么相信你？"

于是，在向相关专家请教咨询后，张华又查阅了大量的资料，然后静下心来，从公司的经营宗旨、战略目标出发，对公司的技术、产品、市场销售、资金需求、财务指标、投资收益、投资者的退出等方面进行了分析和论证，很快拿出了一份全面的商业计划书，经过几位相关专家的指点，又再次进行了修改和完善。凭着这份出色的商业计划书，张华不久就与一家风险投资公司达成了投资协议，有了风险投资的支持，员工招聘问题也迎刃而解。现在，张华的公司经营得红红火火，年销售利润已达到 500 万元，回想往事，张华感慨地说："商业计划书的编制与我搞的环境污染治理材料要求差不多。绝不是随便写一篇文章的事，编制计划书的过程就是我不断理清自己思路的过程。只有自己思路清楚了，才有可能让投资人、员工相信你。"

(资料来源：根据"百度文库. 创业计划书的制定."整理)

思考讨论题：

1. 商业计划书编制的原则有哪些？
2. 商业计划书应包括哪些内容？

分析要点：

1. 明确商业计划目的之一是引起投资人的注意。编制商业计划有几个原则，其中之一是叙述的简洁性和通俗性，即应尽量避免过多使用专业术语以致读者看不懂。

2. 明确商业计划的内容有哪些。

复习思考题

一、基本概念

商业计划书　计划摘要　行业、市场分析　市场营销策略

二、判断题(正确打"√"，错误打"×")

1. 商业计划书合适的篇幅一般为 25～35 页，包括附录在内，但是为了详细展示计划书的内容，计划书越长越好。　　　　　　　　　　　　　　　　　　　　　（　　）

2. 商业计划书中应当明确指出投资中可能遇到的风险或威胁，不能只突出强调优势和机遇而忽视潜在的不足与风险。　　　　　　　　　　　　　　　　　　　　（　　）

三、单项选择题

1. 下列(　　)不应该出现在商业计划的第一页。
    A. 介绍公司名字　　　　　　　　　B. 创建者名字
    C. 公司图标　　　　　　　　　　　D. 机会与目标市场

2. 商业计划应该呈现的内容是(　　)。
    A. 市场存在的问题和解决问题的方案
    B. 产品的用户群、竞争力、市场前景、亮点
    C. 财务分析和团队介绍
    D. 以上都是

四、简答题

1. 什么是商业计划书？
2. 商业计划书的目的和用途是什么？
3. 商业计划书的内容是什么？
4. 商业计划推介的方法有什么？
5. 商业计划推介的技巧有哪些？

阅读推荐与网络链接

[1]　中国大学生创业网，http://chinadxscy.csu.edu.cn/.

[2]　胡海波. 创业计划[M]. 厦门：厦门大学出版社，2011.

全国高等院校「十三五」贯穿式＋立体化创新规划教材

[3] 石冬喜. 创新创业指导[M]. 西安：西安交通大学出版社，2016.

[4] 蔡剑，吴戈，王陈慧子. 创业基础与创新实践[M]. 北京：北京大学出版社，2015.

[5] 布鲁斯·R. 巴林杰(Barringer, B. R). 创业计划书：从创意到方案(原书第二版)[M]. 陈忠卫，等，译. 北京：机械工业出版社，2016.

[6] 张玉华，王周伟. 创业基础[M]. 北京：清华大学出版社，2014.

[7] 张玉利，薛红志，陈寒松，等. 创业管理[M]. 北京：机械工业出版社，2016.

[8] 李家华. 创业基础[M]. 北京：清华大学出版社，2013.

[9] 阿玛尔·毕海德，等. 创业精神[M]. 北京新华信商业风险管理有限责任公司，译校. 北京：中国人民大学出版社，2000.

[10] 创业邦，http://www. cyzone.cn/.

[11] 全国大学生创业服务网，http://cy.ncss.org.cn/.

随身课堂

商业计划书的编写.PPTX	编制商业计划.MP4	商业计划书.MP4	商业计划推介.MP4

第十章　创办新企业

学习要点及目标

- 了解和掌握五种企业法律组织形式的特征。
- 掌握注册公司的步骤，了解个体工商户的注册。
- 了解创办新企业的优惠政策。
- 了解企业的组织架构及如何选择。
- 了解和掌握新企业的法律责任。

核心概念

企业法律组织形式　公司制企业　个体工商户　企业组织架构　专利　商标　著作权

引导案例

杭州"多证合一"同步办理

2017年8月25日，杭州市率先推出线上"多证合一系统"，将原本受理公章刻制、大学生创业企业认定等17个事项备案的部门，全部纳入系统，实现后台数据共享，将"最多跑一次"改革向纵深推进。

来自安徽的钱春阳在注册企业时尝到了甜头。以前，他拿到营业执照后，还要去公安部门进行公章刻制审批，再去住房公积金管理部门办理住房公积金缴存登记。新系统上线后，钱春阳在网上申办营业执照的同时，一并勾选了上述两项备案项目的"多证合一"申请，待营业执照核发后，系统就自动推送相关信息到公安和公积金管理部门完成备案。"执照拿到当天就能营业，太方便了！"钱先生对"多证合一系统"带来的便捷和快速赞叹不已。

杭州市市场监管局注册处处长傅晓红告诉记者："'多证合一系统'通过线上流程再造、后台数据共享，真正实现了用'数据跑'代替'百姓跑'。营业执照和备案管理同步办理，营业执照办结的同时，备案也一并完成，企业就能正常开展经营了。"这次新系统运行后，大学生创业企业认定等17个备案项目可以直接在线上申请"多证合一"，涉及公安、人力社保等9个部门的数据都打通了。

杭州市市场监管局借鉴淘宝客服模式，推出"网上咨询应答系统"与"多证合一系统"相配套，昵称"小杭"，能提供可视化的"店小二"式服务。

下一步，杭州将争取把更多的事项纳入进来，使审批项目在网上能全部走通，注册登记信息数据将在部门、银行之间及时共享，为企业设立和变更创造更加便捷的环境。

案例导学

浙江在全国率先实行营业执照、组织机构代码证、税务登记证、社会保险登记证和统计登记证"五证合一"登记制度(以下简称"五证合一"),并从 2015 年 7 月 1 日起实行。2016 年 6 月 30 日,国务院办公厅发布了《关于加快推进"五证合一、一照一码"登记制度改革的通知》国办发〔2016〕53 号,从 2016 年 10 月 1 日起正式实施"五证合一、一照一码",在更大范围、更深层次实现信息共享和业务协同,巩固和扩大"三证合一"登记制度改革成果,进一步为企业开办和成长提供便利化服务,降低创业准入的制度性成本,优化营商环境,激发企业活力,推进"大众创业、万众创新",促进就业增加和经济社会持续健康发展。结合国务院对推进"三证合一"的要求,企业换照将设置两年过渡期,2017 年 12 月 31 日前须完成新营业执照换发。在过渡期内,新老证照将并行一段时间使用,2018 年 1 月 1 日起,旧营业执照一律作废,全国企业信用信息公示平台将停止公示原企业注册号,一律改为公示企业统一社会信用代码。

第一节　企业的法律组织形式

一、企业及企业的法律组织形式

1. 企业概念

企业一般是指以盈利为目的,运用各种生产要素(土地、劳动力、资本、技术和企业家才能等),向市场提供商品或服务,实行自主经营、自负盈亏、独立核算的法人或其他社会经济组织。

它是社会发展的产物,因社会分工的发展而成长壮大。企业是市场经济活动的主要参与者;在社会主义经济体制下,各种企业并存共同构成社会主义市场经济的微观基础。

我国企业存在三类基本组织形式:独资企业、合伙企业和公司,公司制企业是现代企业中最主要的最典型的组织形式。除此之外,个体工商户也是不少初次创业者的选择。

2. 法律组织形式

企业的法律组织形式,是指企业经营的形态和方式。

主要涉及三个方面:其中根本因素是资金来源即由谁投资的问题;本质内容是分配利润、承担风险的问题;另外还有企业的组织关系即运用资金、决策行为的问题。

3. 微小型企业的法律形态

我国企业的法律形态有多种,适合微小型企业的有:①个体工商户;②个人独资企业;③合伙企业;④一人有限责任公司;⑤有限责任公司。

二、企业法律组织形式的特征

企业法律组织形式的特征主要有四个方面:①业主数量和注册资本的不同;②成立条

件的不同；③经营特征的不同；④利润分配和债务责任的不同。

表 10-1～表 10-4 分别是企业法律组织形式四个方面特征的比较。

表 10-1　业主数量及注册资本的比较

个体工商户	业主是一个人或一个家庭；无资本数量限制
个人独资企业	业主是一个人；无注册资本限制
合伙企业	业主两个人以上；无注册资本限制
一人有限责任公司	业主只有一个自然人股东或者一个法人股东；无注册资本限制
有限责任公司	由两人以上 50 人以下的股东组成；注册资本因不同经营内容列出法定界限；以经营或商品批发为主的 50 万元；以商业零售为主的 30 万元；科技开发、咨询、服务性公司为 10 万元

表 10-2　成立条件的比较

个体工商户	有相应的经营资金和经营场所即可；可以为企业起字号
个人独资企业	自然人；有合法的企业名称；申报出资款；有固定的生产经营场地和必要的生产经营条件
合伙企业	有两个以上合伙人，都依法承担无限责任；有书面合伙协议；有合伙人实际缴付出资；有企业名称；有经营场地和经营的必要条件
一人有限责任公司	一个自然人只能投资设立一个一人有限责任公司；该一人有限责任公司不能投资设立新的一人有限责任公司；一人有限责任公司应当在公司登记中注明自然人独资或者法人独资，并在公司营业执照中载明；一人有限责任公司章程由股东制定
有限责任公司	股东符合法定人数；出资额符合法定最低额；制定公司章程；有公司名称与符合有限责任公司的组织结构；有固定的生产经营场所和条件

表 10-3　经营特征的比较

个体工商户	资产属私人所有，可以雇帮手或徒工(不超 8 人)；业主本人既是所有者又是管理者及劳动者
个人独资企业	财产为投资人所有，雇工 8 人以上；业主既是投资者，又是经营管理者
合伙企业	依照合伙协议，共同出资、合伙经营；共享收益，共担风险
一人有限责任公司	一人有限责任公司不设股东会，股东做出《公司法》第三十七条第一款所列决定时，应当采用书面形式，并由股东签名后置备于公司；一人有限责任公司应当在每一会计年度终了时编制财务会计报告，并经会计师事务所审计
有限责任公司	公司设立股东会、董事会和监事会，并由股东会聘请职业经理管理公司经营业务

表 10-4　利润分配和债务责任的比较

个体工商户	利益归个人或家庭所有；由个人经营的，以其个人资产对企业债务承担无限责任。由家庭经营的，以家庭财产承担无限责任
个人独资企业	利益归个人所有；投资人以其个人资产对企业债务承担无限责任
合伙企业	合伙人按照协议分配利润；并共同对企业债务承担并负无限连带责任
一人有限公司	一人有限责任公司的股东不能证明公司财产独立于股东自己的财产的，应当对公司债务承担连带责任
有限责任公司	股东按出资比例分配利润；并以出资额为限承担有限责任

三、新企业法律组织形式的选择

企业组织形式反映了企业的性质、地位、作用和行为方式；规范了企业与出资人、企业与债权人、企业与政府、企业与企业、企业与职工等内外部的关系。毫无疑问，它必须和我国的社会制度相适应，和我国的生产力发展水平相适应，同时要充分考虑到企业的行业特点。企业只有选择了合理的组织形式，才有可能充分地调动各个方面的积极性，使之充满生机和活力。

市场竞争的主体也有进化论，从小公司到大企业，都遵循一定的规律。最原始的是个体工商户，就是做些家庭经营的小本生意，上升一个阶段就是个人独资企业，但相对于正规有限公司而言就是资金不够，如资金充裕，就可以拥有自己的一人有限责任公司，公司盈利，企业做大，更多的就会向股份有限公司发展，成为市场经济的主力军(见图10-1)。

(一)企业组织形式的优劣分析

1. 公司制企业

对于公司制企业而言，最大的优势在于股东的优先责任，即使公司日后运营出现困难，无法偿还所有的债务，债权人通常情况下也不能向投资人主张偿还责任。公司成立必须招聘一个会计为企业每月申报税务。设置健全的会计账册，会计制度。由专职专人办理税务事宜。而且一般纳税人要求企业必须核算健全，有全套的会计账册核算成本收入支出费用，交税也是根据企业自己申报的收入来交税。需要注意的是，即使当期收入为零，也需要进行税务申报。

特别的，对于一人有限责任公司，公司章程仍要由股东自己制定，而没有其他的限制性规定，而最新修订的公司法又格外重视公司章程(如公司对外投资的比例；股东转让股权的条件、认缴公司新增资本的比例以及分红比例等都可以由章程规定)，一人有限公司的股东可以利用这一点，在章程中充分行使自己的权利。

2. 合伙企业

对于合伙企业而言，其优点表现在以下几个方面。

(1) 合伙企业无须缴纳企业所得税，而是由其他合伙人缴纳个人所得税，而公司在缴纳企业所得税后向股东分配利润，股东还需缴纳个人所得税，因此投资合伙企业明显低于投资公司制企业。

(2) 创办费用较低。

(3) 合伙人数没有限制，可以从众多的合伙人中筹集资金。

(4) 合伙人对企业盈亏负有完全责任，有助于提高企业的信誉。

当然，合伙企业也是存在着不少的缺点，例如：

(1) 普通合伙人都对企业债务负有无限连带清偿责任。

(2) 权利比较分散，决策效率较低，如果合伙人之间的决策方面发生矛盾，非常容易影响企业经营。

(3) 外部筹资比较困难。

3. 个人独资企业

对于个人独资企业，其优点表现如下。

(1) 创立容易，结构简单，无最低注册资本要求。

(2) 不需要缴纳企业所得税，投资者只需要按照盈余数额缴纳个人所得税。

个人独资企业的缺点主要有如下。

(1) 投资者需要对投资的企业承担无限责任。

(2) 企业的存续年限受限于投资者的寿命，若投资人死亡且继承人决定放弃继承，则企业必须注销，无法实现企业的延续发展。

(3) 由于规模较小，很难从外部获得大量的资金发展企业。

4. 个体工商户

对于个体工商户而言，与公司相比较，申请手续较简单，费用少，经营起来相对更灵活。但同时也有许多不足：信用度及知名度比公司低，无法以个体户营业执照的名义对外签合同(而公司可以以法人名义对外签合同)，不能享受针对公司的一些优惠政策，在税务方面，个体户不可以做进出口业务；税率方面，个体不可以申请 16%税率的增值税发票，只有申请小规模纳税人(4%、6%税率的普通发票)。个体户税收一般有两种选择。

(1) 实行定税。个体户一般是税务机关根据其所在位置、规模、员工人数、销售商品等来估算销售额，然后再定税。不论当月收入多少，有无收入都要按定税金额来交税，个体工商户为定额税，由税务专管员根据以上情况核定。

(2) 查账征收的方式交税。每月固定上传纳税申报表到国税数据库。此项业务一般是专职专业人员代为办理。

个体工商户　个人独资企业　合伙企业　一人有限公司　有限责任公司 →

创立程序(成本)：	简单(低)	复杂(高)
承担责任：	无限连带责任	以出资额为限的有限责任
外部筹资难易：	难	容易
权益转让：	较难	股权便于转让
代理问题：	不存在	所有者与经营者的矛盾

图 10-1　企业组织形式的选择

(二)如何选择合适的企业组织形式

创业伊始，创业者不但需要了解我国现有企业制度中可以选择的各种投资、创业形式，而且应当了解每一种形式的优劣，从而选择一种合适的企业组织形式。通常而言，决定企业组织形式时应当考虑以下几个方面的因素。

1. 税收

在西方发达国家，企业创办人首先考虑的因素是税收。在美国公司法中，也将这一因素称为决定性因素。以我国为例，我国对公司企业和合伙企业实行不同的纳税规定。国家对公司营业利润在企业环节上征公司税，税后利润作为股息分配给投资者，个人投资者还需要缴纳一次个人所得税。而合伙企业则不然，营业利润不征公司税，只征收合伙人分得收益的个人所得税。再对比合伙企业和股份有限公司，合伙企业要优于股份有限公司，因为合伙企业只征一次个人所得税，而股份有限公司还要再征一次企业所得税；如果综合考虑企业的税基、税率、优惠政策等多种因素的存在，股份有限公司也有有利的一面。因为国家的税收优惠政策一般都是只为股份有限公司所适用。例如，国税发〔1997〕198 号文规定，股份制企业，用资本公积金转增股本不属于股息、红利性质的分配，对个人取得的转增股本数额，不作为个人所得，不征个人所得税，这一点合伙制企业就不能享受；另外，在测算两种性质企业的税后整体利益时，不能只看名义税率，还要看整体税率，由于股份有限公司施行"整体化"措施，消除了重叠课征，税收便会消除一部分，这样一般情况下要优于合伙制企业。此外，对于一些特殊的行业，比如高新技术企业和微小企业，由于我国政府对其采取税收优惠政策，在享受到税赋优惠政策的情况下，公司制企业或者更加节税。如果合伙人中既有本国居民，又有外国居民，就出现了合伙企业的跨国税收现象，由于国籍的不同，税收将出现差异。一般情况下，规模较大企业应选择股份有限公司，规模不大的企业，采用合伙企业比较合适。因为，规模较大的企业需要资金多，筹资难度大，管理较为复杂，如采用合伙制形式运转比较困难。

2. 拟投资的行业

对于一些特殊的行业，法律规定只能采用特殊的组织形式。比如律师事务所只能采用合伙形式而不能采取公司制形式，而对于银行、保险等金融事业，法律则要求必须采用公司制形式。因此，根据拟投资的行业确定可以采取的企业组织形式是应当首先考虑的因素。对于法律有强制性规定的行业，只能按照法律规定的要求办理，对于法律没有强制性要求的，则需要根据实务中通常的做法以及创业者的特殊要求来确定组织形式。例如，近几年来在创业投资领域内非常热门的私募股权基金，法律允许采用的组织形式包括公司制和合伙制，但是随着《合伙企业法》的修改，越来越多的私募股权基金采取了发达国家最为流行的做法，即有限合伙制组织形式。针对个体工商户，我国《城乡个体工商户管理暂行条例》第三条规定："个体工商户可以在国家法律和政策允许的范围内，经营工业、手工业、建筑业、交通运输业、商业、饮食业、服务业、修理业及其他行业。"

3. 创业者风险承担能力

对于创业者而言，其风险承担能力是其创业前必须考虑的重要因素之一。商业环境中存在各式各样的经营风险，而企业组织形式如何与创业者日后所需要承担的责任大小息息相关。正如前文所述，公司制企业的股东仅以其出资额为限对公司承担责任，公司以其全部的资产对公司的债务承担责任，因此公司制的企业的有限责任制度对于风险控制具有重大的意义；而对于普通合伙企业以及个人独资企业，合伙人或者投资人则需要对于企业承担无限责任，如果选择这两种组织形式，则创业者所必须承担的风险不仅限于目前投资数额，还包括全部个人财产，因此，采用后两种组织形式进行创业的风险相对较大。

4. 关于经营期间的考量

公司组织在法律上设计具有法人人格后，除了能成为交易主体外，另一意义在于使该企业能够永续经营。例如合伙主要系由人所组成。但合伙人系自然人，生命有限制，除非不断补入新合伙人，否则，合伙企业的寿命也有限。但法人却不同，除有法定解散事由或者决议解散外，原则上是可能永远存在的。此外，合伙的人合性较重，个人的死亡、破产都将造成企业的解散，影响企业甚巨；相反，公司并不受股东死亡、破产等事由的影响。企业的经营期间也是选择企业组织形式值得注意的因素之一。

5. 企业的控制和管理方式

这与创业者的理念相关(倾向个人决策还是协商合作)。各国公司法多规定，公司设董事会，作为公司的经营决策和执行机关，此即集权化管理制度。如果公司的投资成员众多，倘若每件事项皆须获得全体投资人(股东会)的决议通过，不但在时效上力有未逮，现实层面上亦不可能。因此必须设置一个管理中枢，由股东选出少数人代表大众处理一般事务；甚至由董事会选任单一的专业经理人处理日常事务。集权化与分工化的管理是公司组织的特色，他们均有一个正式的管理架构；反之，合伙并无集权式管理的设计，原则上每一个合伙人都享有平等的权利，在管理上是"均权"的。

6. 资本和信用的需求程度

通常投资人有一定的资本，但尚不足，又不想使事业的规模太大，或者扩大规模受到客观条件的限制，更适宜采用合伙或有限公司的形式；如果所需资金巨大，并希望经营的事业规模宏大，适宜采用股份制；如果开办人愿意以个人信用为企业信用的基础，且不准备扩展企业的规模，适宜采用独资的方式。

7. 权益移转的自由度

理论上，股份有限公司尤其是上市公司股东持有的股份(即投资权益)是可以自由转让的，即所谓股份的流通性。但实务上，这个原则也有例外，例如发起人所持有的股份在一定期间内不得转让，此外，股份公司的高管人员转让股份也受到一定限制。一般来讲，公司股东所享有的权益移转自由程度较合伙关系下的合伙人高。

当然除了上述因素之外，还可以从业主或投资者的数量、创业资金的多少、经营管理的需要等多个方面就企业组织形式的优劣进行分析和比较。

(三)创业者的新选择：有限合伙

我国在 2006 年修订的《合伙企业法》时增加了有限合伙制度，该制度规定部分合伙人可以承担有限责任，对于发展我国的风险投资等特殊行业起到了促进作用，因而颇受投资者的重视和青睐。

有限合伙企业是指普通合伙企业和有限合伙企业共同组成，普通合伙人对合伙债务承担无限连带责任，有限合伙人以其出资为限对合伙企业承担有限责任的营利性组织。通常而言，创业者往往是拥有投资管理能力或者技术研发能力的人，但是他们缺乏创业资金，而风险投资者是拥有大量资金，专业从事投资的企业或者个人，他们不愿意或者无精力参与企业经营，在此种情况下，有限合伙制度契合了市场需求，能调动各方面的投资创业热情，实现了风险投资人与创业者之间的最佳结合。

全国高等院校"十三五"贯穿式+立体化创新规划教材

总之，企业组织形式没有最好，只有最合适，创业者只有对自己的实际需要有充分的了解后，才能选择出最合适的企业组织形式。

另外，如果创办有限责任公司或规模较大的合伙企业，应该聘请律师以求得到专业的法律援助。

【我们身边的创业达人】李映昕：在创业中学习

"如果再给我一次选择的机会，我还会选择做婚礼人！"说这话的姑娘名叫李映昕，26岁，山西财经大学行政管理专业研究生毕业，学历并没有束缚她对人生的规划和选择，目前在太原市桃园三巷猎人咖啡厅经营一家"真时专属婚礼定制公司"。

想象在台上的就是自己

2011年本科毕业，李映昕考上了研究生，时间充裕加上身边有不少学设计的朋友，李映昕萌生了创业的念头——做婚庆！起名"真时"，寓意是珍惜真实感情中的每一个美好时刻。"刚开始确实困难，主要是没有任何经验，广告成本太高，我们没有进行市场开拓。"没有一点优势的"真时"还是硬着头皮开张了。"第一个客户是朋友介绍的，接到单子的时候既兴奋又战战兢兢。因为毫无经验，简直是大姑娘上花轿头一回，生怕出大错，不得不花钱又在外面请了一个别的婚庆公司的老师。"本以为老师的帮忙是如虎添翼，让李映昕没想到的是分歧才刚刚开始。

新娘的愿望就是我们的彼岸

"新娘是一个在传媒公司上班的时尚女孩，对这场婚礼她自己有很多想象，希望这场婚礼是与众不同的，能给自己留下美好回忆的。"李映昕失望了，显然她对于这第一次全手交给一个外人来主抓有些失策和欠考虑。本来就比较局促的时间在客户推翻了原以为不会有失误的策划时就显得更紧张了，李映昕有些抓狂，"不行，自己出手。""就想着是自己穿上嫁衣要出嫁。"这是李映昕的第一想法，为了做出与众不同的场景，"我们特意选了一颗三米高的白色大树搬到现场。寓意父亲是新娘的前半生大树，爱人是后半生的依靠。在设计场景时，用许愿沙和玻璃瓶装饰，星光点点与整场氛围相得益彰。"

"婚房的装饰，一改红纱扎成花球、贴喜字拉花的形式，把户外婚礼的装饰用到婚房布置中，用了各种颜色的丝带，点缀成不同大小的毛线球成了丝带墙。"李映昕还把新人的照片洗成拍立得的风格，配上七彩相框用小夹子夹在丝带上，并设计了彩虹丝带幕帘，白天家里是七彩的，又做了星星串灯，在家里绕了一大圈，晚上又营造了星空氛围。"不知道是不是因为是第一次，我们全部都紧张得要死，当时的我一直在现场用对讲机调配现场，整场婚礼虽然用了两个小时，但我们觉得每一秒都过得惊心动魄，好在婚礼在新娘感动的泪水中结束，我们所有的人也感动得哭了。"第一个单子就这样在仓促慌乱又充满幸福满足中度过。那一次让李映昕觉得与其依靠别人真的不如相信自己。那场婚礼成了试金石，李映昕和自己的团队自信心爆棚。

现在李映昕的公司已经步入正轨，收入不错，又在经营方面琢磨出许多新创意，拓展了很多跟婚礼相关的业务，比如婚礼跟拍、婴儿写真、微电影的拍摄等。

"遇到大型布景的时候，一般都是饿着肚子，踩着高跟鞋忙着工作。但这比我交份报告、写篇论文的满足感要高很多！这是一份满足感很高幸福感很强的职业！"

(资料来源：和苗. 李映昕：婚礼高手[N]. 生活晨报，2014-7-7.)

第二节 创办新企业的过程

一、创办新企业的主要流程

(一)注册公司的步骤

注册公司是开始创业的第一步,首先需要创业者明确注册公司的流程,知道自己该做哪些事,需要花费多长时间,然后再结合自身条件去有计划地做足相应的准备。2016 年 6 月 30 日,国务院办公厅发布了《关于加快推进"五证合一、一照一码"登记制度改革的通知》国办发〔2016〕53 号,从 2016 年 10 月 1 日起正式实施"五证合一、一照一码"登记制度,五证合一后公司的营业执照、组织机构代码证、税务登记证、社会保险登记证和统计登记证一次性就可以办下来,大大节省了办理证件所需要花费的时间,同时也提高了工商部门的办事效率,那么五证合一后注册公司的具体流程是怎样的呢?

1. 材料准备阶段

注册新公司需要的主要材料如下。

(1) 公司名字请提供 4～5 个。

(2) 办公地址(暂不需要租赁合同)。

(3) 公司经营范围。

(4) 注册资本。

(5) 法人股东身份证原件、复印件。

(6) 公司监事人信息。

(7) 股权比例。

(8) 监事法人股东都需提供。

2. 核名

公司名称一般由四部分组成:行政区划、字号、行业(非必填项)、组织形式。

如:北京(行政区划)+快又好(字号)+信息技术(行业)+有限责任公司(组织形式)

要取一个市场上没有出现过的公司名,一般来说很难一个名字就能通过,一般至少需要准备四个或者十几个名字供工商局备选,且一旦工商局选中就无法再变更(当然,如果对工商局选中的备选名字不满意,可以重新提交验名申请),因此,为节约时间,建议团队一起商量多取一些名字供工商局备选。

> **小贴士**
>
> **企业名称中的四个部分**
>
> 1) 行政区划
>
> 名称的行政区划一般表述为"北京"或"北京市","北京"也可以在名称中间使用,但应加上括号,例如:蓝天(北京)科技有限公司、蓝天科技(北京)有限公司。
>
> 企业名称也可以不使用行政区划。申请设立登记时,如名称不使用行政区划,则需

要到国家工商行政管理总局申请办理。

2) 字号

字号是区别与拟从事主要业务相同的其他企业的标志，也就是商号。字号应由两个以上符合国家规范的汉字组成。

字号是公司名称中最重要、最核心的元素，就像给孩子起名字一样，如果说一个朗朗上口、传播力强、寓意深远字号是公司成功的第一步，也毫不夸张。不信看看，哪有一个伟大公司名称很难听的？

3) 行业(经营特点)

名称中的行业(经营特点)是指拟要从事的主要经营项目。

例如：以经营服装为主的，行业可表述为"商业""服装""贸易"等。以技术开发为主的，行业可表述为"科技""技术""科技开发"等。以经营餐饮为主的，可以表述为"餐饮""酒楼""饭馆"等。

在选择拟从事的行业时，应参照国家统计局印发的《国民经济行业分类》确定。

4) 组织形式

组织形式是企业组织结构或者责任形式的体现。

公司制企业一般应表述为"有限公司""有限责任公司""股份公司""股份有限公司"。

3. 提交材料

可选择线上和线下两种方式进行资料提交，线下提交前可提前在工商网上进行预约，需 5 个工作日左右(多数城市不需要提前预约)。申请人可以通过互联网登记系统填写联合申请书，大大节省了现场办理需要花费的时间成本，需要准备相关材料提交商事登记部门，由商事登记部门统一受理，真正实现"一表申请""一门受理"。所需时间：3~5 个工作日。

4. 部门审核

市场监管登记窗口在承诺时间(内资 2 个工作日，外资 3 个工作日)内完成营业执照审批手续后，将申请资料和营业执照信息传至平台。

质监窗口收到平台推送申请资料和营业执照信息后，要在 0.5 个工作日内办理组织机构代码登记手续，并将组织机构代码发送至平台。

国税、地税、统计和人力社保等部门窗口收到平台推送的申请资料、营业执照和组织机构代码信息后，要在 0.5 个工作日内分别办理税务登记证、统计登记证和社会保险登记证相关手续，并分别将税务登记证号、统计登记证号、社会保险登记证号发送至平台。

5. 现场领证

经商事登记部门审核通过后，商事主体申请人即可携带准予设立登记通知书、本人身份证原件，到工商局领取营业执照，即：营业执照、组织机构代码证、税务登记证、刻章许可证和社保登记证，"五证同发"(其实就一张证件)。所需时间：3~5 个工作日。

6. 刻章

拿到营业执照后，需要携带营业执照原件、法定代表人身份证原件，到指定部门进行刻章备案。法定代表人不能亲自到场领取的，还需携带一份由法人亲自签字或盖章的"刻章委托书"前往领取。

领取到的公司印章包括：公章、财务章、合同章、发票章、法人代表人名章。

所需时间：1个工作日。

7. 申请领购发票

如果公司销售商品，应该到国税去申请发票，如果是服务性质的公司，则到地税申领发票。最后就开始营业了。注意每个月按时向税务报税，即使没有开展业务不需要缴税，也要进行零申报，否则会被罚款的。

近年来，国家为了提高广大民众的创业热情，不断放宽创业尺度，简化办理工商流程，提供孵化园帮助创业者寻找办公场所，改革证照制度，从"三证合一"到"五证合一"，不仅降低了办理费用，还节省了办理时间，对于工商人员来说提高了工作效率，对于创业者来说就是抢得了市场的先机。

(二)个体工商户的注册

如果选择个体工商户，则注册流程相对简单许多。下面进行简要的介绍。

1. 基本要求

(1) 有经营能力的城镇待业人员、农村村民以及国家政策允许的其他人员，可以申请从事个体工商业经营。

(2) 申请人必须具备与经营项目相应的资金、经营场地、经营能力及业务技术。

2. 提交申请

(1) 申请人签署的《个体工商户设立登记申请书》。

(2) 申请人身份证明。

(3) 经营场所证明。

(4) 国家法律、法规规定提交的其他文件；法律、行政法规规定须报经有关部门审批的业务的有关批准文件。

3. 办证程序

(1) 当地工商分局领表填写。

(2) 行政中心工商窗口核准名称。

(3) 材料齐全后去当地工商分局办理执照。

既然注册公司的流程相对烦琐，那么有什么优势呢？在工商部门注册公司是一家公司正规发展的必由之路，或许一些创业者一开始为避免烦琐的注册流程而选择滞后注册或借用他人公司开展业务，这对于刚起步的公司未尝不是一个好办法，但随着业务的发展，借用他人公司会可控性越来越弱。

举一个例子：现在一个业务需要持续打款到公司账户，且要求公司成立时间不低于1年，由于使用他人公司，资金持续到对方账户，资金安全有风险，但当即注册一家公司，成立时间达不到规定要求，业务即陷入了两难的境地。因此，在条件允许的情况下，越早

全国高等院校『十三五』贯穿式＋立体化创新规划教材

注册越好。

(三)融资与发展

关于融资，涉及的内容很多，本书第八章进行了详细介绍，这里讲两个观点，仅供参考。

1. 什么叫融资

简单来说就是拿钱给创业者公司发展，这个钱不用还，公司倒闭了，就算投资人亏了，但是创业者要出让公司的股份。

2. 为什么要融资

要是创业者有足够的钱，那没必要融资，融资是下策，某种意义上讲，银行贷款甚至比融资好。当然，融资是企业快速发展，特别是互联网企业快速发展的保证，有时，企业的成败就取决于融资的进度，先融资的吞掉后融资的，最终一家独大，占领市场，这也是很多互联网企业的发展逻辑。

正如第五章所述建立一个合作团队，在创立企业的过程中也十分关键。企业的创办者不可能万事皆通，他可能是技术方面的天才，但对管理、财务和销售可能是外行；他也可能是管理方面的专家，但对技术却一窍不通。因此，建立一个由各方面的专家组成的合作班子，对创办风险企业是十分必要的。一个平衡的和有能力的班子，应当包括有管理和技术经验的经理，和财务、销售、工程以及软件开发、产品设计等其他领域的专家。为了建立一个精诚合作、具有献身精神的班子，这位创业者必须使其他人相信跟他一起干是有甜头的。

二、创办新企业的优惠政策

1. 大学生创业税收优惠

持人社部门核发《就业创业证》(注明"毕业年度内自主创业税收政策")的高校毕业生在毕业年度内(指毕业所在自然年，即 1 月 1 日至 12 月 31 日)创办个体工商户、个人独资企业的，3 年内按每户每年 8000 元为限额依次扣减其当年实际应缴纳的营业税、城市维护建设税、教育费附加费和个人所得税。对高校毕业生创办的小型微利企业，按国家规定享受相关税收支持政策。

2. 创业担保贷款和贴息

对符合条件的大学生自主创业的，可在创业地按规定申请创业担保贷款，贷款额度为 10 万元。鼓励金融机构参照贷款基础利率，结合风险分担情况，合理确定贷款利率水平，对个人发放的创业担保贷款，在贷款基础利率基础上上浮 3 个百分点以内的，由财政给予贴息。

3. 免收有关行政事业性收费

毕业 2 年以内的普通高校毕业生从事个体经营(除国家限制的行业外)的，自其在工商部门首次注册登记之日起 3 年内，免收管理类、登记类和证照类等有关行政事业性收费。

4. 享受培训补贴

对高校毕业生在毕业学年(即从毕业前一年 7 月 1 日起的 12 个月)内参加创业培训的，根据其获得创业培训合格证书或就业、创业情况，按规定给予培训补贴。

5. 免费创业服务

有创业意愿的高校毕业生，可免费获得公共就业和人才服务机构提供的创业指导服务，包括政策咨询、信息服务、项目开发、风险评估、开业指导、融资服务、跟踪扶持等"一条龙"创业服务。各地在充分发挥各类创业孵化基地作用的基础上，因地制宜建设一批大学生创业孵化基地，并给予相关政策扶持。对基地内大学生创业企业要提供培训和指导服务，落实扶持政策，努力提高创业成功率，延长企业存活期。

6. 取消高校毕业生落户限制

允许高校毕业生在创业地办理落户手续(直辖市按有关规定执行)。

7. 创新人才培养计划和机制

创业大学生可享受各地各高校实施的系列"卓越计划"、科教结合协同育人行动计划等，同时享受跨学科专业开设的交叉课程、创新创业教育实验班等，以及探索建立的跨院系、跨学科、跨专业交叉培养创新创业人才的新机制。

8. 改革教学方法和考核方法

高校要广泛开展启发式、讨论式、参与式教学，扩大小班化教学覆盖面，推动教师把国际前沿学术发展、最新研究成果和实践经验融入课堂教学，注重培养学生的批判性和创造性思维，激发创新创业灵感。运用"大数据"技术，掌握不同学生学习需求和规律，为学生自主学习提供更加丰富多样的教育资源。改革考试考核内容和方式，注重考查学生运用知识分析、解决问题的能力，探索非标准答案考试，破除"高分低能"积弊。

9. 强化创新创业实践

高校要加强专业实验室、虚拟仿真实验室、创业实验室和训练中心建设，促进实验教学平台共享。各地区、各高校科技创新资源原则上向全体在校学生开放，开放情况纳入各类研究基地、重点实验室、科技园评估标准。鼓励各地区、各高校充分利用各种资源建设大学科技园、大学生创业园、创业孵化基地和小微企业创业基地，作为创业教育实践平台，建好一批大学生校外实践教育基地、创业示范基地、科技创业实习基地和职业院校实训基地。完善国家、地方、高校三级创新创业实训教学体系，深入实施大学生创新创业训练计划，扩大覆盖面，促进项目落地转化。举办全国大学生创新创业大赛，办好全国职业院校技能大赛，支持举办各类科技创新、创意设计、创业计划等专题竞赛。支持高校学生成立创新创业协会、创业俱乐部等社团，举办创新创业讲座论坛，开展创新创业实践。

10. 改革适应大学生创业的教学制度

自主创业大学生可享受各高校建立的自主创业大学生创新创业学分累计与转换制度，

全国高等院校「十三五」贯穿式＋立体化创新规划教材

根据学生开展创新实验、发表论文、获得专利和自主创业等情况折算为学分，将学生参与课题研究、项目实验等活动认定为课堂学习的新探索。同时也为有意愿有潜质的学生制定创新创业能力培养计划，创新创业档案和成绩单等系列客观记录并量化评价学生开展创新创业活动情况的教学实践活动。

11. 完善学籍管理规定

根据《教育部关于做好 2016 届全国普通高等学校毕业生就业创业工作的通知》(教学〔2015〕12 号)文件规定，对有自主创业意愿的大学生，实施弹性学制，放宽学生修业年限，允许调整学业进程、保留学籍休学创新创业。

12. 高校对自主创业大学生提供多项便利条件

按照《普通高等学校学生管理规定》(中华人民共和国教育部令第四十一号)、《教育部关于做好2016届全国普通高等学校毕业生就业创业工作的通知》(教学〔2015〕12 号)文件有如下规定。

(1) 学生参加创新创业、社会实践等活动以及发表论文、获得专利授权等与专业学习、学业要求相关的经历、成果，可以折算为学分，计入学业成绩。具体办法由学校规定。学校应当鼓励、支持和指导学生参加社会实践、创新创业活动，可以建立创新创业档案、设置创新创业学分。

(2) 学校可以根据情况建立并实行灵活的学习制度。对休学创业的学生，可以单独规定最长学习年限，并简化休学批准程序。

(3) 休学创业或退役后复学的学生，因自身情况需要转专业的，学校应当优先考虑。

(4) 各地各高校建设一批大学生创业示范基地，继续推动大学科技园、创业园、创业孵化基地和实习实践基地建设，高校应开辟专门场地用于学生创新创业实践活动，教育部工程研究中心、各类实验室、教学仪器设备等原则上都要向学生开放。

(5) 各高校要优化经费支出结构，多渠道统筹安排资金，支持创新创业教育教学，资助学生创新创业项目。

如今很多人都有创业的打算，政府也不断优化创业政策，目的就是鼓励更多的人创新创业。这些好的创业政策无疑给了创业者更多的机遇，也让创业风险降到更低。

【我们身边的创业达人】王莹莹：95后女孩创业爱上萤火虫

树林、星空、萤火虫……都市人群对遥远乡村生活的记忆，总是那么浪漫和唯美。忽闪忽闪的萤火虫在城市中更是难得一见，成为很多人儿时的记忆。

在十堰，湖北医药学院一群 90 后学生，敏感地捕捉到这一情感载体，利用专业所长，将萤火虫孵培这一科研项目运用到了商业领域。

95 后女孩王莹莹是十堰人，圆脸、长发、语速平缓，第一面给记者的印象十分沉稳。

在她的 QQ 空间里，70%以上内容都在记载萤火虫的培育过程。透过显微镜拍摄的萤火虫，从虫卵到幼虫，再到成虫，不同的阶段呈现粉色、紫色、橙色等，美丽得像一幅幅抽象画。现在还在上大二的她，是湖北医药学院生物科学专业学生。在指导老师陈绚丽的带领下，渐渐接触到萤火虫培育技术。一开始，她对这些小虫子很恐惧，但很快就喜欢上了这些小家伙。

通过深入学习和了解，王莹莹知道了很多以前不知道的东西，比如，萤火虫主要吃螺蛳、蜗牛、贝类等，位于生态金字塔的最底层，城市里没有萤火虫是因为空气、光电、声音等污染，让它们没有生存空间。

萤火虫幼虫分为水生和陆生，从虫卵到成虫整个生命周期为一年，而萤火虫成虫的寿命只有短短五六天。成年雄虫在这短暂的生命里抓紧时间利用发光讯号招徕雌虫，雌虫也以发光形式回应，因此我们才能看到大自然闪烁的光影美景。

众所周知，萤火虫只有在夏天才能看到。然而，去年底，王莹莹所在的医药学院出名了，原因就是他们实验室研发出了萤火虫卵冻技术，实现了一年四季都可以看到萤火虫。目前，这项技术已经申请了国家发明专利。

科普为主商业为辅，闪闪亮光带来财富。

"除了卵冻技术，我们还可以人工培育，在室内繁育萤火虫。另外，可以生态复育，就是在萤火虫稀少或消失的区域引入适宜品种，复育成生态景观地。"王莹莹对记者说。

一个偶然的念头，让她有了新思路：淘宝上一只野外捕捉的萤火虫能卖四五元，而日本水生幼虫一年能创造 100 亿元产值。如果能将这一先进成果向市场转化，岂不是既能做科普又能产生经济效益？

她将自己的想法告诉了同学们，结果得到一致认同。今年初，由王莹莹发起成立了精灵生态旅游开发公司，15 名同学和老师都成为公司股东。暑假时，公司在武当山举行了萤火虫放飞主题活动，短短两个晚上，就吸引了三四千人参观体验。"一张门票卖 10 元，相对于几万元的收入，其实我们更满足于初次创业的兴奋。"王莹莹说。

目前，公司已设计出萤火虫灯笼、萤火虫树以及类似观赏鱼的萤火虫生态缸等工艺品，同时配合生态造景，与博物馆、科教馆及景区达成合作。他们的创业计划也被国家教育部批准为国家级大学生创业训练计划创业项目。"未来还有很多有意思的设想，比方说将项目嫁接进婚礼、咖啡馆等。"尽管公司运营还不成熟，但王莹莹很淡然，"以科普为主，开拓市场赚钱将水到渠成"。

(资料来源：臻炜. 大学生创新创业成功的例子精选[R/OL]. http://www.oh100.com/chuangye/692385.html.)

第三节　新企业的组织架构

一、新企业组织架构的设置原则

为实现公司的经营目标，优化管理流程、推进功能组合，以规范机构设置、强化管理职能、提高办事效率为重点，建立规范有序、管理科学、运转协调、以人为本，符合现代企业制度需要的组织架构。

在这一过程中，需要坚持高效、简洁、有序的原则，坚持适应我国社会主义市场经济体制的原则，坚持符合现代企业制度的原则。

全国高等院校「十三五」贯穿式＋立体化创新规划教材

二、新企业组织架构的选择

1. 创业型组织结构

创业型组织结构是多数小型企业的标准组织结构模式。采用这种结构时，企业的所有者或管理者对若干下属实施直接控制，并由其下属执行一系列工作任务。企业的战略计划(若有)由中心人员完成，该中心人员还负责所有重要的经营决策。这一结构类型的弹性较小并缺乏专业分工，其成功主要依赖于该中心人员的个人能力(见图10-2)。

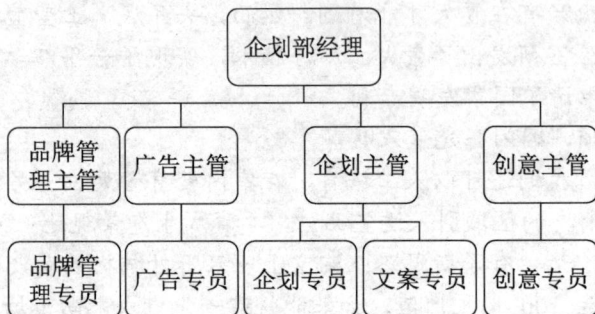

图10-2 创业型组织结构示意图

2. 职能制组织结构

职能制组织结构被大多数人认为是组织结构的典型模式。这一模式表明结构向规范化和专门化又迈进了一步。随着企业不断扩张经营规模和经营范围，企业需要将职权和责任分派给专门单元的管理者。目前的多数企业、事业单位等均是这种模式(见图10-3)。

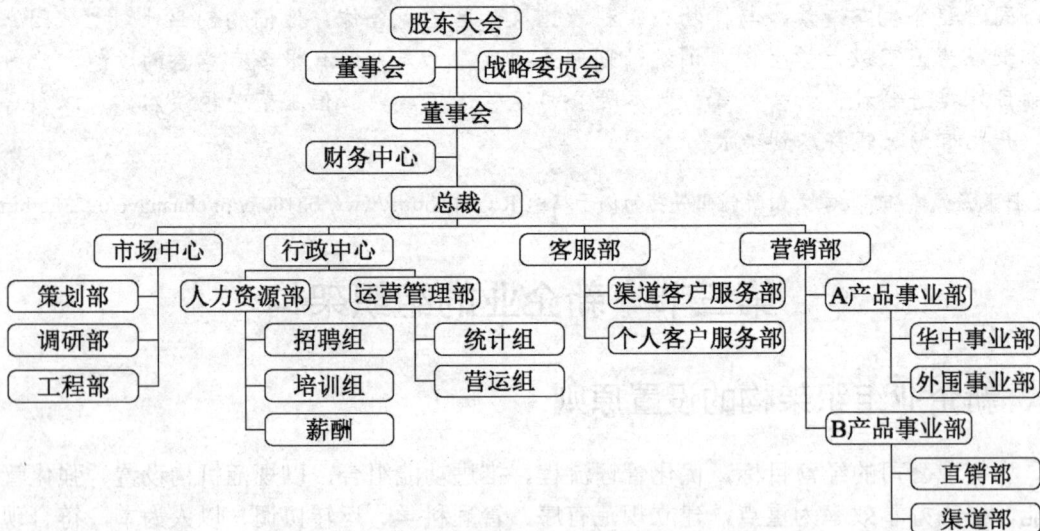

图10-3 职能制组织结构示意图

3. 事业部制组织结构(如按区域划分)

当企业在不同的地理区域开展业务时，区域式结构就是一种较为适当的结构，它按照特定的地理位置来对企业的活动和人员进行分类。此外，随着经济社会的发展，还出现了一些与特定经营状况相适应的企业组织结构(见图10-4)。

4. 战略业务单位组织结构(SBU)

按照业务单位建立组织结构，业务单位下辖不同事业部。适用对象：用于规模较大的多元化经营的企业。

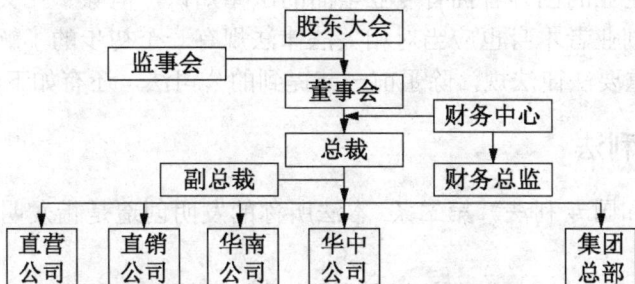

图 10-4 事业部制组织结构示意图

5. 矩阵制组织结构

矩阵制组织结构是为了处理非常复杂项目中的控制问题而设计的。这种结构在职能和产品或项目之间起到了联系的作用。

6. H 型结构——控股企业或控股集团组织结构

(1) 成立控股企业，其下属子企业具有独立的法人资格。

(2) 控股企业的类型：

① 投资下属企业，负责购买和出售业务。

② 只拥有下属企业的股份，不控制或较少控制下属企业。

③ 母企业有自己的业务，其作用仅限于做出购买或出售下属企业的决策，很少参与企业产品或市场战略。

如图10-5所示为广东某文化传媒股份有限公司组织架构示意图。

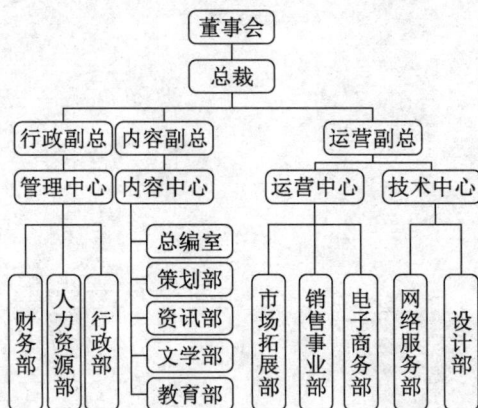

图 10-5 广东某文化传媒股份有限公司组织架构示意

全国高等院校「十三五」贯穿式＋立体化创新规划教材

第四节　创办新企业的相关法律

一、新企业的相关法律规定

虽然很难要求企业的创办者拥有专业全面的法律知识，但除了在关键问题上咨询相关的专业法律人士，创业者本身也应当对相关法律法规有一个初步的了解。在我国，创办新企业时需要了解的重要法律法规，除了前一节提到的公司法，还有如下法规。

(一)专利与专利法

《中华人民共和国专利法》第二条　本法所称的发明创造是指发明、实用新型和外观设计。

发明，是指对产品、方法或者其改进所提出的新的技术方案。

实用新型，是指对产品的形状、构造或者其结合所提出的适于实用的新的技术方案。

外观设计，是指对产品的形状、图案或者其结合以及色彩与形状、图案的结合所做出的富有美感并适于工业应用的新设计。

(二)商标与商标法

《中华人民共和国商标法》(2013 年修正)第三条　经商标局核准注册的商标为注册商标，包括商品商标、服务商标和集体商标、证明商标；商标注册人享有商标专用权，受法律保护。

(三)著作权与著作权法

《中华人民共和国著作权法》第九条　著作权人包括：(一)作者；(二)其他依照本法享有著作权的公民、法人或者其他组织。

第十条　著作权包括下列人身权和财产权(共计十七条)

(1)　发表权；

(2)　署名权；

(3)　修改权；

(4)　保护作品完整权。

(5)　复制权；

(6)　发行权；

(7)　出租权；

(8)　展览权；

(9)　表演权；

(10) 放映权；

(11) 广播权；

(12) 信息网络传播权；

(13) 摄制权;

(14) 改编权;

(15) 翻译权;

(16) 汇编权;

(17) 应当由著作权人享有的其他权利。

(四)《合伙企业法》

我国《合伙企业法》最初颁布于 1997 年 2 月 23 日,同年 8 月 1 日实施。2006 年 8 月,十届全国人大常委会修订通过了新《合伙企业法》,新法自 2007 年 6 月 1 日起生效。相比旧法,新法最大的变化是在普通合伙企业基础上增加了另一类合伙企业——有限合伙企业,并将普通合伙企业分为一般普通合伙企业和特殊普通合伙企业。

1. 一般普通合伙企业

1) 概念

指由普通合伙人组成,合伙人对企业债务承担无限连带责任的合伙企业。

2) 特点

全体合伙人对企业债务承担。

(1) 无限责任;

(2) 合伙人之间的连带责任。

2. 特殊的普通合伙企业

1) 概念

概念是指合伙人依照《合伙企业法》第五十七条的规定承担责任的普通合伙企业。

一个合伙人或者数个合伙人在执业活动中因故意或者重大过失造成合伙企业债务的,应当承担无限责任或者无限连带责任,其他合伙人以其在合伙企业中的财产份额为限承担责任。合伙人在执业活动中非因故意或者重大过失造成的合伙企业债务以及合伙企业的其他债务,由全体合伙人承担无限连带责任。

2) 使用范围

适用于以专门知识和专门技能为客户提供有偿服务的专业服务机构。如会计师事务所、评估师事务所、建筑师事务所等。

3) 特点

合伙人承担责任方式如下。

(1) 一个合伙人或者数个合伙人在执业活动中因故意或者重大过失造成合伙企业债务的,应当承担无限责任或者无限连带责任,其他合伙人以其在合伙企业中的财产份额为限承担责任。

(2) 合伙人在执业活动中非因故意或者重大过失造成的合伙企业债务以及合伙企业的其他债务,由全体合伙人承担无限连带责任。

(3) 合伙人执业活动中因故意或者重大过失造成的合伙企业债务,以合伙企业财产对外承担责任后,该合伙人应当按照合伙协议的约定对给合伙企业造成的损失承担赔偿

全国高等院校「十三五」贯穿式+立体化创新规划教材

责任。

3. 有限合伙企业

1) 概念

有普通合伙人和有限合伙人组成，普通合伙人对企业债务承担无限连带责任，有限合伙人以其认缴的出资额为限对企业债务承担责任的合伙企业。

有限合伙企业在实践中主要适用于风险投资企业。

2) 特点

(1) 由 2 人以上 50 人以下合伙人设立；至少应当有一个普通合伙人。

(2) 有限合伙人可以用货币、实物、知识产权、土地使用权或者其他财产权利作价出资，但不得以劳务出资。

(3) 由普通合伙人和有限合伙人组成，两者分别承担不同的责任方式。

(4) 普通合伙人负责企业经营管理，可以要求在合伙协议中确定执行事务的报酬及报酬提取方式。有限合伙人不负责企业经营管理，不得对外代表有限合伙企业。

二、新企业的法律责任

企业的法律责任是指企业作为具备独立法人资格的主体在法律上所承担的民事、行政或刑事责任。

(一)民事法律责任

民事法律责任，主要指签订合同履行合同，第一、公司聘用员工，劳动合同的签订、履行中法律风险；第二、公司的生产经营要签订各种合同，购销合同、租赁合同、担保合同、借款合同、服务合同、加工承揽合同。要重视合同的管理，把公司经营中的过程规范化、细致化，从合同的签订到合同的履行都要把控风险，防范风险。

根据《公司法》的规定，具体有以下几种情况：清算责任、依法纳税的责任、确保公司注册资金资本维持不变的责任、股东依公司章程约定足额缴纳出资的责任、依法签订《劳动合同》及为员工购买养老保险的责任、对债权债务依法承担无限或有限的责任，如公司构成犯罪的，依《刑法》规定承担相应的刑事责任。

(二)行政法律责任

行政法律责任，主要指接受工商、税务、环保等机构管理，缴纳税费、进行年审等。

1. 税务方面

合理合规纳税，正规正确的合理避税，绝不偷税、漏税，原因很简单，在税务上留下漏洞，会对未来发展造成诸多不确定的风险。税务是一门专业的知识，创始人一定要注重财务、税务的学习，一个不懂财务、税务的创始人充其量只是一介莽夫，小打小闹可以，一旦公司获得融资快速发展，短板立马就显现了，最基本的财务三张报表背后的逻辑、意义，以及基本的财务、税务常识要能明白。

另外，目前国家已经实行营改增，具体的公司如何实施营改增，降低公司成本，创业者还可以深入学习。

下面简述税务方面的实操。

(1) 公司有会计，且会计已经取得"会计从业资格证"。《会计法》要求，所委托的会计或报税人员必须有任职资格，具有会计上岗证，会计负责人要具有中级或以上的会计专业技术水平。因此如果已经有会计挂靠到公司下，公司每月的报税工作可以交由会计负责。

(2) 公司没有会计，需要委托财务公司代理记账报税，创业者可以咨询相关的财务公司。

特别提示：

第一，零申报也要申报。一些企业在税务登记之后，暂没发生营业收入，也暂无须购买发票，就觉得暂无需要与税务部门打交道，因此，在税务登记后，不报账、不设账、不申报，等到有一天，需要与税务部门打交道时被重罚后，才知后悔！该设账的还是要设，该申报的还是要申报，该罚款的还是要罚，一样都不能少，根据税收征管法的规定，从税务登记之日起，企业必须在规定的时间内(登记之日起 30 天内)建立账册并进行每月纳税申报，即使是零申报。延期零申报的罚款是：国税每个税种每天 30 元；地税每个税种每天 20 元，400 元封顶；还要加收税款的 0.05%/天的滞纳金。

第二，企业所得税征收方式的选择，这个选择是否得当，直接关系到企业今后的税收成本，建议请专业人士帮助筹划。

第三，注册资本筹资的问题，如账务处理不当，一定会影响工商年检的通过。

企业的税费核算以及合理的避税是一门专业的学问，创业公司如果不知道如何合理的避税的话，建议多咨询有经验的前辈，或委托财务公司，他们都会给出比较有操作性的指导意见。

2. 社保方面

从公司运行的角度而言，应当积极去缴纳社保，原因如下。

1) 合规

《劳动法》规定，只要建立劳动关系，用人单位和劳动者本人就应该参加社会保险，公司成员不缴纳社保就是违法的，且不签订劳动合同也是违法行为，需要更多的赔付。

2) 保障

抛开社保对医疗、生育、退休的收益不谈，这也是各方争议所在，各地在落户、贷款等方面，对社保缴纳期限都有明确的规定，例如，员工打算买房子，打算利用公积金贷款(利息比商业贷款低)，但由于没有缴纳公积金或者缴纳时间较短，都会造成不必要的影响。

(三)刑事法律责任

刑事法律责任，主要指逃税漏税、单位贿赂、重大责任事故等要追究刑事法律责任。

刑事风险是后果比较严重的风险，会对企业的法定代表人、实际经营人、主要负责人产生包括人身自由在内的风险。

把控企业不做：非法集资、合同诈骗、逃税漏税、虚开增值税发票、制造出售假冒伪劣产品、制造出售假冒注册商标商品。

全国高等院校「十三五」贯穿式＋立体化创新规划教材

要重视环保，重视消防，重视安全质量控制，这些事情一出就是大事，会关系到公司的生死存亡。

本章小结

(1) 创办新企业时，可供选择的法律组织形式有五种：个体工商户、个人独资企业、合伙企业、一人有限责任公司、有限责任公司。创业者需要充分了解自己的实际需要，才能选择出最合适的企业组织形式。

(2) 对创办新企业，特别是公司制企业的主要流程有基本了解。熟悉我国近几年对新创办企业的优惠政策。

(3) 了解三种基本的企业组织架构以及三种新型企业组织架构。熟悉法律规定的公司制企业的组织架构。

(4) 熟悉与创办新企业有关的法律法规，了解企业的相关法律责任。

实训案例

创业初期的问题

基本案情：

最近有山东的几名大学生，说他们有一个自认为很不错的创业想法，并且为此已经组建好了一个团队，他们想开发一个会说话的礼物 APP，后来他们上网一查，发现除了温城会做的礼物说系列产品之外，还有很多人干了这一件事，但是他们还是坚决要开发这个 APP，原因是他们山东本地还没有人做，所以他们认为应该有机会。

但是他们面临的最大问题是没有钱，也没有成熟的技术开发团队，然后困惑于作为大学生创业者，面临着这些问题，应该如何解决？

其实他们面临的问题跟大多数大学生刚开始创业时遇到的问题是一样的，没钱、没技术，却想去开发一个自认为具有几百亿市场规模的平台，其实这跟你没钱、没技术，却想去造几艘航空母舰保护国家领土安全是一样的道理。

(资料来源：郑剑波. 右耳科技创始人. 大学生创业者、没钱、没技术、没团队还想颠覆 BAT？.

http://m.cyzone.cn/a/20151216/286315.html.)

案例点评：

创业初期的项目不是一成不变的，是可以根据团队、相关资源、政策等需要做调整、甚至改变的，这个阶段我们称之为试错期。在大学校园里，试错期可能有三年或者四年时间，但当踏上社会创业时，这个试错期可能仅仅只有一年甚至半年，因为创业者耗不起时间。

为什么要有试错期，首先，大学生创业基本仅凭团队几个人的想法就开始所谓的创业了，而几个人的想法仅仅是几个人之间的想法而已，并非这个社会和时代的现实和痛点。其次，创业前尽管做了充分的市场调查，但是实际操作的时候，这个社会跟创业者所想和调查的一定存在很大差距，没有想象中顺利，所以这一时期的试错期显得尤为重要了。

大学生创业的重点在于实践、学习，永远都不是赚钱。在这一前提下，做一个大项目能实践、学习，做一个小项目也一样能学习，那就没有必要冒那么大风险去投入那么多自身不具备的人力、物力、财力。

思考讨论题：

1. 作为大学生创业者，你现在脑中有一个创业的点子，请简要说出你和你的团队现阶段能做什么？不能做什么？目前拥有什么？没有什么？

2. 说出适合微小规模创业者的企业组织形式，以及他们各自的特点。

实训案例

不打烊的喜阅书吧

基本案情：

喜阅书吧是一家 24 小时营业的会员制书吧，旨在招募爱好读书、兴趣相投、乐于享受较高品味生活的会员，藉此扩大社交圈。另一方面，会员制以稳定顾客群，培养顾客忠诚度，掌握会员信息，了解其需求以增加收入和利润。注重书吧的体验感，营造舒适安静的读书氛围。喜阅书吧通体为深棕色调，天花板为 loft 设计，绿植葱郁自然，透露出开阔书房式的温馨舒适；书吧通过会员平台，创造跟读者联系、沟通、参与、软性宣传的机会，使读者形成品牌习惯和依赖，产生品牌归属感。书吧将会员和书吧的自有资源以及股东的各种信息及资源汇集，为读者免费或收费开展文化活动。书吧每周独家策划 1~3 场文化艺术沙龙，根据读者喜好推荐新书，掌握的读者信息提供个性化服务，提供购书优惠等服务项目。

喜阅书吧创立于 2015 年，是由山西喜阅企业管理咨询有限公司发起，与小额投资人联合创办的众筹书吧。内设阅读区、休闲区、观影区、儿童区等区域，兼具文化创意产品开发销售和各类文化沙龙讲座的承办，是集文化体验和休闲于一体的阅读场所。

2016 年 8 月开始喜阅书吧已陆续在山西全省设点开店，9 月 10 号喜阅书吧大同店开业，11 月 1 日运城店开业，11 月 15 日朔州店开业。

喜阅书吧作为公共文化服务平台，会定期举办一系列文化艺术沙龙，以及小型的专项分享活动，丰富读者的文化生活。个性化的推荐分享，作为知识输出以"艺"会友；文艺讲座引导学习，给予读者交流学习的空间。

喜阅书吧每月还会推荐一部好书，每周同读一本书，用"讲+读+说"的序列性模式，传递阅读仪式化的力量，增强读者黏性；每周二分享一部电影，读者写出"我心中的***"观后感。两种方式提升文化附加值，凝聚思想氛围、生活方式及哲学理念，逐渐发展成一种文化和生活时尚。

此外，喜阅书吧还成立了"喜阅读书会"。"喜阅读书会"是一个供热爱读书，喜欢

全国高等院校"十三五"贯穿式+立体化创新规划教材

阅读的朋友阅读、交流的社群，在这里大家可以分享好书、好文，分享读书心得。读书会每周共读一本书，每周三晚上 8:00 是分享人读书分享时间，分享人将以语音的形式分享书籍或者文章以及读书心得。分享完之后群内预告下一周三的分享书籍，以此类推。

目前，喜阅书吧在晋城、大同、运城、阳泉、晋中共开办 6 家分店，太原、临汾等地多家门店也在项目筹备中。

思考讨论题：

1. 你有意向去这里读书吗？喜阅书吧这个创业项目，主要满足了消费者哪些方面的需求？

2. 喜阅书吧的企业组织形式有何创新之处？

分析要点：

1. 喜阅书吧作为公共文化服务平台，内设多个分区，定期举办丰富多彩的互动活动。

2. 喜阅书吧是由山西喜阅企业管理咨询有限公司发起，与小额投资人联合创办的众筹书吧。

复习思考题

一、基本概念

企业法律组织形式　公司制企业　个体工商户　企业组织架构　专利　商标　著作权

二、判断题(正确打"√"，错误打"×")

1. 创业之初一定要从建立公司制企业开始。　　　　　　　　　　　　　　　（　）
2. 新创办企业如果没有营业额可以不用申报纳税。　　　　　　　　　　　　（　）
3. 专利法所述的实用新型专利，是指对产品的形状、构造或者其结合所提出的适于实用的新的技术方案。　　　　　　　　　　　　　　　　　　　　　　　　（　）

三、单项选择题

1. 下列(　　)是现代企业中最主要最典型的组织形式。
    A. 独资企业　　　　　　　　　　B. 合伙企业
    C. 公司制企业　　　　　　　　　D. 个体工商户
2. 下列(　　)不属于个体工商户的注册要求。
    A. 有经营能力的城镇待业人员、农村村民以及国家政策允许的其他人员，可以申请从事个体工商业经营
    B. 申请人必须具备与经营项目相应的资金、经营场地、经营能力及业务技术
    C. 法律、行政法规规定须报经有关部门审批的业务须批准后才可注册
    D. 对注册资金实行申报制，有最低限额基本要求
3. 一个合伙人或者数个合伙人在执业活动中因故意或者重大过失造成合伙企业债务的，应当承担无限责任或者无限连带责任，其他合伙人以其在合伙企业中的财产份额为限承担责任，这是(　　)合伙企业的特点。
    A. 一般的普通合伙　　　B. 特殊的普通合伙　　　C. 有限合伙

四、简答题

1. 什么是法律条文中所指的公司？
2. 注册新公司的主要流程是什么？
3. 新企业组织架构的设置原则是什么？
4. 新企业的相关法律法规以及法律概念有哪些？

阅读推荐与网络链接

[1] 曹胜亮，吴秀英，段藏. 经济法[M]. 北京：北京理工大学出版社，2006.

[2] 牛慧，银福成. 经济法[M]. 北京：经济科学出版社，2010.

[3] 国务院. 关于进一步做好新形势下就业创业工作的意见[EB/OL]. 2015-5-1. http://www.gov.cn/zhengce/content/2015-05/01/content_9688.htm.

[4] 教育部高校毕业生就业创业政策百问 [EB/OL]. http://www.moe.edu.cn/srcsite/A02/s5911/moe_621/201702/t20170216_296385.html.

[5] 国务院. 国务院关于进一步做好新形势下就业创业工作的意见(国发[2015]23 号) [EB/OL]. http://www.gov.cn/zhengce/content/2015-05/01/content_9688.html.

[6] 国务院. 国务院办公厅关于深化高等学校创新创业教育改革的实施意见(国办发[2015]36 号)[EB/OL]. http://www.gov.cn/zhengce/content/2015-05/13/content_9740.html.

[7] 教育部. 普通高等学校学生管理规定(中华人民共和国教育部令第 41 号)[EB/OL]. http://www.moe.edu.cn/srcsite/A02/s5911/moe_621/201702/t20170216_296385.html.

[8] 教育部. 教育部关于做好 2016 届全国普通高等学校毕业生就业创业工作的通知(教学[2015]12 号)[EB/OL]. http://www.moe.edu.cn/srcsite/A15/s3265/201512/t20151208_223786.html.

[9] 国务院. 个体工商户条例[Z]. 北京，2016(修订).

[10] 中国全国人民代表大会. 中华人民共和国公司法[EB/OL]. http://www.npC. gov.cn/wxzl/gongbao/2014-03/21/content_1867695.htm，2013-12-28.

[11] 中国中央人民政府. 中华人民共和国合伙企业法[EB/OL]. http://www.gov.cn/flfg/2006-08/28/content_371399.htm，2006-8-27.

[12] 国务院. 中华人民共和国中小企业促进法 [EB/OL]. http://www.gov.cn/gongbao/content/2002/content_61601.htm，2002-6-29.

13] 郭朝辉，王宇，邓猛.大学生就业与创业指导[M]. 北京：高等教育出版社，2014.

随身课堂

创办新企业.PPTX　　　创办新企业.MP4　　　创业注册流程.MP4　　　法律责任-3.MP4

全国高等院校「十三五」贯穿式＋立体化创新规划教材

第十一章 社会企业创业

学习要点及目标

- 了解社会企业的概念及特征。
- 重点掌握产生社会企业的设计思维方法。
- 了解中国社会企业的形态及法律环境。

核心概念

社会企业 设计思维

引导案例

乡村银行

在美国范德堡(Vanderbilt)大学取得经济学博士学位之后，穆罕默德·尤努斯(Muhammad Yunus)回到母校成为经济学教授。1974 年，孟加拉国发生严重的饥荒，他开始寻找解决饥饿与贫困的对策，到村庄里试验高产种植的办法。1976 年，在一次乡村调查中他带领着学生去附近的乔布拉村调研，当时的孟加拉国刚刚独立不久，大多数国民还在贫困中挣扎，调研中尤努斯认识了 21 岁的苏菲娅，她是一个有着 3 个孩子的母亲。苏菲娅靠制作竹椅养活全家，尽管她制作出的竹器非常精美，但一天仅能赚 2 美分。因为没钱买原料，她只能每天从中间商那里借 25 美分原料，再按照规定的价格把成品卖给中间商。尤努斯注意到，她的劳动几乎是一无所获，钱都给中间商赚走了。尤努斯列了一张和苏菲娅处于相似处境的人的名单，一共有 42 个名字，能使他们从高利贷漩涡中挣扎出来的金额仅仅需要 27 美元。尤努斯深感震惊，"我们在课堂上讨论经济发展，所接触的都是动辄投资上百万美元的项目。但我实际上看到的是，人们急需的不是这百万金钱，他们只需要很小很小一笔钱。"于是，尤努斯自己掏出了 27 美元，村民们如同遭遇奇迹一般欢天喜地地接受了。"如果可以用这么少的钱让大家这么欢喜，为什么不为他们做得更多，为什么不为更多的人做得更多？"尤努斯首先想到自己可以成为连接穷人们和银行的纽带，所以他跑到银行恳求银行家们借钱给这些穷人们。银行家们向尤努斯解释，银行不能贷款给穷人，因为穷人没有信用。在尤努斯长达 6 个月的努力下，银行勉强同意在尤努斯做担保人的情况下将钱贷出。结果，这些穷人用这为数不多的借款，精打细算，精心经营，普遍增加了收入，而且还按要求还了借款和利息。与别的慈善家不同的是，这位年轻的经济学博士嗅到了事件背后的商业味道。他改变了自己的想法，认为如果用商业手法来处理这些事，它的规模可以很大，所挣的钱足够支付所有成本，不用依靠任何人，这样就可以用盈利帮助更多的人。于是，在 1976 年，当他的贷款范围扩大到 100 个村庄时，他成立了"乡村银行"(Grameen Bank)。

乡村银行自创立之日起，尤努斯就给自己制定了目标——确保一半的客户是妇女。在一个保守的伊斯兰教国家，妇女地位低下，平时几乎足不出户，必须出门时也会把脸遮得严严实实。为此，尤努斯做出了很多努力。很快他就发现，妇女们对贷款的有效使用比男人们强多了。同样的金额，贷给她们比贷给男人们给家庭带来了更大的好处。妇女们通过从银行得到的贷款，添置生产工具、为子女交纳学费、改善家庭伙食等，不仅提高了整个家庭的生活质量，也提高了自己在家庭中的地位。更重要的是，妇女靠自己的聪明才智自己管理、统筹贷款，发掘出自己从未发现的才能，慢慢赢得身边人的信赖和尊重，对于推动孟加拉国严重的男尊女卑思想的转变，起着非常积极的作用。

为了确保还款，银行使用"团结组"系统。这些非正式的小组一起申请贷款，由小组成员担任联合的还款保证人，并互相支持对方努力改善自己的经济状况。随着银行的发展，乡村银行也开发了其他为贫穷人士服务的信贷系统。除了微型贷款外，银行还提供住房贷款，为渔场、灌溉项目、高风险投资、纺织业以及其他活动提供经费，同时也提供其他银行业务，如储蓄。在2004年，超过6600万人在这计划下受益。

(资料来源："Muhammad Yunus. 根据 Building Social Business: the new kind of capitalism that serves humanity's most pressing needs[M]. the United states: Pubbli Affairs TM, a number of the Perseus Books Group, 2010." 所述整理)

案例导学

穆罕默德·尤努斯的"乡村银行"给出了一个现实的社会企业的形态，企业的产生是要解决贫困人群的生活，而不是以盈利为目标。甚至，企业的运营者并不是以投资人为主的管理团队，而是客户群体参与管理的一种方式。同时，企业化运营使得解决社会问题不但实现了财务的可持续性，也激发了贫困人群改变自己生活的积极性。

第一节　社会企业的概念和特征

一、社会企业的概念

经济学家穆罕默德·尤努斯在 *Building Social Business* 一书中给出的概念是：社会企业是投资者不以获得利益为目标，是以解决某个社会问题为目标的经济组织。社会企业必须实现自运营，产生的收入足够支付成本，创造的盈余用于扩大业务和防备不确定性。他认为社会企业有两种类型。Ⅰ型社会企业，企业致力于解决社会问题并由投资者拥有，将所有利润再投资于企业扩张和改进业务，投资者无损失，无红利。Ⅱ型社会企业，企业致力于解决社会问题并由穷人直接拥有，或通过信托机构拥有。这里的信托机构是为社会企业预设的。

实际上，由于社会企业概念自身的复杂性，国内外理论界和实务界对社会企业并没有形成一致的定义。社会企业一词在1978年由国际发展顾问 Freer Spreckey 首次提出，30多年时间里，社会企业实践与理论的探索和研究走过了一段漫长的道路，重要性逐渐被认

全国高等院校「十三五」贯穿式+立体化创新规划教材

识，在全球范围内的实践也得到了飞速发展。社会企业的表现形式也广泛而多样，可能是非营利性机构采用企业化的管理模式，也可能是营利性企业涉入公益非营利领域，也可能是几个非营利性组织共同投资为了达到社会公益目的所创设的营利性公司。20 世纪末，社会企业的概念进入我国香港和台湾地区，在 21 世纪初才开始进入内地，有关社会企业的定义在内地仍然模糊，其争论仍在进行。但有一点共识是，社会企业是以解决某个社会问题为目标的经济组织。

2013 年《中国社会企业与社会影响力投资发展报告》在博鳌亚洲论坛年会上发布。报告认为，一个严格的社会企业定义应该具有三个要素：目标设定、运营模式和利润分享方式。社会企业的中国本土化定义的设计应基于三个有利于原则：有利于推动社会企业的发展；有利于监督的实现；有利于与本地文化认知的连贯。此外，还要考虑到不同的行动主体有不同的动机和侧重点。在此基础上，报告给出了社会企业广泛、严格、特殊意义上的三级概念框架。

从广泛意义讲，社会企业是以创造社会效益为核心文化的企业。其本身是企业的形态，受到政府工商部门和其他业务相关部门的监督。推动这样的社会企业发展，能促进整体商业文化朝着更具有社会价值的方向发展，同时促进私人资本的流入，因为资本天然有着回报的要求，如果不限制利润分配，可以有效地激发资本的活力，同时也没有必要获得政府的政策优惠。

从严格意义讲，社会企业是以社会效益为首要目标、社会公益投资为主要利润分配的企业。从政策制定的角度出发，推动这样的企业，能有效规范社会企业行为，从而制定政策优惠和扶植条件。这个定义明确了社会企业的形态是企业，明确了社会企业的质量是社会效益的评估，明确了社会企业的标准是基于社会投资的利润分配。衡量社会企业的基本条件是企业利润的大多数用于社会公益投资。与西方的一些定义不同，有的国家会限制社会企业不能分红，这样的定义虽然严格区分了商业企业和社会企业，但也屏蔽了大多数投资者的热情。为了激发企业的活力，促进投资和回报，适当的利润分红，比如不超过利润的 50%，这样的社会企业以创造社会效益为首要目标，既致力于改善民生，又能保证投资者的热情，对社会企业的发展更有促进。

从特殊意义来讲，以经营性收入为主要利润来源的民办非企业单位是结合中国特色的一种社会企业定义。民办非企业单位是非营利性组织，不以营利为目的。民办非企业单位在从事社会服务活动的过程中，可以根据国家的规定收取合理的费用，以确保成本，略有盈余。从民办非企业的特点上看，本身已经满足了经营性活动为运作模式，以及社会服务目标为使命的社会企业两大主要维度，而且，目前的法人结构体制下，它属于社会组织范畴，受民政系统管理，能接受捐款资助，不能分红。

如表 11-1 所示，是对三类定义的多角度比较。

表 11-1　社会企业三类定义的多角度比较

内　容	广泛意义	严格意义	特殊意义
法人结构	企业	企业	社会组织
经营模式	经营性业务	经营性业务	经营性业务 传统捐助

续表

内 容	广泛意义	严格意义	特殊意义
主要目标	社会目标、经济目标	社会目标	社会目标
利润分配	没有限制	超过50%利润流入社会公益投资	不能分红
监管机构	工商	民政、工商	民政
政策优惠	没有	有	有
投资收益	全部的投资回报收益	有限的投资回报收益	没有投资回报收益，视同慈善捐款

国内外理论界和实务界对社会企业的主要分歧是在企业盈余这一点上，有的学者认为，从有利于推动社会企业的发展考虑，投资人可以有适当比例的盈余收益作为投资回报。另外一些学者，比如尤努斯，认为投资人只能收回投资的本金，所有的盈余都要用于企业的业务扩大和防备不确定性。但有一点共识是，社会企业是以解决某个社会问题为目标的经济组织。

> **小贴士**
>
> **不同组织对社会企业的定义**
>
> 中国香港政府的定义：社会企业是一种实现特定社会目标的商业，比如提供服务或者社区需要的产品，为社会弱势群体创造就业和培训机会，保护环境，通过挣得的利润资助其他社会服务。社会企业的利润主要用于其追求的社会目标上的业务再投入上，而不是在股东中分配。
>
> 意大利政府的定义：社会企业必须同时符合以下条件。①必须是私人组织；②必须以企业方式生产社会所需品和服务；③为了公共利益运行，而且不是为了营利目标。
>
> 欧洲委员会的定义：社会企业介于传统私人领域和公共领域之间，其主要特征是社会目标与私人领域企业家精神的结合。社会企业盈余要再投入到实现更大社会、社区目标的事务中。
>
> 英国社会企业联盟的定义：社会企业是运用商业手段实现社会目的的企业。其特征是，①企业直接参与为市场生产产品或提供服务；②企业有明确的社会和(或)环境目标，其收益主要用于再投资；③企业治理结构和所有制结构通常建立在利益相关者团体(如员工、用户、客户、地方社区团体和社会投资者)或代表更广泛的利益相关者对企业实施控制的托管人或董事的参与基础之上的自治组织。

二、社会企业的特征

穆罕默德·尤努斯认为，社会企业应该符合如下特征。

第一，企业的目标是克服贫穷，解决一个或多个威胁到人民和社会的问题(如教育、卫生、技术准入和环境)，而不是利润最大化。这一特征是社会企业的核心特征，无论哪种社会企业定义，在这一点上都有共识。

第二，企业要实现财务和经济上的可持续发展。这也是社会企业的重要特征，正是因为慈善组织需要不断地由捐助者捐钱，解决社会问题的持续性就有了局限，社会企业才应运而生。

第三，投资者仅可以取回他们投资额，没有股利和超出原始投资的回报。在这一点上，有不同的认识，有的社会学家认为，如果社会企业有一定比例的分红，可以鼓励投资者投入社会企业，从而促进社会企业发展。

第四，企业利润在偿还了投资额后，用于保持、扩展和改善公司。这一点上，各方观点都有共识，这也是社会企业可持续发展的经济保障。

第五，企业要有环保意识。这是现代企业都应有的社会责任，是企业可持续发展必不可少的。

第六，劳动力获得比市场标准更好的工资和工作条件。在这一点上，有不同的认识，有的社会学家认为，应该遵循企业经营的规律，保持正常水平。

第七，快乐地做事！不同于陷入传统商业的攻击性竞争环境，社会企业是商业和快乐并存的，一旦投入就会发现它的无穷乐趣。这一特征，各方观点都有共识。

总的来说，"实现财务的可持续"和"以解决社会问题为目标"是社会企业的两个基本特征。社会企业针对特定社会问题提供创新的解决方案，在市场中运用商业手段参与竞争获得利润。社会企业重视社会价值和责任，它的运行和发展不以企业利润最大化为目标，而是以解决和消除社会问题为目标。

三、社会企业与其他组织的区别

(一)社会企业与其他组织的区别

社会企业与商业企业的最大区别是经营目的不同。商业企业的目的是追求企业价值最大化，追求投资者利润最大化，它关注的是能够给企业带来高额回报的社会需求。社会企业的目标是以解决社会问题为主要目的，它关注社会弱势群体的需求，关注教育、卫生、环保等问题。另外，在社会企业中工作的人员取得工资和奖金，但不对企业所得进行分红，社会企业的经济收益主要用于支持社会企业的持续发展和其他社会福利、社会慈善事业。

社会企业与非政府组织的最大区别是财务可持续性不同。非政府组织在世界上做了很多有益的工作，对遭遇突发灾难的人群给予了极为有效的帮助，对没有劳动能力身体严重残障的人群和患有精神疾病的人群给予了尽可能的帮助，对无法依靠自己生存的老人和孩子提供了生活的保障。但慈善模型有一些固有的缺点，同样是以解决社会问题为目的，慈善组织资金来源依靠慈善捐款，所有的东西都免费，使慈善组织的运行方式不可持续。大多数的非政府组织长期资金短缺，迫使非政府组织领导人花很多时间、精力和财力为筹款努力。相比之下，社会企业是可持续的，它的所有者不关注捐款，企业运营增加的效益可以向穷人或社会中的其他人传递。此外，社会企业比慈善机构给予受益者更大的人格尊严和自主权。即使是善意，精心设计的慈善事业也已经不可避免地使穷人变得依赖慈善，而依靠自己努力的人反而得不到好处。相比之下，那些支付合理价格的产品和服务使穷人可以迈出自力更生的步伐，而不仅仅是被动地接受礼物，他们积极参与经济系统，依靠自己的努力，成为自由市场经济的一员，可以真正地、长期地解决贫困、不平等和压迫等问题。

如表 11-2 所示，为社会企业与商业企业、非营利组织的区别。

表 11-2　社会企业与商业企业、非营利组织的区别

内　容	商业企业	社会企业	非营利组织
动机	市场利润驱动	混合动机(经济与社会目标)	社会慈善驱动
目标	获取经济价值	可持续解决社会问题	创造社会价值
受益者	按市场价格支付金额	补助、全额与无报酬混合	无报酬
资本来源	市场行情资本	低于市场价格的资本	捐赠、补助
人力资源	市场工资	志愿者与全薪员工混合	志愿者

(二)为什么我们的社会需要社会企业呢？

第一，市场存在缺陷。市场机制天然存在很多局限性，很多问题完全靠市场是解决不了的。企业都追求高利润，为获得股东期望的高回报率，产品和服务往往定位于能获得较高收益的社会群体需求，容易忽略那些不能带来高回报的社会需求，社会问题的解决需要一些新的办法。

第二，政府不能解决所有民众的所有问题。政府的职能是依法对国家政治、经济和社会公共事务进行管理，包括经济调节、市场监管、社会管理、公共服务。政府职能发挥作用可以保障绝大部分人民的利益，但不能解决所有民众的所有问题。靠政府解决所有的社会问题也不现实。比如说尽管政府已经发现了农村大量劳动力外流导致的留守儿童问题，也提供了一定的政策保护措施，但留守儿童的亲情教育和文化教育还是要依赖一些志愿者组织切实解决。

第三，靠 NGO(Non-Governmental Organization) 也不行。NGO 大部分都是慈善组织，慈善组织需要不断地由捐助者捐钱，它的影响力就有限。一个慈善项目开展要不断地靠捐赠人捐资支持，一旦资金出现问题，就只能停滞不前。

这些问题使全球范围内的政府越来越重视对社会企业的政策优惠，越来越多的公益组织也试图摆脱对传统捐款的依赖，谋求可持续的财务来源；同时，越来越多的创业者希望通过商业手段解决社会问题，体现自身价值，而不是单纯追求经济回报。社会企业应运而生。

第二节　如何设计社会企业

一、社会创新是社会企业的基础

要理解社会创新，可以每天看新闻，我们会看到气候变化、战争、贫穷、失学、失业以及需要帮助的难民等等。我们面临着全球、全国、区域和个人挑战，那么谁有责任去找到应对这些挑战的方案呢？政府的工作是设定框架，真正的创新还是要靠那些不走寻常路的人，历史告诉我们，绝大多数的创新都来自个人。社会创新的成果就是一个具有财务可持续性和可扩展性的社会企业，它的目的是为社会创造附加值。这个领域不适合其他商业

全国高等院校"十三五"贯穿式+立体化创新规划教材

模式，因为它不满足其他商业模式的盈利目的。

社会创新最重要的是时机。比如，2016 年一家名叫 Kiron University 的德国在线大学，利用知名大学的大规模在线开放课程(MOOCs)，为来自国外的难民提供了一系列在线学位课程。难民们可以接受两年制的 MOOCs 在线学习。学校还与其他大学展开合作，为学生提供相应的学士或者硕士学位证书。如果他们两年前创建这个学校，就不可能引起社会，至少是欧洲社会对难民的关注。如果他们两年后创建这个学校，由于那时候会有很多的难民问题解决方案，这个项目也不可能有其独特的销售主张。

社会创新第二重要的事是协同创造。不要想着从零开始，应该找到自己擅长的领域，然后从潜在伙伴那里获得支持和资源。构建解决方案是需要时间的，而且需要一点点地调整想法，去创建解决方案，然后再构建整体的商业模式。当有创业冲动的时候，要做的第一件事就是构建想法，因为它会给创业者冒险创业的动机，也给了创业者一个说服别人相信他的机会。之后他要做的就是想想自己擅长什么，然后再去找合作伙伴。他们可以成为外部伙伴、合作伙伴或是社会团体等。在这个阶段，即便还没有目标，只要花时间创建了方案，就可以改变未来。比如案例所示，Wilhelmson 教授在有了设计个人马桶的大胆想法后，询问了他的朋友、同事、一些相关组织，还组织他的学生和他一起设计方案。

对于社会创新过程，需要做到下面这些：首先，构建一个想法，并想象它会怎样影响未来。其次，集中精力找出实现想法的方法，而不是目标，然后在创新的工程中逐渐确立目标。创业者需要培养同理心，还要懂抓住机会。借助别人的力量实现协同创造对创建解决方案非常重要。接受不确定性也很重要。再有一点就是系统性地进行思考。一个系统里会有很多不同的利益相关者。不同的人有不同的文化背景和社会背景，因此在创建商业模型的时候必须认识到这些差别，并随时根据新的情况调整模式。除了思考新的解决方案，在实施想法的时候，也需要管理好创新过程中的常规程序，并评估影响力。创业者还需要掌握一些评估影响力的工具，让外界看到项目的成效。

二、运用设计思维方法助力社会创新

设计思维(Design Thinking)，顾名思义是学习设计师(Designer)在产品设计时候的思维方式和方法。设计思维方法是一个问题解决工具(洞察用户真正的痛点或需要)，也是一个机会开发和创造工具，更是一个创新思维与工具。利用这个行之有效的创新工具，能帮助我们真正找到社会问题的症结，设计出解决它所需的好的产品或服务，为建立社会企业找到切实的支点。

David 在 1991 年创办了世界上著名的商业设计公司 IDEO，2004 年他把设计思维方法带到了斯坦福大学的设计学院，并且把设计思维方法变成了一门可教授的课程。斯坦福大学设计思维方法分五步：移情(换位思考与行动)、问题界定、创意方案、原型制作(可视化的方案)、测试(向用户学习)。这其实也是一个发现问题、解决问题的思维循环过程，在这个过程循环中以用户为中心完成产品迭代，最终形成符合用户需求的产品。如图 11-1 所示。

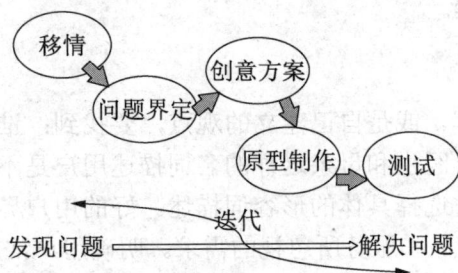

图 11-1　设计思维步骤

(一)移情(换位思考与行动)

这个阶段也是用同理心发现消费者需求的阶段，这要求设计者要站在用户的角度去理解他们所处的状况，而且不能代入自己的观点。只有真正发现用户的痛点才能找到合适的解决方案，所以，如何理解他们所处的状况以及用什么样的方法去理解成为首要的任务。

1. 如何理解

首先，要正视资源的约束性，正是因为各种稀缺的、实体的资源约束，我们才要充分发挥知识和智慧的能力，找到应对问题的解决方案。其次，要保持开放性，不同于知识学习的逻辑引导，设计思维面对问题挑战，没有确定的答案，需要抛弃对逻辑知识的依赖，在不确定和不可思议中寻找各种可能。最后，要直面问题并保持乐观，从乐观的角度理解问题，从多个维度思考关于问题的问题，尽管不是所有的问题都能解决，但要相信总会有一些问题或者问题的问题被解决。

2. 理解的方法

可以运用不同的方法达到移情的目的。第一，问为什么？面对出现的状况，要深入状况的核心，通过"为什么"的质询导向深入思考，把问题的应对提升到更抽象的价值层面。第二，定性研究。它是根据社会现象或事物所具有的属性和在运动中的矛盾变化，从事物的内在规定性来研究事物的一种方法或角度。它以普遍承认的公理、一套演绎逻辑和大量的历史事实为分析基础，从事物的矛盾性出发，描述、阐释所研究的事物。进行定性研究，要依据一定的理论与经验，直接抓住事物特征的主要方面，将同质性在数量上的差异暂时略去。设计思维是以人为中心的创新体系，适合采用定性研究方法。第三，保持同理心。通过观察用户、访谈用户以及从用户的视角去体验，从别人的态度中体会到言行的由来，认识并明确其需求和期望，充分认识到他们是什么样的人，什么东西是他们真正重要的，从而对用户达成深入的理解，对他们的状况感同身受。

设计思维作为以人为中心的创新方法论，不但反对技术驱动的创新逻辑，也不赞成单纯针对问题狭隘地寻找答案。设计思维的重要信念是认定创新应该回归到人本身，解决问题要从理解用户起步。

(二)问题界定

但是要获得解决方案，首先要发现值得解决的问题，必须对发现的问题进行定义。

定义问题的方法有三个步骤。

1. 明确用户

根据自己的洞察和见解，或是自己建立的观点，要找到：谁是用户？他们的需求是什么？仅仅用学生、企业家、医生和母亲这样的名词描述用户是不够的，对用户特征的描述要有意识地做归纳和抽象，选择具体的形容词描述。好的用户界定会找到一个独特的切入角度，关注到被业界已有产品和服务所忽视的需求。明确用户常用的方法是用户画像。

2. 识别需求

需求反映用户的目标和期望，通常是在和用户的交流中呈现出来的。从用户角度体验产品或服务存在的问题，我们可以看到具体的需求总是结合了应用的场景。离开了确定的空间和时间，对应的需求往往就不存在了。识别需求常用的方法是同理心地图和故事板。

3. 洞察问题

和用户交流的时候，给我们印象最深的是什么？观察中哪些东西让我们眼前一亮？哪些现象与我们之前的预想有落差？在多个用户身上，我们发现什么共同的模式？如果自己是用户，哪些东西是自己喜欢的，哪些是无法接受的？为什么？思考这些问题，在用户与场景和情景之间建立深层联系，为用户的特定行为和情感寻找其背后潜藏的动因。思维导图方法可以用来帮助我们洞察问题，理清核心用户与利益关联方之间的关系。用户体验地图可以用来理清一位典型用户的行动路径，以更好地理解用户，找到根本问题。

(三)创意方案

创意是针对问题寻找解决办法的过程。创业者需要用头脑风暴法找到各种潜在方案，解决已经定义的问题，以及想探索的所有事情。世界著名的设计公司、以用户为中心的设计理念的倡导者 IDEO 公司，提出为确保脑力激荡的速度和品质要遵循七个原则。

1. 暂缓评论

先不要急于对别人的观点发表是非对错的评论，不能打击提出点子的积极性，不能打断集体思维的联想和延展。

2. 异想天开

允许异想天开，鼓励每个人真正去思考设计，而不是思考自己的点子的水准和对错。

3. 借"题"发挥

有些时候会有人提出很疯狂的点子，也许行不通，但其他人会得到启发，获得灵感，在这个疯狂的点子基础上提出更实际的方案。

4. 不要离题

讨论方案的时候要围绕问题，不能偏离目标。

5. 一次一人发挥

讨论的时候，一次由一个人讲，不要七嘴八舌，避免干扰讲话人的思路。

6. 图文并茂

鼓励大家把点子用图文的方式展示出来，激发大家更多的想法。

7. 多多益善

在有限的时间内，鼓励大家尽量讲，越多越有可能快速得到解决方案。

然后，把头脑风暴产生的点子进行分类，围绕一个有价值的创意方向进行再创意，补充细节，得出更具体的方案。

(四)原型制作(可视化的方案)

原型是最终产品的雏形，是介于创意和最终产品之间的。人们常说："一图抵万言，而万图难抵一实物。"创业者需要创建一些很小的实物原型或者用故事描述来展示创意，让用户可以直观感知。原型制作的价值体现在四个方面。

1. 用户测试

原型制作可以用低精度的概念原型探索创意实现的各种可能性，然后迅速进行二次迭代。我们可以制作多个原型探索设计空间的多种可能，尝试从多个要素中分离、抽取出某个具体要素，用简单的方法制作出来，避免沉迷于它，保持原型的粗糙状态，以便继续探索更多的可能性。

2. 更深刻的共情

不论在什么情境下对用户进行测试，我们都可以获得两类信息：一个是针对产品本身的，另一类是被测试者的。原型能够获得被测试者更多的感知，帮助我们对设计空间以及思想观念有更深入的认识。

3. 探索和激发灵感

"做"是"想"的延伸，反过来也是"想"的源泉，因此我们也常常把做原型的过程称为"用手思考"。在制作原型的阶段边做边想、边想边做，原型制作可以激发更多的灵感，探索更多的方案。

4. 尽早失败

如果创意方案不能通过原型展示，基本上可以判定方案的失败了。失败发生的越早越有利于最终产品的成功。

(五)测试(向用户学习)

测试是任何新产品或者新服务在进入市场之前的必经阶段，因为新产品或者新服务的成功，都是在发展过程中不断完善，不断修正，获得自身的独特优势才成功的。一般采用

全国高等院校「十三五」贯穿式＋立体化创新规划教材

的测试方法为原型功能性测试、团队交叉测试、极端用户测试和专家测试四种。

1. 原型功能性测试

进行功能测试的时候，最好分开进行，每次测试一个功能，从而获得有针对性的反馈意见。

2. 团队交叉测试

设计团队间相互测试，并分享反馈。由于每个人的理解和观察不同，关注点也会不同，这样在测试后解决方案的呈现上就会更开放和多样。

3. 极端用户测试

所谓极端用户，是指频繁使用产品或者把某些功能用到极致的群体。从对极端用户体验的客户群体上获得启发，可以满足用户的"隐形需求"。

4. 专家测试

将原型呈现给相关领域的资深专家，由他们提供专业性的反馈意见。

这个过程各个步骤的的执行不是一件容易的事。人们通常有了想法之后就迫不及待地去实施，根本没有将终端用户的需求作为首要考虑的因素，也不会去反复核实，反复从不同角度去理解用户的情况，进而找到解决问题的最佳角度。很多团队在设计思维时容易犯的一个错误是，认为这是一个分阶段实施的过程，设置时间节点完成某阶段工作。其实，真正重要的是做这件事的态度，或者说是心态。包容多样性，让团队里充满各种不同的声音，在发现问题和解决问题的时候，才能从不同的角度去思考和确定创新的机会。针对同一情况，不同背景的人会从不同角度看到不同的机会。另一种非常重要的心态是勇于冒险和接受失败。这样才能吸取经验教训，很快从失败中站起来继续前行，获得更宽的视野。

小贴士 **关于设计思维的不同学说**

关于设计思维的说法目前存在以下几个观点。

(1) 方法论说。设计思维是一套用于支持设计创新、问题解决的方法论体系。

(2) 思维方式说。设计思维即设计师思考、解决问题的思维方式，它描述的是设计的心理过程而非设计结果。

(3) 创新过程说。设计思维是一个通过不断构思、原型、评价并不断迭代，最终找到问题解决方法的创新过程。

究其本质，无论哪种说法，都是设计思维方法体系的投射与应用。设计思维就是利用设计师的敏感和思维方式，为学习者提供的一套支持设计创新的"使能"方法论，即通过提供适切的思维支架及方法支持，引导学习者从定义问题开始，充分发挥现有材料、科学技术的优势，逐步掌握创意构思、原型迭代、测试等一系列创新方法技能，最终实现问题的创新解决或产品的创新设计。

第三节　社会企业的法律与政策环境

一、我国社会企业的形式及监管办法

由于有关社会企业的概念在国内没有明确的定义，所以我们很难明确在我国哪一种企业形式是属于社会企业。但从解决社会问题的角度出发，我国现有的民办非企业单位(社会服务机构)、农民专业合作社、福利企业和民办教育机构是属于这个范畴的，属于未被明确定义的社会企业。这些企业以承担和解决社会问题为目标，兼具商业的高效、专业和灵活的特征，积极参与到我国社会治理和发展进程中，为社会治理发挥着日益重要的作用。

(一)农民专业合作社

农民专业合作社是在农村家庭承包经营基础上，同类农产品的生产经营者或者同类农业生产经营服务的提供者、利用者，自愿联合、民主管理的互助性经济组织。《中华人民共和国农民专业合作社法(2006)》规定，具有民事行为能力的公民，以及从事与农民专业合作社业务直接有关的生产经营活动的企业、事业单位或者社会团体，能够利用农民专业合作社提供的服务，承认并遵守农民专业合作社章程，履行章程规定的入社手续的，可以成为农民专业合作社的成员。农民专业合作社以其成员为主要服务对象，提供农业生产资料的购买，农产品的销售、加工、运输、贮藏以及与农业生产经营有关的技术、信息等服务。农民专业合作社设理事长一名，可以设理事会。理事长为本社的法定代表人。但是，具有管理公共事务职能的单位不得加入农民专业合作社。农民专业合作社享受国家规定的对农业生产、加工、流通、服务和其他涉农经济活动相应的税收优惠。国务院财政部门依照国家有关法律、行政法规，制定农民专业合作社财务会计制度。农民专业合作社应当按照国务院财政部门制定的财务会计制度进行会计核算。

(二)福利企业

福利企业，是指依法在工商行政管理机关登记注册，安置残疾人职工占职工总人数25%以上，残疾人职工人数不少于 10 人的企业。2007 年 6 月民政部关于印发《福利企业资格认定办法》的通知指出，企业申请福利企业资格认定，应当向当地县级以上人民政府民政部门(以下简称认定机关)提出认定申请，具体认定机关由省、自治区、直辖市民政厅(局)和新疆生产建设兵团民政局确定，报民政部备案。认定机关应当会同主管税务机关对福利企业进行年检。申请福利企业资格认定的企业应具有适合每位残疾人职工的工种、岗位，要依法与安置就业的每位残疾人职工签订 1 年(含)以上的劳动合同或者服务协议，并且安置的每位残疾人职工在单位实际上岗从事全日制工作，且不存在重复就业情况；每位残疾人职工应获得不低于所在区县(含县级市、旗)最低工资标准的工资，并根据国家政策规定缴纳基本养老保险、基本医疗保险、失业保险和工伤保险等社会保险；企业内部的道路和建筑物应符合国家无障碍设计规范。

(三)民办教育机构

民办教育事业属于公益性事业，是社会主义教育事业的组成部分。民办教育机构可以是营利或非营利性组织。《中华人民共和国民办教育促进法(2016 年修订)》规定，民办学校的举办者可以自主选择设立非营利性或者营利性民办学校。但是，不得设立实施义务教育的营利性民办学校。非营利性民办学校的举办者不得取得办学收益，学校的办学结余全部用于办学。营利性民办学校的举办者可以取得办学收益，学校的办学结余依照公司法等有关法律、行政法规的规定处理。民办学校取得办学许可证后，进行法人登记，登记机关应当依法予以办理。教育行政部门及有关部门依法对民办学校实行督导，建立民办学校信息公示和信用档案制度，促进提高办学质量；组织或者委托社会中介组织评估办学水平和教育质量，并将评估结果向社会公布。

2017 年 1 月 18 日，国务院发布《关于鼓励社会力量兴办教育促进民办教育健康发展的若干意见》指出，创新教育投融资机制，多渠道吸引社会资金，扩大办学资金来源。鼓励金融机构在风险可控前提下开发适合民办学校特点的金融产品，探索办理民办学校未来经营收入、知识产权质押贷款业务，提供银行贷款、信托、融资租赁等多样化的金融服务。鼓励社会力量对非营利性民办学校给予捐赠。

(四)民办非企业单位(社会服务机构)

1998 年国务院颁布的《民办非企业单位登记管理暂行条例》指出，民办非企业单位，是指企业事业单位、社会团体和其他社会力量以及公民个人利用非国有资产举办的，从事非营利性社会服务活动的社会组织。2016 年 5 月，民政部发布《民办非企业单位登记管理暂行条例(修订草案征求意见稿)》，此次修订将"民办非企业单位"名称改为"社会服务机构"，将现行《民办非企业单位登记管理暂行条例》名称改为《社会服务机构登记管理条例》，对社会服务机构的界定是自然人、法人或者其他组织为了提供社会服务主要利用非国有资产设立的非营利性法人。社会服务机构设立理事会，理事数为 3～25 人。第一届理事由申请人、捐赠人共同提名、协商确定。继任理事由理事会提名并选举产生。理事任期由章程规定，每届任期不得超过 5 年。理事任期届满，可以连选连任。理事会设理事长1 人，可以设副理事长。各级人民政府民政部门负责同级业务主管单位审查同意的社会服务机构的登记管理。

如表11-3所示是我国社会企业形式及监管部门情况。

表 11-3　我国社会企业形式及监管部门一览表

形　式	使　命	组织性质	法律依据	监管部门
农民专业合作社	成员互助	营利性	中华人民共和国农民专业合作社法(2006)	农业行政主管部门
福利企业	促进残疾人就业	营利性	福利企业资格认定办法(2007)	民政部门
民办教育机构	教育发展	营利性或非营利性	中华人民共和国民办教育促进法(2016)	教育行政部门
民办非企业单位(社会服务机构)	社会服务	非营利性	社会服务机构登记管理条例(2016)	民政部门

二、社会企业在我国的发展机遇

近年来，随着中外经济和文化更广泛的合作与交流，国外社会企业的成功模式逐渐进入国内各界的视野，与社会企业相关的成员组织、孵化器、研讨会议不断出现，我国社会企业进入了新的发展阶段。相当一部分 NGO 组织采用了社会企业形式，比如，汶川地震后，由壹基金出资的"羌绣帮扶中心"，用富有现代创意性的设计和商业化运营让羌绣产品走出大山，进入日常人的生活，让灾后的羌族妇女能通过世世代代相传的手艺，实现就业，为中国山区农村妇女不离乡、不离土、居家灵活就业探索了一个全新的模式。比如，中和农信，是从中国扶贫基金会的小额信贷扶贫项目转制成立的小额信贷社会企业，以当地人服务当地人的用人理念，每个乡镇设立信贷员，采用上门服务的方式，最大限度地便于农户获得贷款，实现了农村金融最后一公里的畅通。还有残友集团、博学生态村、富平学校等一批社会企业相继出现，以独特的创新模式，引领了我国社会企业的发展。

尽管社会企业的概念在全球还存在着各种争论，也没有一致的定义，但在全球范围社会企业已蓬勃发展。在我国，社会企业虽然起步较晚，但伴随着法律及人们认知的各种挑战，基于以下三个原因，社会企业在我国也迎来了发展的机遇。

(一)我国经济的发展和创新能力稳步提高

根据国家统计局数据，我国国内生产总值(Gross Domestic Product，GDP)1980 年为4587.6 亿元，到 2015 年已达 689052.1 亿元。如图 11-2 所示，我国三十多年来 GDP 飞速增长。GDP 的增长提升了我国的综合实力和世界经济中的地位，为人民带来了丰富的物质基础，同时也产生了种种社会问题，比如能源问题、环境保护问题、医疗问题、养老问题、城乡收入差距问题以及弱势群体问题等等。虽然政府为解决这些问题出台了多项政策，取得的成效也有目共睹，但仍然有很多问题亟待解决，社会企业大有用武之地。

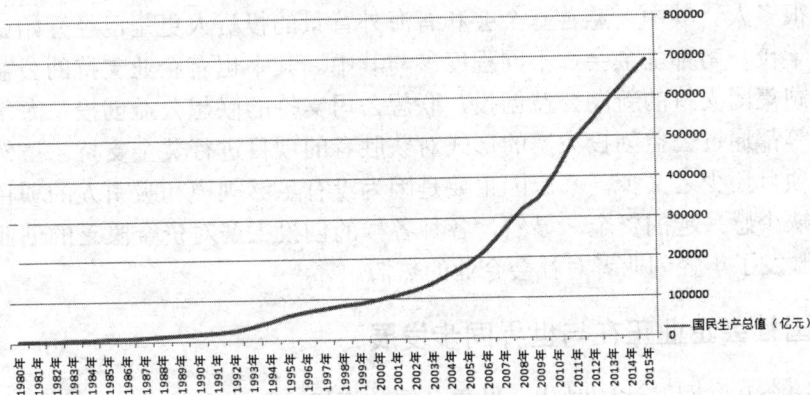

图 11-2　我国 1980—2015 年 GDP 数值

1980—2015 年我国本专科及研究生毕业生 8351.942 万人，这些接受过高等教育的知识工作者群体是我国经济发展过程中科技创新、文化创新、艺术创新、商业创新的中坚力量。他们感受了经济发展的物质丰富，也观察到了同时期出现的社会问题。尤其是 20 世纪 90 年代出生的人，他们的成长过程除了完备和良好的教育，还伴随了互联网的发展历程，因为这种无国界的媒体，使他们更早熟，思维更活跃，更具创新能力。社会企业除了其倡导的社会使命感吸引这些群体之外，也因为它能通过创新带来潜在的经济效益。而且中国的商业浪潮，使得以创新为基础的"社会企业"比传统的公益慈善机构，无论是在前景还是模式上，都更具吸引力。

经济的发展和创新能力的提高，使大批人可以选择在机会较多的沿海或者发达的大中城市工作和发展，城乡发展越来越不平衡。社会企业的涌现，可以引导年轻人在家乡创造新的就业机会和更多的财富。近年来越来越多的返乡大学生选择了社会企业的方式建设家乡。例如在返乡大学生陈统奎的推动下，海南省海口市博学村发展为远近闻名的生态村。2009 年，陈统奎借鉴我国台湾"桃米生态村"经验，学习生态社区营造的发展模式，在博学村探索一条旅游开发与生态环境保护、当地居民利益相结合实现共赢的新路，并提出"让人民看见财富，再造魅丽新故乡"的行动纲领。他带头在博学村建立发展理事会，打造了一个多元化的合作平台，政府、社会、企业、公益基金会、公民个人都可以把智慧和力量汇聚到这里来。经过近 3 年的努力，博学村面貌有了很大改观：在基础设施建设方面，修建了海南省第一条山地自行车赛道，还有文化室、民宿等；在农业经营方面，集中收购村民自产的蜂蜜、荔枝卖到北京、上海，村民的收入得到了提高，村里的环境也得到了改善。

(二)商业研究者、资本和创业者对社会企业热情高涨

商业研究者和资本对社会企业的热情在近年越来越高，有规模的关于社会企业的论坛越来越多，来自美国、英国、法国、韩国、日本，我国台湾、香港和内地的社会企业教育者、研究者、实践者和投资者聚集一堂，分享经验，探讨机会与挑战。投资人也对"社会影响力投资"这个概念表现出空前的热情。虽然在世界范围内，"社会影响力投资"都还是新鲜事物，也没有统一的认识，但是其强调"经济"与"社会"效益的双重回报的概念还是吸引了很多人。其中，慈善基金会和有海外背景的投资人更是已经开始试水。友成基金会、富平学校、南都基金会都不同程度参与其中。其中也有企业支持的公益创投基金，例如浙江新湖集团支持的新湖公益创投，联想公司支持的联想公益创投，海南支持的航空慈航基金会等都通过公益创投大赛的形式对获胜者的项目进行奖金支持。虽然通过资本和股权支持的项目还少之又少，其原因主要是因为没有足够规模和吸引人的项目，而并不是因为市场上缺少感兴趣的资金。显然，各种各样的创投大赛对资金匮乏的创业者具有很大吸引力，也激发了年轻创业者对社会企业的热情。

(三)我国社会企业正在与世界同步发展

在今天这个互联网发达的时代，世界各国的资讯、知识和经验传播的成本与时间都大大压低和缩短。因为英语的普及，当代中国的年轻人能更好地了解西方国家的文化，他们通过网络学习哈佛和耶鲁大学的公开课，与国际同行无障碍地交流，走出国门学习、旅行或工作。在全球化的影响下，现在的 80 后、90 后大概是最与世界接轨一代。因此，社会企业在世界各地的最新发展也同步影响着中国。比如，耶鲁大学经济学专业毕业的秦玥

飞，在湖南省衡山县做大学生村官的同时全心投入公益组织"黑土麦田"，旨在通过对接资源，帮助农村创业者和大学生村官发展当地产业，改变农村面貌。从 2015 年 7 月开始，黑土麦田陆续做了近 10 个项目的众筹，希望通过这种资源整合，逐渐改变中国乡村面貌。目前，"黑土麦田"团队中 20 位小伙伴，有一半是毕业于北大、清华、哈佛、耶鲁等名校的"非大学生村官"，还有一半则是来自农村一线的创业者和大学生村官。

(四)国家双创政策支持和引导

从 2014 年 9 月国务院总理李克强提出"大众创业、万众创新"后，国家和各地区出台多项政策鼓励与指导全民"双创"活动，全国的"双创"活动开展已经深入人心并初见成效。在传统企业环境，"双创"加速了工业技术和信息技术跨行业深度融合，催生了云制造、无人工厂、大规模个性化定制等新型制造模式，推动制造业开启了智能化进程。"双创"还促进了国家实验室、工程技术中心等大型科研设施的开放利用，降低了企业新技术新产品研发成本，促进新材料、高端装备、生物医药等战略性新兴产业创新发展。在公益和社会企业环境，"双创"提振了我国公益和社会企业的动力。

2017 年国务院 37 号文件《国务院关于强化实施创新驱动发展战略进一步推进大众创业万众创新深入发展的意见》指出：近年来，大众创业、万众创新蓬勃兴起，催生了数量众多的市场新生力量，促进了观念更新、制度创新和生产经营管理方式的深刻变革，有效提高了创新效率、缩短了创新路径，已成为稳定和扩大就业的重要支撑、推动新旧动能转换和结构转型升级的重要力量，正在成为中国经济行稳致远的活力之源。该意见是为了进一步系统性优化创新创业生态环境，强化政策供给，突破发展瓶颈，充分释放全社会创新创业潜能，在更大范围、更高层次、更深程度上推进大众创业、万众创新。同时该意见明确提出，"加快将现有支持'双创'相关财政政策措施向返乡下乡人员创新创业拓展，将符合条件的返乡下乡人员创新创业项目纳入强农惠农富农政策范围。"这个意见对于有意愿为家乡低收入人民解决问题的社会企业发起者提供了有力的政策保障。

三、我国社会企业的法律亟待完善

2017 年 3 月中国社会企业与社会投资论坛会上，摩拜单车申报的"互联网+"和"环境、能源及生态农业领域"两个行业的社会企业奖，经过专家组的独立评审，均得以入围，最终虽无奖项斩获，却成为话题焦点。支持者认为社会企业有三个底线，即社会目标、环境目标和财务可持续目标，如果从这三个底线来看，摩拜是一个非常优秀的社会企业，摩拜单车将私人资本引进公共交通服务领域，解决了"公共交通最后一公里"的社会痛点，并减少了交通拥堵，有助于减少雾霾，也有益骑行者身体健康。反对者认为，已完成 7 轮融资总金额超过 3 亿美元，被商业资本疯狂追逐的企业不应该戴上社会企业的帽子。摩拜就是一个商业企业，既没有必要，也不应该被归到社会企业中，把任何问题都泛化为社会问题，社会企业一词也就不太有意义了。

这个事件将社会企业再次带入了公众视野。各方观点再次众说纷纭。问题集中在两个方面：第一，社会企业的社会目标应该是解决哪个范围的哪些问题？第二，商业资本投资社会企业能不能从中获利？无论是哪方观点，都是按照自己对社会企业的认知去判断的。

全国高等院校「十三五」贯穿式＋立体化创新规划教材

由于有关社会企业的概念在国内没有明确的定义，所以很难明确在我国哪一种企业形式是属于社会企业。依照我国现有的一些社会企业的发展经验，法律的明确是这些企业有序发展的根本保障，比如《福利企业资格认定办法》，使福利企业在我国社会治理和发展进程中，长期发挥着重要的作用。因此，我国社会企业的法律亟待完善。

《中国社会企业与社会影响力投资发展报告》对社会企业提出五条立法建议：①建设相关法律法规为社会企业确立合法性地位，规范社会企业的认证制度。②不能回避社会企业法律法规将长期处于新旧制度并存的局面，且涉及跨部门合作问题。③社会企业法律制定应采取分级认定和管理方式。④社会企业的法律体系须注重保护内部积极性与制度规范性之间的平衡。⑤社会企业的立法应当与制度环境、社会治理核心领域相结合。

社会企业的法律与政策环境要有利于社会企业的发展，确保社会企业的"社会性"，保证社会企业始终以解决社会问题为宗旨。法律制度中应明确社会企业利益分配限制比例、社会使命、利益相关方参与的治理结构及资产归属等方面的要求，包括社会企业登记、税收申报、会计检查等相关内容，以便对社会企业进行持续监督和检查。好的社会企业法律环境应该能达到这样的效果：技能型人才的可得性，投资、收益流的可得性向好，公益创投公司、种子基金、天使投资、风险投资、资本投资、贷款以及生产、财务、市场、信息等起关键作用的资金和人才愿意进入社会企业。能够实现这样效果的法律政策才能推动社会企业正向发展。

本章小结

(1) 社会企业的概念虽然目前没有定论，但有两点是有共识的，即社会企业是投资者以解决某个社会问题为目标的经济组织，是不以获得利益为目的可持续发展的经济组织。

(2) 社会企业的产生是以创新为基础的。设计思维方法，即换位思考与行动、问题界定、创意方案、原型制作、测试五步骤可助力社会企业。

(3) 为促进社会企业发展，我国社会企业的法律与政策环境还需进一步完善。

实训案例

迷你厕所

基本案情：

瑞典建筑师和城市规划师威尔汉森(Anders Wilhelmson)教授，在做孟买的一个工程项目时，他注意到当地很多的家庭都没有马桶，这种情况造成了卫生和环境的问题。通过与当地人交流，他了解到当地人并不喜欢这种状况，而且对因为生病无法离开住处的人而言，如厕是一个非常大的问题。于是产生了给当地人设计个人马桶的大胆想法。那个时候他并没有任何解决方案。回国后，他询问了他的朋友、同事、一些相关组织，还组织他的学生和他一起设计方案。通过不断的探讨，终于得出了一个解决方案，那就是一个塑料袋。他花了一年多的时间去研发这种特殊的塑料袋，袋子是用可降解材料做的，而且非常结实，同时内部有尿素晶体涂层不仅能够杀死粪便中的病原体，还可将废物分解成氮肥。最主要的是它们很便宜。威尔汉森找到方案后，很兴奋，生产了第一批产品，把产品命名为"Peepoo"。2010年，海地地震发生后，"Peepoo"在救援组织协助下分发给了灾民，对于灾后疫情控制起到了积极的作用。后来他又试着将产品推销给贫民窟，但人们却并不买账，不愿意花钱买这种袋子，也很反感一个外国人跑去告诉他们应该怎么上厕所。于是他想到一个方法，闭环营销，向人们购回使用过的塑料袋。这样一来，人们既可以赚到钱，还可以在家上厕所，孩子们对自己上厕所就能赚钱这件事感到尤为自豪。根据他的商业模式，他又将用过的塑料袋作为粪肥卖掉，这样一来，种地的农民们也得到了帮助。

(资料来源：根据"中国生物多样性保护与绿色发展基金会，想方便找不到厕所？办法来啦——用Peepoo，卫生又环保[R/OL]. http://www.chinadevelopmentbrief.org.cn/org3499/news-3335-1.html."查阅整理)

案例点评：

案例中的建筑师通过工作中观察发现社会问题，然后依据设计思维路径，换位思考与行动、问题界定、创意方案、原型制作、测试，最终产品便宜且方便，加上投放测试后商业模式改进，使得这一产品及商业模式被大众接受，使如厕这一卫生和环境的问题得以圆满解决。

思考讨论题：

1. 什么是社会企业？它的特征有哪些？
2. 什么是设计思维方法？它有那几个步骤？

实训课堂

"剪·爱"

基本案情：

重庆"剪·爱"剪纸是中国第一家以解决血友病患者生存和治疗为主的社会企业，汲取原生态剪纸精粹，致力于民间传统工艺与现代审美的结合，注重时尚文化与地域文化的交融，以此扶持因病致残、致贫家庭，期望通过"授人以渔"改善其弱势困境。企业集研发、设计、制造、营销为一体，所开发的产品均具有独立知识产权，注册有"剪·爱"品牌，是重庆市著名商标。"剪·爱"拥有发明专利(专利号：010102443627)，是对两千多年传统剪纸艺术的一大突破和创新。以剪纸为载体的"剪·爱"形象产品，包括剪纸艺术品、剪纸服饰、剪纸家居工艺品、剪纸个性肖像及企业形象礼品定制、DIY产品等系列，并可承接各种装饰及大型剪纸项目的设计和制作。

在我国，目前有6万～13万名血友病患者，而将近九成的患者没有接受规范治疗。由于要常年支付高昂的治疗费用，因病致贫的家庭不在少数。企业吸收了血友病患者、家属以及部分残疾人就业，并带动西南地区血友病组织走自救创业之路。剪爱产品适应现代都市新一代装修、装饰、节庆、婚庆的需求。剪纸市场中，大多数企业都是机器批量生产，而"剪·爱"产品是纯手工制作，定位高端市场，所开发的产品均具有独立知识产权。

"剪·爱"采用"统一管理、统一采购、统一销售渠道、统一设计、分散制作"的运作模式，以礼品团购销售和加盟销售相结合的方式为主，店面代销和旅游点销售为辅，产品已销往重庆本地、沿海城市和国外市场。"剪·爱"的投资者为血友病患者和家属员工，所有权归股东，实行股东决策机制，所得利润70%用于扩大再生产，20%用于支持血友病救助项目，10%用于支持血友病康复协会发展。财务报表向股东和利益相关方公开。

(资料来源：http://www.cqjianai.com/showweb.aspx？id=83 网站和中国社会企业与社会影响力投资发展报告)

思考讨论题：

1. 案例解决的社会问题是什么？
2. 解决问题的方法及商业模式是什么？

分析要点：

1. 了解问题定义与问题解决的相互关系。
2. 明确这些问题解决的商业模式。

复习思考题

一、基本概念

社会企业　设计思维

二、判断题(正确打"√"，错误打"×")

1. 社会企业和商业企业目标一致，都是要追求利润的。 （　　）
2. 社会企业和慈善组织差不多，都是为弱势群体服务的。 （　　）
3. 社会企业最重要的特征是财务的可持续性。 （　　）

三、单项选择题

1. 下列(　　)不是穆罕默德·尤努斯定义的社会企业特征。

    A. 企业的目标是克服贫穷，解决社会问题而不是利润最大化

    B. 企业要实现财务和经济上的可持续发展

    C. 社会企业可以有一定比例的分红

    D. 企业利润在偿还了投资额后，用于保持、扩展和改善公司

    E. 快乐地做事

2. 设计思维五步包含下列(　　)。

    A. 问题界定　　　B. 设计完整产品　　C. 观察用户反映　　　D. 设计调查问卷

3. 设计思维第一步是(　　)。

    A. 换位思考与行动　　　　　　B. 问题界定　　　　　　C. 创意方案

    D. 原型制作　　　　　　E. 测试

四、简答题

1. 产生社会企业的基础是什么？

2. 设计思维方法每一步的核心是什么？

3. 我国社会企业有哪几种形态？

4. 你认为摩拜单车属于社会企业吗？为什么？

五、论述题

试论述社会企业在我国面临怎样的发展机遇。

阅读推荐与网络链接

[1] Muhammad Yunus. Building Social Business: the new kind of capitalism that serves humanity's most pressing needs[M]. the United States：PublicAffairsTM, a member of the Perseus Books Group，2010.

[2] 王可越，税琳琳，姜浩. 设计思维创新导引[M]. 北京：清华大学出版社，2017.

[3] 周惟彦，朱小斌，邱天雪，等. 中国社会企业与社会影响力投资发展报告[R]. 2013.

[4] 中华人民共和国民政部令. 民办非企业单位登记暂行办法[DB/OL].
http://www.gov.cn/gongbao/content/2000/content_60647.htm.

[5] 中华人民共和国中央人民政府. 民办非企业单位登记管理暂行条例(修订草案)[DB/OL].
http://www.gov.cn/xinwen/2016-05/26/content_5077073.htm.

[6] 中华人民共和国中央人民政府. 中华人民共和国农民专业合作社法[DB/OL]. http://www.gov.cn/jrzg/
2006-10/31/content_429182.htm.

[7] 中华人民共和国中央人民政府，民政部关于印发《福利企业资格认定办法》的通知[DB/OL].
http://www.gov.cn/zwgk/2007-07/11/content_680626.htm.

[8] 教育部. 民办学校按营利与非营利分类管理[DB/OL]. http://www.moe.ov.cn/jyb_xwfb/xw_fbh/moe_2069/
xwfbh_2017n/xwfb_170118/170118_mtbd/201701/t20170119_295248.html.

[9] 教育部. 中华人民共和国民办教育促进法[DB/OL]. http://www.moe.edu.cn/s78/A02/zfs_left/s5911/
moe_619/201507/t20150709_193171.html.

[10] 全国人民代表大会. 全国人民代表大会常务委员会关于修改《中华人民共和国民办教育促进法》的
决定[DB/OL]. http://www.npc. gov.cn/npc/xinwen/2016-11/07/content_2001583.htm.

[11] 金仁仙. 中国社会企业的现状、评析及其发展战略[J]. 兰州学刊，2016(10):188-195.

[12] 国家统计局. 国民经济核算[DB/OL]. http://data. stats.gov.cn/easyquery.htm？cn=C01.

[13] 360 个人图书馆. 摩拜单车到底是一家什么企业？ http://www.360doc.com/content/17/0617
/09/31562646_663863894.shtml.

全国高等院校「十三五」贯穿式＋立体化创新规划教材

随身课堂

社会企业创业.PPTX

社会企业定义.MP4

社会企业法律.MP4

社会企业设计.MP4